KB274467

독일과 영국을 통해 진단한

노무현 경제 희망찾기

현승윤 지음

한국경제신문

Copyright © 2004, 현승윤

이 책은 한국경제신문 한경BP가 발행한 것으로
본사의 허락없이 이 책의 일부 혹은
전체를 복사하거나 전재하는 행위를 금합니다.

"현승윤씨, 독일 취재 갈 생각 있어?"

2003년 5월 초였다. 이학영 경제부장이 필자에게 전화를 걸었다. 독일 경제에 문제가 많다고 하는데 현장에 가서 취재를 해보지 않겠느냐는 얘기였다. 필자는 부장의 말이 떨어지자마자 "좋죠"라고 대답했다. 그럴 만한 이유가 있었다.

재정경제부 담당기자로 일하고 있었던 필자는 2003년 초 대통령직 인수위원회가 출범한 직후 인수위 기자실에 머물며 노무현 당시 대통령 당선자의 경제정책을 취재한 적이 있다. 단편적으로 흘러나오는 얘기들과 발표자료들을 접하면서 새 정부가 유럽식 모델을 선호하는 게 아니냐는 느낌을 받았었다. 노무현 정부의 경제정책이 분배와 형평성을 중시하는 독일식 모델을 지향하고 있다는 얘기들이 새 정부가 출범한 이후에도 흘러나왔다.

　독일은 제2차 세계대전 패망 이후 자본주의와 사회주의를 절충한 '사회적 시장경제' 라는 독특한 경제체제를 운영하면서 세계 최고 수준의 제조업을 일궈낸 나라다. 분배의 가치를 중시하는 사람들이 독일을 가장 이상적인 모델로 평가할 정도다. 그런 독일이 2003년 들어 해고규정을 완화하고 실업수당을 삭감하는 등 시장경제 체제로 재편하겠다는 내용의 개혁정책(아젠다 2010)을 발표한 것은 필자를 포함한 여러 사람들을 놀라게 했다. 독일의 사회경제 모델이 실패한 것으로 판명이 났다면 우리가 독일 모델을 따라간다는 것은 심각한 문제이기도 했다. 독일에 직접 가서 현장을 확인해 볼 수 있는 기회를 놓치고 싶지 않았다.

　독일 프랑크푸르트에 도착한 날은 토요일인 2003년 6월 21일이었다. 겉모습은 평온했으나 사람들을 만나보니 그게 아니었다. 독일은 유럽의 문제아로 전락해 있었다.

　복지제도의 근본적인 한계와 통일비용 부담이 겹치면서 독일의 독특한 경제체제는 스스로를 감당하지 못할 정도로 임계점(臨界點)을 향해 치닫고 있었다. 15일 간의 독일 취재를 마치고 돌아온 필자는 7월 10일부터 한 주에 3회 꼴로 〈한국경제신문〉에 '2만 달러 시대의 조건, 독일의 실패에서 배운다' 라는 제목의 기사를 연재했다.

　독일의 모습은 25년 전 영국을 연상시켰다. 당시 영국은 '영국

병'이라 불리는 복지국가의 병폐로 앓고 있었다. 누적되는 재정적
자, 급증하는 실업률, 불만에 찬 노동자들, 조국을 등지는 기업들
로 영국의 국제 경쟁력은 급속히 떨어졌다. 시공을 초월해서 역사
가 반복된다는 사실을 영국과 독일이 증명하는 느낌마저 들 정도
였다.

독일과 영국에 대한 원고 작업이 한창이던 무렵 한국에서도 많은
일들이 벌어졌다. 현대자동차 노조의 파업이 발생했고 화물연대는
두번째 파업을 벌였다. 복지 혜택을 전혀 받지 못하는 빈곤층 문제
도 쟁점으로 떠올랐고 국민연금 개편방안을 둘러싼 논란이 벌어졌
다. 한국의 이해집단들은 조금이라도 자신들에게 유리한 쪽으로 잡
아당기기 위해 발벗고 나선 듯했다.

복지제도의 결함이나 노사갈등, 성장과 분배의 문제 등은 각 나
라마다 정도의 차이만 있을 뿐 공통된 것들이다. 독일과 영국이 경
험했던 것들이 우리에게도 닥쳐오고 있었다. 어떤 것들은 너무나
빨리 찾아왔다.

이 책은 5부로 구성했다. 1부에서는 2003년 6월 말에서 7월 초에
본 독일의 현주소에 대해 살펴보았다. 〈한국경제신문〉에서 10회에
걸쳐 연재한 '2만 달러 시대의 조건, 독일의 실패에서 배운다' 기사
를 바탕으로 일부 내용을 보완했다. 독일의 실패라는 말이 독일 자
체의 몰락을 뜻하는 것은 아니다. 복지국가로서 파행하고 있다는

의미다.

똑바로 걸어간다면 세계의 한 축을 충분히 짊어질 능력이 있는 독일이 왜 유럽의 문제아로 전락했는지, 사회민주당 총재인 게르하르트 슈뢰더(Gerhard Schröder) 총리는 왜 "분배적 사회정책은 끝났다"고 말했는지 분야별로 다뤘다.

2부에서는 전후 독일의 경제이야기를 다루었다. 소련의 스탈린식 사회주의 체제를 옆에서 지켜보고, 히틀러의 나치즘을 경험한 독일이 선택할 수밖에 없었던 사회적 시장경제 제도와 라인 강의 기적, 1960년 말 이후 평등과 분배를 강조하는 복지국가로 변신해 간 모습을 그렸다.

3부는 마거릿 대처(Margaret Thatcher) 영국 총리가 주도한 내전(內戰)이다. 광산노동자들과의 피비린내나는 싸움과 이후 대처의 신자유주의 혁명을 소개했다. 독자 여러분은 영국이 복지국가를 버리고 자유주의 국가로 탈바꿈한 이야기를 엿볼 수 있을 것이다.

4부는 대처 이후의 영국에 대해 다루고 있다. 10여 년의 개혁 결과가 무엇이었는지 살펴보았다. 노동당의 토니 블레어(Tony Blair) 총리가 왜 사회민주주의 노선을 포기하고 대처의 개혁 성과를 받아들일 수밖에 없었는지에 대해 기술했다.

5부는 기로에 선 한국 경제다. 노사갈등과 국민연금, 기초생활보장제도, 조세 형평성, 지방분권, 남북문제 등을 다뤘다.

각국의 경제철학과 경제사, 복지국가의 문제들은 일반인이 접근하기에 쉬운 주제가 아니다. 수치를 인용하는 것은 불가피했다. 그러나 이 모든 주제들을 가능한 한 쉽게 풀어썼다.

이 책이 나오기까지 너무나 많은 사람들의 도움을 받았다. 독일 금속노조는 "문제점 위주로 취재하겠다"고 취재 의도를 밝혔는데도 "있는 그대로만 써달라"며 네 차례나 만날 기회를 줬다. 독일 기업들은 사장이나 임원이 직접 나와 성실하게 답변해 줬다.

독일 기사 시리즈를 함께 기획한 대한상공회의소 관계자들에게도 감사드린다. 박용성 회장과 이현석 상무, 김종택 홍보실장, 이경상 기업정책팀장, 박동민 차장은 취재 준비단계에서부터 많은 도움을 줬고 격려를 아끼지 않았다. 민경국 강원대 교수는 독일 학계의 주요 인사들을 소개해 줬다. 독일주재 한국대사관의 남창현 상무관, 프랑크푸르트 영사관의 하현수 재정경제관과 심제택 한국교육원장, 유병하 한국은행 프랑크푸르트사무소 부국장, 박정미 주한 독일상의 이사로부터도 많은 도움을 받았다. 독일 취재기간 내내 많은 시간을 할애해 준 윤용진 조흥은행 독일법인장에게도 감사의 뜻을 전한다.

기획기사가 나오기까지 편집국 선후배와 동료들의 절대적인 도움이 있었다. 김기웅 편집국장은 시리즈가 나갈 때마다 매번 1면에 기사를 내주는 파격적인 배려를 해줬다. 정규재 부국장과 이학영 경제부장은 토씨까지 챙겨가며 꼼꼼이 데스크를 봤다. 책을 쓰는 과정에서도 많은 도움을 받았다.

독일을 동행 취재한 김병언 사진기자, 지금 베를린에서 연수 중인 김호영 선배, 독일관련 자료를 챙기고 좌담회를 정리하느라 고생한 안재석 기자와의 팀워크도 절대적이었다. 나의 공백을 메우느라 고생한 부서 내 선후배 기자들이 없었으면 이 모든 것이 불가능한 일이었다. 책을 내느라 고생한 편집진에게도 감사드린다.

사랑하는 아내 선영과 아들 웅재에게도 함께 있지 못했던 시간들에 대한 미안함과 더불어 고마운 마음을 전한다.

한국경제신문 편집국에서

현 승 윤

우리가 아는
독일은 없었다

1 | 투자 불모지대

우리가 아는 막강 제조업의 독일은 그 곳에 없었다. 복지병의 골은 깊어만 가고, 기업들은 줄줄이 무너져내리고 있었다.

독일의 쇠락은 지하경제의 급속한 번식에서 확인됐다. 베를린 샤로텐부르크에 살고 있는 전직 교사 볼프강 슈톨씨. 그는 분양받은 집을 임대하기 위해 바닥재를 새로 깔면서 슈바르츠아르바이터(Schwarzarbeiter)를 고용했다. 슈바르츠아르바이터란 직역하면 '검은 노동자'라는 뜻이다. 과중한 세금과 의료보험·실업보험 등 각종 사회부담금을 피해 암(暗)시장에서 일하는 불법노동자를 독일인들은 검은 노동자라고 부른다.

폴란드·터키 등에서 넘어온 불법 이민자들뿐만 아니라 순혈 독일인 실업자들도 암시장에서 일하고 있다. 그들은 월급의 60~70%에 달하는 실업수당을 타먹으면서 몰래 부수입을 올리는 데 열중하고 있다.

건설업체 등 기업들도 공공연히 암시장 노동자를 채용하고 있다. 30~40명의 단속반원들이 건설현장에 들이닥쳐 불법노동자들을 색출하는 일이 다반사로 벌어지고 있다. 건설근로자의 경우 정상적으로는 시간당 평균 15유로를 지급해야 하지만, 암시장 노동자를 고용하면 그 절반인 7유로면 된다. 불법에 대한 유혹이 클 수밖에 없다.

잘 짜여진 복지국가 독일을 떠받쳐온 기둥들이 밑동에서부터 썩어가고 있었다. 철혈재상 비스마르크(Bismarck)가 1889년 세계 최초로 국민연금 제도를 도입하고 세계에서 가장 높은 수준의 사회복지 제도를 시행해, 전세계 노동자들의 부러움을 한몸에 받아온 경제대국 독일. 그러나 과중한 세금과 사회부담금은 독일을 서서히 지하경제에 의존하는 노쇠한 대국으로 전락시키고 있는 중이었다.

과거가 돼버린 라인 강의 기적

1950~60년대 라인 강 기적의 발원지였던 독일 루르 지방의 물류 중심지인 뒤셀도르프. 이 곳에서 승용차를 타고 서북쪽 방향으로 30분 정도 달리면 독일 철강산업의 본산인 뒤스부르크가 나온다. 대표적 철강회사인 티센크룹슈탈(ThyssenKrupp Stahl) 본사 앞에 도착한 것은 2003년 7월 3일 오후였다. 갑자기 쏟아진 폭우 때문이었을까. 인적은 드물었고 삭막한 느낌마저 들었다.

독일의 군수산업과 첨단 제조업체들에 '산업의 쌀' 인 쇠를 공급하며 제조업의 제국(帝國) 독일을 건설해 왔던 티센, 회슈(Hoesch),

| 각국별 시간당 인건비 | (제조업 기준, 2001년, 단위 : 유로)

국가명	기본임금	추가부담비	합계
독일	14.5	11.7	26.2
미국	16.6	6.4	23.0
일본	13.1	9.1	22.2
네덜란드	12.2	9.8	22.0
스웨덴	12.4	8.6	21.0
영국	13.4	5.8	19.2
프랑스	9.9	9.0	18.9
이탈리아	8.1	7.8	15.9
스페인	8.0	6.7	14.7
포르투갈	3.8	3.0	6.8

*독일은 옛 서독지역 기준
자료 : 독일경제연구소

크룹 등 철강업체는 이제 경쟁업체에 밀려나 통합된 회사 하나로 덩그라니 남아 있었다. 검은 빛깔이 감도는 회색 건물은 독일의 경제기적이 머나먼 과거의 일이었던 것처럼 을씨년스럽기조차 했다. 모회사인 티센크룹AG가 발행한 채권이 2003년 초 국제 신용평가회사인 S&P로부터 투기등급인 정크 채권 판정을 받고 일부 사업을 폐쇄할 만큼, 이 회사의 경영여건은 좋지 않다. 최근 들어 핵심사업에 주력하면서 예전보다 상황은 나아졌지만 과거의 영광을 되찾는 데에는 한계가 느껴졌다.

뒤셀도르프에서 남동쪽으로 15km 떨어진 조그만 도시 힐덴은 전통적인 가족기업과 소기업이 몰려 있는 곳이다. 도로 인근에는 간판조차 사라져버린 공장 건물이 흉물스럽게 남아 있었다. 이 건물에서 대각선으로 마주해 있는 2층짜리 공장 건물에는 임대를 알리는 공고판이 붙어 있었다. 2002년 한햇동안 독일에서 3만 7,000여 개의 기업과 자영업자들이 문을 닫고, 2003년 들어서도 하루에 수백 개씩 무너지고 있다는 소식은 과장된 것이 아니었다.

힐덴의 한(Hahn) 거리에 있는 옴코(Omco)사를 찾아갔다. 코카콜라 유리병을 만드는 데 사용하는 금형도구를 제작하는 업체였다. 미카엘 렌츠 사장은 "3년 전에는 직원 수가 90여 명이었으나 지금은 50여 명"이라며, "그나마 우리는 코카콜라 유리병을 만드는 금형을 독점 납품하는 업체이기 때문에 지금까지 살아남을 수 있었다"고 말했다. 렌츠 사장은 "독일의 고임금과 환경처리비용 때문에 이제는 공장을 유지하는 것 자체가 어렵다"며, "많은 기업들이 개발도상국으로 생산시설을 옮기고 있다"고 전했다.

자동차·화학 등 일부 산업에서는 다국적화된 독일의 제조업체들이 여전히 높은 기술수준과 품질로 앞서나가고 있다고는 하지만, 상당수 독일 내 기업들은 지나치게 높은 노동비용과 세금, 각종 사회부담금으로 경쟁력을 잃고 공장을 딴 곳으로 옮기거나 아예 문을 닫았다.

세계에서 가장 비싼 노동비용

독일의 노동비용은 세계에서 가장 높은 수준이다. 쾰른 경제연구원의 조사 결과, 옛 서독지역의 시간당 노동비용은 2001년 26.2유로로 미국(23유로)·일본(22.2유로)·영국(19.2유로)보다 많았다. 동일한 수의 노동자를 고용할 경우 기업이 부담해야 하는 인건비는 독일이 가장 많다는 얘기다. 독일 기업들이 미국이나 일본 기업 들에게 밀려날 수밖에 없는 이유다.

그러나 독일 기업들이 세계에서 가장 많은 노동비용을 부담하고 있다고 해서 노동자들이 세계 최고의 임금을 받는 것은 아니다. 연금보험·실업보험·의료보험 등 사회보장성 부담금과 직무교육비 등 소득 아닌 비용의 비중이 높기 때문이다. 독일 제조업체의 시간당 총노동비용 26.2유로 중 비(非)임금 노동비용은 11.7유로로 전체 노동비용의 45%에 이른다. 이를 제외한 독일 노동자의 순수 임금은 14.5유로에 불과했다. 미국 노동자들이 받는 기본임금(16.6유로)에 못 미치고 영국(13.4유로)과 일본(13.1유로)보다 조금 많은 정도다. 기업들은 인건비가 너무 높다고 아우성이지만 독일 노동자들은 받는 돈이 적다고 불평하고 있다. 여기에다 월급봉투에서 원천징수되는 세금까지 내고 나면 독일 노동자들이 손에 쥐는 돈은 더 줄어든다.

독일의 6대 경제연구소 중 하나인 이포(Ifo) 경제연구소에 따르면 4인 가족 중 한 사람이 일해서 월 2,000유로를 받는 독일의 저소득층 가구는 세금과 사회부담금을 빼고 나면 월평균 1,900유로를 손에 쥔다. 이들의 소득은 실업보험과 실업지원금 등 각종 사회복지제도에 의지해서 사는 사람들이 월평균 1,600~1,900유로의 수당을 받는 것과 별 차이가 없다.

저소득 계층에서는 일하는 것이나 일하지 않는 것이 소득 면에서 비슷하다는 얘기다. 막노동에 의지하는 저소득층 노동자들은 일자리를 찾아 돌아다니는 것보다는 실업자 생활을 하면서 사회복지수당을 받는 것이 오히려 낫다.

중간 계층의 노동자들도 일할 의욕을 갖기가 어렵게 돼 있다. 독일 연방통계청에 따르면, 독일 노동자의 월평균 소득은 2002년 3,198유로였다. 세금과 사회부담금을 제외한 실제 평균 소득은 부양가족 수에 따라 달라지지만 평균으로 보면 2,500유로를 넘어서기가 어렵다. 실업급여나 보조금에 의지해 살아가는 실업자보다 20~40% 많은 정도다.

실업자로 살면서 짬짬이 부업으로 슈바르츠아르바이트를 하면 정상적인 노동자들보다 더 많은 돈을 벌 수 있다. 암시장에서 한 달에 500~1,000유로 정도의 수입을 올리는 실업자들이 독일에서 급증하고 있다. 실업자들이 더 잘 산다는 얘기가 나오는 것도 이 때문이다.

독일은 법치국가로 유명한 나라다. 독일 국민은 어느 나라 사람들보다 법을 잘 지키는 것으로 알려져 있다. 정글 깊숙한 곳에 신호등이 달려 있는 것을 보고 "누가 신호등을 정글 속에 달았을까?"라고 묻자 이구동성으로 "독일인이다. 그들은 정글에서도 좌회전하라는 신호가 떨어지지 않으면 움직이지 않는 사람들이니까"라고 말했다는 우스갯소리가 있을 정도로 독일인들은 법을 만들고 지키는 데 이골이 난 사람들이다.

실제로 독일에 가보니 시내버스와 전철은 물론 왠만한 교외 기차를 타도 검표요원을 만나기가 어렵고 개찰구조차 설치돼 있지 않았으나 사람들은 꼬박꼬박 표를 사는 그런 나라였다. 법을 지키는 데 매우 엄격한 독일에서 불법 노동이 기승을 부리고 있다는 사실은 매우 심각한 사태다. 오스트리아 린츠 대학의 슈나이더 교수가 현금흐름을 통해 독일 내 불법노동을 추산해 보니, 독일 내 총생산(GDP)의 약 15%가 불법노동에서 창출된 것으로 조사됐다. 실업자들 중 상당수가 슈바르츠아르바이트로 돈을 벌고 있고, 농업과 건설분야 기업에서 불법노동자들을 채용하고 있다는 사실은 독일에서 더 이상 비밀이 아니었다.

떠나가는 제조업

독일은 이제 투자의 불모지대로 변해가고 있다. 막강 제조업을 이끌어온 대기업들은 앞다퉈 해외로 빠져나가고, 중소기업들은 하나 둘씩 부도를 내며 쓰러지고 있다.

대기업 공장의 해외 이전 행렬은 1970년대부터 본격적으로 시작됐다. 물론 독일로 들어오는 외국 기업들도 많다. 하지만 이들 기업의 대부분은 판매와 서비스 업종이다. 제조업 기피현상이 독일에서 두드러지게 나타나고 있다.

프라운호퍼연구소 조사에 따르면, 2001년 기준으로 종업원 500명 이상 대기업의 85%가 생산기지의 전부 또는 일부를 해외로 옮겼다. 높은 세금과 임금, 융통성 없는 고용보호법을 견디지 못한 기업들이 해외로 떠나가고 있다.

최근에는 관리 및 연구개발 분야 업체들까지 해외로 옮겨가는 추세다. 독일 반도체 업체인 인피니온, 전자부품 업체인 엡코스, 식품 그룹인 외트커 등은 아예 본사를 외국으로 옮기는 방안을 검토 중이다. 투자금융회사인 뎁파는 이미 아일랜드로 본사를 옮겼다. 독일 최대 민간은행인 도이체방크(Deutshe Bank)의 요제프 아커만(Josef Ackermann) 회장은 "2003년 2분기에 국가에 낸 법인세와 사회보장 부담금이 순이익의 46%였다. 세금이 너무 많아 사업하기 힘들다. 세금 부담을 줄일 수 있는 방안 중 하나가 세금이 적은 나라로 본사를 이전하는 것이라면 이를 연구 검토할 의무가 있다"고 말했다. 과도한 세금 부담과 사회보장세가 기업을 독일에서 내쫓는 요인이라는 얘기다.

미래산업을 주도할 첨단 분야에서 독일 기업들이 두각을 나타내지 못하는 것은 독일병이 얼마나 심각한지를 단적으로 보여준다. 미국 〈비즈니스 위크(Business Week)〉지가 발표한 정보기술(IT) 부문 '세계 베스트10' 명단에서 독일 기업은 찾아볼 수 없다. 미국이 휴대전화 생산업체인 넥스텔 등 5개, 한국(삼성전자)·영국(보다폰)·핀란드(노키아)·대만(혼하이)·인도네시아(PT텔렉) 등이 10위권 내에서 한 자리씩 차지했다. 독일 기업으로는 소프트웨어 생산업체인 SAP가 40위에 올랐을 뿐이다.

분데스방크(Bundesbank, 독일 중앙은행)의 최근 조사 결과도 심각하기는 마찬가지다. 독일 기업들의 생산능력을 좌우하는 기계설비 부문 투자가 2001년 5.8% 줄어든데 이어 2002년에는 9.4% 감소했다. 독일이 성장의 동력을 상실하고 있다는 얘기다.

기업 경쟁력의 가장 중요한 지표인 노동생산성에서 독일은 상대적으로 퇴보를 거듭하고 있다. 독일의 노동생산성은 지난 1990년만 해도 미국에 근소하게 앞서 있었다. 그러나 2000년에는 미국에 15% 뒤졌다.

독일의 노동비용은 미국보다 여전히 많다. 동일한 수의 노동자로 미국 기업보다 적게 생산하는 독일 기업들이 더 많은 돈을 노동비용으로 지급하고 있는 셈이다. 국제경쟁에서 독일 기업들이 살아남기가 어렵게 돼 있다. 반면 노동자들은 과도한 세금과 사회보장 부담금을 감내하지 못하고 실업자가 되거나 불법노동자로 일하고 있다.

한때 세계를 호령했던 세계의 제조공장 독일은 과도한 복지제도와, 그것에서 벗어나려는 기업과 근로자 들의 몸부림 속에서 심각하게 병들어가고 있었다.

고비용에 짓눌린 독일 기업

독일에서 가장 오래 된 대학과 옛 성(城)의 아름다움을 그대로 간직한 고도(古都) 하이델베르크. 이 도시의 중앙역을 빠져나오면 왼쪽에 사무실과 에스컬레이터 속까지 들여다보이는 푸른 빛깔의 첨단 건물이 보인다. 인쇄기계 분야의 세계시장 점유율 1위인 하이델베르거 드룩마쉬넨(Heidelberger Druckmashinen)의 본사다.

이 회사는 설립된 지 150년이 넘었다. 전통적인 독일 기업으로 주문형 제품을 생산하고 있다. 회사 직원의 60%가 독일에서 일할 만큼 독일 내 생산비중이 높다. 필자와 함께 공장을 둘러본 마르틴 치볼트 아시아 · 태평양 지역 판매담당 이사는 "독일의 노동비용이 비싸지만 고객들이 만족할 수 있는 최고의 제품을 만들기 위해 주요 부품들을 독일 내에서 만들고 있다"고 말했다.

그런 회사가 최근 독일 내 공장 두 개를 폐쇄하고 3,200여 명의 직원을 해고하기로 결정했다. 2만 4,000여 명에 달하는 회사 직원 중 15%에 해당하는 인력을 감원하겠다는 계획이다. 2002년에 적자를 냈고 2003년에도 주문이 감소하는 등 어려움이 계속된 탓이다. 이 회사는 뛰어난 제품을 생산하는 업체로 인정받고 있지만 대량생산과 저임금을 앞세운 외국 업체들의 저가 공세에 밀리고 있다.

독일이 자랑하는 화학부문에서 시장점유율 3위 업체인 데구사(Degussa)는 '노동비용 동결' 이라는 독특한 제도를 운영하고 있다. 임금이 오르는 만큼 파견업체 직원 및 외국인 고용, 조직 축소 등을 통해 인건비 상승률을 0%로 억제한다는 전략이다. 로베르트 비스너 데구사 첨단충진재 · 염료부문 사장은 "상당수 공장과 기술

및 연구부서를 이미 해외로 이전했다"며, "고객기업들이 해외로 이전했기 때문에 (데구사도) 따라나갈 수밖에 없는 형편"이라고 설명했다.

데구사 직원은 2000년 6만 2,900여 명이었으나 2001년에는 5만 3,300여 명, 2002년에는 4만 7,600여 명으로 줄었다. 불과 2년 만에 1만 5,300여 명이 감원됐다. 독일 내 공장을 영국으로 통폐합하는 등 독일 내 생산도 축소했다. 자본지출도 2002년 15%나 줄이는 등 긴축경영의 고삐를 바짝 죄고 있다. 그런데도 2002년 순이익은 2억 2,700만 유로로 전년에 비해 46.1% 감소했다. 독일에서 탄탄한 회사로 알려진 제조업체들조차 고비용 구조를 감당하지 못하고 있다는 얘기다.

독일의 최우량 회사들을 보자. 자동차 생산업체인 다임러크라이슬러(Daimler Chrysler)는 미국 크라이슬러를 합병하기 이전인 1990년대 중반부터 본격적인 구조조정에 착수했다. 당시 다임러벤츠는 독일의 고비용 구조를 극복하기 위해 사업부문을 과감히 줄였다. 위르겐 슈렘프 다임러벤츠 회장은 1994년 취임한 뒤 38개에 달하던 사업부문을 1996년 초 28개로 줄였다. 10개 사업부문이 없어진 것이다. AEG 철도차량과 마이크로칩 사업 등을 정리했다. 살아남은 사업부문들에 대해서도 연간 12%의 자본수익을 내야 한다는 단서조항을 달았다.

슈렘프 회장은 취임 직후 '2년 안으로 적자 투성이 사업을 정비하겠다"며, "만약 기한 내에 성과를 내지 못한다면 회장직을 물러나겠다"는 단호함으로 구조조정을 밀어붙였다. '한번 임원으로 선출되면 영원히 임원'이라는 불문율까지 깨뜨리면서 개혁을 추진해야 했다. 당시 독일의 시간당 평균 임금은 28.9달러로 미국의 18.4달러, 영국의 14.5달러보다 훨씬 많았다. 다임러벤츠가 세계 최고의 경쟁력을 아직까지 유지한 이유는 구조조정에 성공했기 때문이다. 다임러벤츠는 1998년 미국의 크라이슬러와 합병한 이후 자동차 부문에 주력하고 있다.

하인리히 폰 피에러 지멘스(Siemens) 회장도 1992년 취임 후 종업원 수를 8% 줄이고 제품개발과 생산기간을 단축하는 기술혁신을 시도했다. 미국에서 1980년대 후반부터 유행한 리엔지니어링(업무흐름혁신)을 채택한 것이다. 피에러 회장은 반도체 업체인 인피니온과 전자부품 업체인 엡코스를 지멘스에서 분리했다. 퍼스널컴퓨터(PC) 사업부와 파워케이블 등은 아예 처분했다. 독일의 고비용 구조를 감당하기 위해서는 부가가치가 높은 핵심사업에만 매달려야 했다.

피에러 회장은 독일식 위계질서형 경영문화와는 사뭇 다르게 공식회의 석상에서 부하의 직언을 기꺼이 받아들였다. 세계적인 경쟁력을 유지하기 위한 불가피한 선택이었다. 독일의 초일류 기업들마저 사운을 걸고 구조개혁을 추진해야 할 정도로 독일의 고비용 구조는 살인적이다.

자금 여력이 취약한 중소기업은 위기를 극복하는 데 한계가 있다. 독일 내 부도기업 수는 2000년 2만 8,200여 개였으나 2002년에는 3만 7,500여 개로 늘어났다. 1990년대 초반 부도업체 수가 1만여 개 수준이었던 것과 비교하면 세 배 이상 증가했다. 자영업자를 포함한 개인파산은 2002년 4만 6,800명에 달했다. 고비용을 견디지 못한 기업들과 자영업자들이 무너졌다.

어두운 독일산업의 미래

부도의 된서리를 맞기 전에 비용을 낮추고 효율은 높일 수 있는 피난처를 찾아 해외로 둥지를 옮기는 기업들의 행렬이 길어지고 있다. 대부분의 기계·자동차·전자 업체들이 폴란드와 체코·헝가리 등 동구권 국가로 공장을 옮겼고, 섬유·생활용품 업체들은 중국·인도 등 아시아 지역으로 앞다퉈 이전했다.

1970년대에는 화학과 전자 업종이 주로 빠져나갔고 1980년대 이후에는 철도차량과 금속·광학·제지 등 다양한 업종이 해외로 이전했다. 최근에는 자동차 생산업체들마저 공장을 옮기고 있다. 독일 자동차 업계는 2000년 생산 대수 880만 대 중 370만 대를 해외에서 생산했다. 1990년 해외 생산차량이 160만 대였던 것에 비하면 10년 만에 130% 증가했다. 이 기간 중 독일 내 자동차 생산량은 8.5% 증가하는 데 그쳤다. 새로 생기는 자동차공장이 독일에는 거의 없다는 얘기다.

분데스방크에 따르면 독일 기업의 해외 직접투자액은 2001년 470억 유로에서 2002년 261억 유로로 줄어들었다. 기업들의 독일 탈출에 제동이 걸려서가 아니라, 이미 많은 기업들이 빠져나간 탓이다. 1999년의 경우 2002년보다 4배 가까이 많은 1,029억 유로어치가 해외 직접투자로 나갔다.

독일 내 정보기술과 통신분야 투자도 부진하기는 마찬가지다. 유럽정보기술연구소(EITO)에 따르면 1991~2000년까지 독일의 IT 산업 투자는 국내총생산 대비 4.9%로 미국의 6.3%, 영국의 5.7%에 훨씬 못 미쳤다. 1995~99년까지 독일 IT 산업의 경제성장 기여도는 미국(0.87%)의 절반 수준에도 못 미치는 0.35%였다. 생명공학(바이오)산업도 부진하기는 마찬가지여서 2000년 기준 상장업체들이 개발 중인 바이오 제품 수는 미국이 350개, 영국이 128개인 반면 독일은 6개에 그쳤다. 새로운 산업에 대한 투자 부진은 독일산업의 미래가 그만큼 어둡다는 얘기다.

노조마저 공장 붙들기에 나서야 할 지경

공장이 해외로 옮겨나가면 노동자들은 일자리를 잃는다. 폴크스바겐(Volkswagenwerk AG)이 미니밴 생산공장을 해외에 짓겠다고 하자, 금속노조(IG메탈)는 2001년 8월 35시간 기본근무에 42시간까지 초과근무를 허용하면서까지 양보해 공장을 독일 내에 짓도록 합의한 것은 불가피한 선택이었다. 당시 폴크스바겐의 근무시간은 주당 28.8시간이었다. 독일의 제조업 공동화는 노조가 근로조건을 대폭 양보하면서까지 공장을 붙들어야 하는 지경에 이르렀다.

정부도 산업 공동화(空洞化)를 막기 위해 안간힘을 쓰고 있다. 기업들이 떠나가면 실업자가 늘어나고, 덩달아 정부재정도 부실해지기 때문이다. 독일 정부는 기업설립 자본금 지원제도와 1,000여 개의 인력양성 프로그램 등을 운영하고 있다. 옛 동독지역 6개 주에 투자하는 기업에는 총투자비용의 50%까지 되돌려주는 보조금제도를 도입했다.

하인츠 키르크호프 베를린 투자개발청 투자유치위원은 "외국인 투자를 유치하기 위한 경쟁이 독일 주(州)정부 간에도 치열해지고 있다"며, "인건비가 상대적으로 싼 옛 동독지역 내에 베를린이 있어 상대적으로 유리한 편"이라고 강조했다. 그러나 이 같은 독일의 외국인 투자유치 노력은 별 성과를 내지 못하고 있다. 한국 기업들조차 삼성SDI가 옛 동독지역의 한 공장을 인수한 것을 제외하면 생산공장이 없다. 물류·마케팅 등 서비스 분야 법인들만 독일에 진출해 있다. 베를린 포츠담 광장에 들어선 일본 소니센터도 제조업과 관계없는 레저 단지다.

뒤셀도르프 인근 랑겐펠트에 입주한 대우종합기계의 마승록 독일법인장은 "상품전시장과 판매 서비스 인력으로만 운영하고 있다"며, "생산공장으로는 수지를 맞출 수가 없다"고 말했다. 독일에서 물건을 팔아먹을 생각만 할 뿐 생산지로 보고 있지는 않다는 얘기다. 적어도 제조업 분야만을 놓고 보면 독일은 분명 투자 불모지였다.

2 | 실업도 괜찮은 직업

독일은 실업자 천국이다. 직장을 잃어도 만 65세까지 직전 순소득의 50% 이상이 보장된다. 그러나 이 제도를 유지하기 위해 기업과 취업자 들은 과중할 정도로 많은 세금과 부담금을 내고 있다. 정부는 세금과 부담금만으로도 모자라 돈을 빌려서 사회보장비를 충당하고 있다. 그 비용은 고스란히 국민의 짐으로 떠안겨졌다.

경제협력개발기구(OECD)에 따르면, 독일 정부는 2001년 재정지출액 가운데 54%를 사회복지비로 지출했다. 그 바람에 재정적자는 2002년 유럽연합(EU)이 정한 건전재정 기준인 GDP의 3%를 넘었다.

"독일의 복지제도는 더 이상 유지할 수 없을 정도로 비대해졌다" (베르너 파샤 뒤스부르크대 교수)는 지적이 곳곳에서 나오고 있다. 실업자가 늘어나면서 국가의 생산과 소득이 줄어들고 재정 수입이 감소하고 있기 때문이다. 앞으로 어느 정도 돈이 더 필요할지 예측하기 조차 어려운 상황이다. 실업이 장기화되면서 노동인력의 자질 저하마저 우려되고 있다.

반면 독일 노동자들의 근무시간은 세계에서 가장 적다. 미국 노동청이 1999년 기준으로 각국의 노동시간을 조사한 결과, 독일 노동자들의 연간 근무시간은 1,509시간에 그쳤다. 미국(1,977시간)과 일본(1,975시간)에 비해 23~24% 적다. 유럽의 대표적 복지국가로 알려진 스웨덴(1,699시간)보다도 11.2%나 적다. 독일 근로자들은 주 35시간 근무에다 연간 30일 이상 휴가가 보장돼 있다. 감기만 걸려도 진단서를 첨부하면 1주일씩 쉴 수도 있다.

10%가 넘는 실업률

독일 연방통계청에 따르면 2003년 6월의 실업자 수는 425만 명으로 실업률이 10.2%에 달했다. 일을 할 능력과 의사가 있는 독일인 열 명 중 한 명꼴로 일자리를 찾지 못한 채 놀고 있다는 얘기다. 그러나 실업자가 많은 사회에서 흔히 눈에 띄는 거리의 부랑자를 독일에서는 찾아보기가 쉽지 않다. 베를린과 프랑크푸르트 · 뒤스부르크 · 하이델베르크 등의 뒷골목에서 어쩌다 한두 명이 눈에 들어올 뿐이었다.

한국의 외환위기 직후인 1998년 2월의 8.8%보다 실업률이 더 높은 독일에서 그 많은 실업자들은 어디에 있을까. 뒤스부르크에서 만난 한 독일인은 "실업자들은 대부분 구직(求職) 노력을 접고 집에서 편안하게 지낸다"고 들려줬다. 굳이 일자리를 얻지 않더라도 놀

고 먹기에 충분한 실업급여가 보장돼 있기 때문이라는 설명이다.

최소한의 문화생활까지 보장

베를린에 있는 독일경제연구소(DIW)의 폴커 마인하르트 공공부문 담당 연구위원으로부터 보다 자세한 설명을 들을 수 있었다. 마인하르트씨는 "과거 근로소득이 얼마인지에 따라 실업자가 받는 금액이 달라진다"며, "분명한 것은 어떤 경우건 실업자에게 최소한의 문화생활까지 정부가 보장해 주고 있다는 사실"이라고 말했다. 독일에서는 실직을 하면 우선 실업급여(Arbeitslosengeld)가 지급된다. 일자리가 없거나 주당 15시간 미만을 일하는 사람이 지급 대상이다. 자녀가 한 명 이상이면 실직 전 세후 순소득의 67%, 자녀가 없으면 세후 순소득의 60%를 받을 수 있다.

예컨대 실직 전 월평균 순소득이 2,000유로면 실업급여로 1,200~1,340유로를 받는다는 얘기다. 건강보험과 연금 등 각종 사회보장성 부담금은 정부에서 대신 내준다. 실업급여를 주는 기간은 최단 6개월에서 최장 32개월까지다.

실업급여를 받을 수 있는 기간이 끝나면 실업보조금(Arbeitslosen-hilfe)이 나오기 시작한다. 이 돈은 만 65세까지 받을 수 있다. 실업보조금은 자녀가 한 명 이상이면 세후 순소득의 57%, 자녀가 없으면 53%다. 지급률에서 실업급여에 조금 못 미친다. 그러나 독일의 1인당 국민소득이 한국의 2.5배에 이르고 초·중·고 교육과 대학·대학원 학비까지 무료라는 점을 감안하면, 일을 전혀 하지 않고서도 어느 정도 생계를 유지할 수 있는 수준이다. 독일인들 사이에 "실업자도 괜찮은 직업"이라는 말이 나올 정도다.

독일에는 단기급여손실보충(Kurzarbeitergeld)이라는 독특한 제도도 있다. 회사에서 근로시간을 일시적으로 단축해 직원 중 3분의 1 이상이 월급여의 10% 이상 손실을 보면 손실액의 60~67%를 정부가 보상해 주는 제도다. 기업에서 먼저 이 돈을 직원들에게 지급한 뒤 노동청으로부터 되돌려받는 방식으로 운영되고 있다.

1년 이상 실직자 150만 명

독일에서 1년 이상 실직상태로 있는 사람은 2003년 6월 말 기준으로 149만 6,000명에 달했다. 전체 실업자의 35.1%로 매우 높은 수준이다. 일자리를 달라는 아우성이 불거져나올 만한데도 조용하다. 실업자 복지가 잘 돼 있기 때문이다.

실업자들의 만족도가 높아질수록 기업과 취업자들의 불만은 커지고 있다. 실업자에게 줄 돈을 갹출해야 하기 때문이다. '새로운 사회적 시장경제 전파모임'이라는 시민단체를 주도하고 있는 한스 티트마이어 전 분데스방크 총재는 "세금과 사회부담금이 과중해지면서 기업인과 취업자들이 일할 의욕을 잃고 있다"며, "실업자들을 일터로 나가게끔 제도를 바꿔야 한다"고 목소리를 높였다.

400만 명이 넘는 실업자들을 먹여살리기 위해 기업과 취업자 들은 얼마나 많은 세금과 사회보장성 부담금을 내고 있을까. 프랑크푸르트에 진출한 한국 기업에 소득구간별로 부담해야 하는 세금과 각종 부담금을 뽑아달라고 부탁했다. 월 2,000유로를 받는 미혼(독신)직원은 세금과 각종 부담금으로 725유로(36.3%)를 냈다. 4,000유로를 받는 사람은 1,864유로(46.6%), 6,000유로를 받는 사람은 3,006유로(50.1%)를 세금과 사회보장 부담금으로 내고 있었다. 가족 수가 많을수록 내는 세금과 부담금은 줄어든다.

기업들은 벌어들인 소득의 38.6%를 세금으로 내고 있다. 법인세는 25%이지만 지방세 등 각종 세금이 별도로 부과되기 때문이다. 여기에다 직원이 내는 사회보장성 부담금만큼 회사도 부담해야 한다. 사회보장성 부담금은 근로자와 회사가 절반씩 분담하는 구조다. 국경이 사라지고 있는 무한경쟁 시대에서 기업들이 감당하기가 어려운 수준인 것은 분명하다.

그뿐만 아니다. 정부도 눈덩이처럼 불어나는 사회복지예산을 감당하기 어려워 빚을 내야 할 지경에 이르렀다. 독일 정부의 재정적자는 2002년 GDP(2조1,150억 유로)의 3.6%로 유럽연합(EU)이 정한 안정성장협약 기준인 3%를 넘겨 징계 대상으로 거론되고 있다. 비르기트 케른 독일 경제부 사회복지담당관은 "실업급여 기간을 단축하고 실업보조금 제도를 기초사회복지제도로 흡수시키는 등 복지 제도 개혁을 추진하고 있다"고 말했다. 좌파 사회민주당 정부마저

(단위 : 유로)

월급여	세금	사회보장성 부담금	세후 소득
2,000	308	417	1,274
4,000	1,073	791	2,136
6,000	2,072	934	2,994
8,000	3,095	934	3,971
10,000	4,119	934	4,947

*사회보장성 부담금은 연금·실업보험·건강보험 등 법정 부담금
자료 : 독일 진출 한국 기업

도 더 이상 현 상태의 실업자 복지제도를 유지할 수 없는 지경에 빠졌다는 얘기다.

전문인력은 외국인으로 충당

독일은 2001년부터 그린카드 제도를 새로 도입했다. 독일에 입국하려는 외국인에게 입국허가서와 고용허가서를 발급해 주는 제도다. 그린카드는 정보통신(IT)과 컴퓨터 등 첨단분야에서 전문지식을 갖춘 외국인에게 발급된다. 2002년 6월 기준으로 1만 2,000여 명이 그린카드를 받아 입국했다.

그린카드 제도를 만든 것은 첨단산업 분야에서 독일 내 전문인력이 부족하기 때문이다. 인도·유고슬라비아 등지의 외국인들이 기업들의 수요를 채워주고 있다. 독일의 실업자 수가 400만 명을 넘었는데도 기업들은 필요한 인력이 부족하다고 아우성이다. 적임자를 구하지 못해 공석으로 남아 있는 일자리가 40만 개에 이르는 것으로 독일 연방통계청은 추산하고 있다. IT 분야 기업들 중 상당수가 전문인력 부족으로 어려움을 겪고 있다. 인력수급이 불균형 상

태에 빠져 있다는 얘기다.

베를린에 있는 소프트웨어 전문업체 콘다트(Condat)사의 슈테판 비즈너 사장은 "직원 130명 중 20%가 외국인"이라며, "말레이시아 · 베트남 · 유고슬라비아 사람들을 채용하고 있다"고 말했다. 그는 "연구개발을 하는 직원들을 붙잡아두기 위해 원하는 시간대에 마음대로 일할 수 있도록 탄력적인 근무시간 제도를 운영하고 있다"는 말도 덧붙였다. 인터넷 등 정보기술 분야에서는 인도인들이 특히 많다. 따라서 독일인들은 인터넷을 '인도넷'이라고 빗대어 부르기도 한다.

건설 · 농업 등 일용직 노동자를 주로 쓰는 분야에서도 외국인 노동자들이 많다. 이들의 대부분은 체코 · 폴란드 · 터키인 들이다. 그러나 대부분은 정부의 고용허가를 받지 않은 불법체류자들이다. 소렌 페더슨 덴마크 록울재단 연구위원은 "노르웨이에 체류하고 있는 불법노동자의 시간당 임금이 16.5유로, 덴마크는 15.7유로, 영국은 14.4유로인 데 비해 독일의 불법노동자는 10.3유로만 받고 있다"고 말했다. 정규직 노동자를 고용하는 데 들어가는 노동비용이 세계에서 가장 비싼 반면, 불법노동자들은 매우 낮은 비용으로 채용할 수 있는 나라가 바로 독일이다. 국경선 너머에서 밀려드는 외국의 저임노동자들이 독일의 복지 과잉을 일정 부분 떠받쳐주고 있다는 분석이 가능하다. 대신 독일인들은 실업자에 대한 보호제도가 잘 갖춰져 있어 조금 힘들다 싶은 일자리는 아예 외면하고 있다. '백수' 생활을 해도 아쉬울 게 없어서다.

독일의 실업률 증가는 노동조합원 감소에서도 잘 나타난다. 1990년 360만 명에 달했던 금속노조(IG메탈) 조합원 수가 최근 260만 명대로 떨어졌다. 10년 새 조합원의 27%가 줄었다. 통일 직후 동독지역에서 IG메탈에 가입했던 노동자들 중 상당수가 탈퇴함으로써 조합원 수가 급격히 줄었지만, 일부에서는 힘든 노동을 기피하는 사회 분위기 확산으로 노조가입 대상자 수가 줄어든 데에도 원인이 있었다.

클라우스 헤르만 IG메탈 사무·전문직 대표는 "대형 공장 위주였던 독일 제조업체들이 최근 들어서는 정보기술 분야의 인력을 많이 뽑고 있다"며, "전통업종 위주로 돼 있는 전문인력 양성제도의 문제 때문에 인력 수요와 공급을 제대로 맞추지 못하고 있다"고 말했다. 고임금 분야에서 독일의 인력 공급이 부족해 결국 외국인에게 일자리를 뺏기고 있다는 얘기다. 건설 등의 저임금 분야에서는 불법 또는 미숙련의 저임금 외국인 노동자들이 상당 부분을 차지하고 있다.

정부는 이 같은 문제를 해소하기 위해 독일인들이 직업훈련을 받을 경우 최대 3개월까지 급여와 훈련비용을 지급하고 있다. 고용계약을 체결하면 최대 1년 동안의 교육기간 중 급여의 50%까지 정부가 주고 있다. 여성근로자와 청소년실업자 고용을 촉진하기 위한 특별 프로그램도 실시하고 있다. 옛 동독지역에서는 기업이 독일인 노동자를 고용할 경우 12개월 간 임금보조비도 지급하고 있다. 그런데도 독일의 실업률은 낮아질 기미를 보이지 않고 있다. 괜찮은 실업자 생활을 그만두고 고된 노동의 길로 들어서기가 싫어진 탓으로 해석할 수 있는 대목이다.

3 | 무너진 불패신화—IG메탈

독일의 막강한 산별노조는 창설 이후 최대 위기에 봉착해 있었다. 낙후된 생산성과 고(高)실업 상황을 무시한 채 옛 동독지역에서 파업을 벌인 독일 최강의 금속노조 IG메탈은 정부·기업·여론의 십자포화에 주저앉았다. 생산성 격차를 무시한 채 산업별로 동등한 임금과 동등한 근로시간을 쟁취하겠다는 주장은 결코 관철될 수 없는 구호라는 것이 분명해졌다.

동독지역의 노동생산성은 서독지역의 70% 수준에 불과하다. 그러나 독일 내에서 임금은 산별 노사협약에 따라 최소한 90% 이상 받도록 돼 있었다. 이것이 화근이었다. 시장원리에 따른다면 동독지역에서는 임금이 하락하거나 근무시간이 늘어나야 했다. 그러나 IG메탈은 반대로 갔다. 35시간 근무를 내걸고 파업을 단행한 끝에 결국 패배하고 말았다.

폴란드·체코와 국경을 맞대고 있는 브란덴부르크 주와 작센 주에서는 금속노조의 조직 기반조차 거의 와해됐다. 유럽 최강의 산별노조는 기로에 서 있다.

세계 최강의 노동조합

IG메탈은 1891년 설립된 독일 금속노동자연맹(DMW)을 모태로 둔 노동조합 조직이다. 제1차 세계대전 패배 후 등장한 바이마르 공화국에서 본격적인 성장기를 맞는 듯했다. 그러나 이후 들이닥친 세계대공황과 히틀러의 집권으로 조직이 해산당했다. 제2차 세계대전 후 금속노동자들은 1950년 프랑크푸르트 암마인에 본부를 둔 금속노조(IG메탈)를 결성했다. 지금의 IG메탈은 그 때 탄생했다.

IG메탈은 독일 전체 산업의 노사관계를 선도하는 역할도 해왔다. 하나의 산업에는 하나의 노조만 존재한다는 산별노조 원칙을 고수해 왔다. IG메탈은 1998년에 섬유의복노조를 흡수했고, 2000년에 목재플라스틱노조를 합병했다. 지금은 금속산업을 포함한 3개 산업을 대표하는 노조가 됐다.

IG메탈은 제2차 세계대전 후 불패(不敗)신화를 자랑해 왔다. 그런 IG메탈이 2003년 여름 동독지역에서 벌어진 싸움에서 패배했다. 독일 노동계와 정계 모두에 충격을 안겼다. 옛 동독지역에서 벌인 한 달 동안의 파업이 아무런 성과도 얻지 못한 채 끝내 무너지고 말았던 까닭은 무엇인가.

클라우스 츠비켈 IG메탈 위원장이 "파업은 실패했다"고 공개선언한 지 6일이 지난 2003년 7월 4일 오전에 프랑크푸르트 리오너

거리에 있는 IG메탈 본부건물(쌍둥이빌딩)을 찾아갔다. 건물 앞 붉은 깃발은 10여 일 전 방문했을 때와 마찬가지로 힘차게 휘날리고 있었으나 노조원들의 분위기는 침통하게 가라앉아 있었다. 국제업무부의 클라우디아 라흐만씨는 "기업인과 정부, 여론이 이번처럼 노조에 적대적인 때는 없었다"며, "노조 내부에서조차 비판하는 목소리가 높아진 것이 패배의 원인"이라고 설명했다.

IG메탈이 옛 동독지역에서 벌인 파업의 주된 목표는 주 35시간 근무 확보였다. 페터 젠프트 IG메탈 베를린지부 지역조정위원은 파업이 막바지로 치닫던 6월 26일 "옛 동독지역에서 근로시간을 단계적으로 줄이기로 사용자단체(Gesamtmetall)와 합의했는데 경기가 나빠졌다는 이유로 약속을 지키지 않고 있다"며, "16개 기업에서 1만 1,000여 명이 파업 중"이라고 말했다. 옛 동독지역 내에 있는 자동차 생산공장인 다임러크라이슬러와 폴크스바겐, 철강회사인 티센크룹, 자동차 부품 생산회사인 미국계 페더럴모굴(Federal Mogul) 등에서 파업이 벌어졌다. 그러나 결과적으로 IG메탈은 아무것도 얻지 못했다. 세계 언론들은 1954년 이후 첫 패배라고 대서특필했다. 페터 쉐레르 IG메탈 도서관장은 "제2차 세계대전 이후 노조측 패배 사례를 들라면 1954년 뮌헨을 중심으로 전개된 총파업을 들 수 있지만 그 때는 해고자 복직문제를 소홀히 다루어 평판이 나빴던 정도"라며, "이번처럼 완벽하게 노조가 패배한 것은 사상 처음"이라고 설명했다.

잘못된 시기에 잘못된 파업

IG메탈의 패배에는 여러 가지 이유가 있었다. 결정적인 이유 중 하나는 1986년 헬무트 콜(Helmut Kohl) 총리가 이끄는 우파 기독교민주당 정부의 노동법 개정이었다. 콜 총리는 "파업 노조는 자기사업장뿐만 아니라 자신들의 파업 때문에 불가피하게 가동을 중단한 다른 업체의 근로자들에 대해서도 임금을 지급해야 한다"는 내용으로 노동법을 바꿨다. 파업의 여파로 불가피하게 공장가동을 중단한 다른 회사의 근로손실까지도 노조가 떠맡아야 한다는 것이다.

IG메탈의 패배는 바로 여기서 출발했다. 파업기간 중 옛 동독지역 16개 공장의 파업 참가자들에게 대체임금을 지급해 온 IG메탈은 정작 BMW의 레겐스부르크 공장과 뮌헨 공장이 부품조달 차질로 가동중단 위기에 빠지자 엄청난 재정부담을 느꼈다. BMW가 조업을 중단하면 2만여 명의 이 회사 근로자들에게 IG메탈이 임금을 대신 지급해야 했다.

게잠트메탈 등 사용자단체들의 비타협적인 협상 태도도 노조를 위축시켰다. 기업들은 "독일 노동자들은 더 많이 일해야 한다"며 노조의 파업에 양보할 기미를 보이지 않았다. 여론도 노조에 부정적인 반응 일색이었다. 사회민주당 정부의 볼프강 클레멘트 경제장관마저 "잘못된 시기에 완전히 잘못된 지역(옛 동독)에서 발생한 파업"이라며 파업 중단을 촉구했다. 사회 전체가 IG메탈에 등을 돌렸다고 해도 과언이 아니었다.

파업이 벌어진 페더럴모굴에서는 헬리콥터까지 동원해 부품과 식량을 실어나르며 공장을 가동했다. 파업전선에 균열이 생겼고 IG메탈의 패배는 시간이 흐를수록 명백해졌다.

사실 IG메탈의 실패는 오래 전부터 예고돼 왔다. 한때 360만 명을 넘어섰던 조합원 수는 2002년에 270만 명 수준으로 감소했고

2003년에도 계속 줄어드는 등 조직력이 하강곡선을 그리고 있었다. 맥킨지(McKinsey) 컨설팅은 독일 국민의 14%만이 노조를 신뢰하고 있다는 자료를 내기도 했다. 독일 경제를 이끈 한 축으로서의 노동조합에 대한 신뢰가 무너지고 있었다. 노조원들조차 노동시간보다 일자리를 더 중요하게 여기고 있는 것으로 조사됐다. 그런데도 IG 메탈은 옛 동독지역 노동자들도 서독지역과 대등한 대우를 받아야 한다며 근로시간 단축을 고집했다.

IG메탈은 과거에 동독지역 노동자들에게 서독지역 임금의 90% 이상을 지급하도록 산업별 노사협상을 맺은 적이 있다. 그러나 동독지역의 노동생산성은 서독 지역의 70%에 못 미쳤다. 이 때문에 동독지역에 있는 기업들은 생산성이 높거나 임금이 낮은 지역으로 공장 이전을 추진했다. 동독지역 노동자들은 회사를 붙잡아두기 위해 노조를 탈퇴했고 저임금을 받아들였다. 옛 동독지역의 상대적인 저임금과 장시간 노동은 사실 동독인들이 선택한 것이었다.

| IG메탈 조합원 수 추이(1891~2002) |

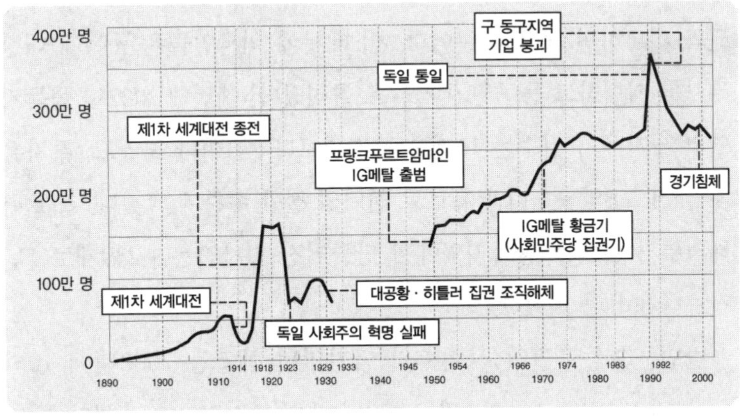

자료 : IG메탈

연방통계청이 조사한 옛 동독지역의 2002년 평균임금은 시간당 10.66유로였다. 서독지역(15.17유로)보다 30% 가까이 낮았다. 소련식 사회주의 교육을 받으면서 자라난 옛 동독지역의 노동자들도 낙후된 생산성의 한계를 노조 운동만으로 극복할 수는 없었다. 2003년 6월 동독지역의 실업률은 서독지역(8.1%)보다 두 배 이상 높은 18.3%로 감당하기 어려운 상황이었다. 실업자 보호제도가 아무리 잘 갖춰져 있더라도 일할 능력과 일할 의사가 있는 다섯 명 중 한 명 꼴로 일자리가 없다는 것은 매우 심각한 사태다.

세계 최강의 노동조합 IG메탈의 불패신화는 저(低)생산성과 고(高)실업에 시달리던 옛 동독지역에서 결국 무너지고 말았다. 작센 주와 브란덴부르크 주 등 옛 동독지역에서는 조직조차 거의 와해됐다.

저성장의 철벽

동독지역은 서독에 비해 상대적으로 임금이 낮다. 그러나 옛 동구권과 비교하면 높은 수준이다. 이 때문에 외국인들은 동독에 대한 투자를 기피하고 동구권 국가들로 몰려갔다. 예컨대 2002년 동독지역의 투자유치 건수는 10건으로 전년보다 7건이나 줄었고, 투자유치 금액도 8억 9,000만 유로로 전년의 절반 수준에 그쳤다. 2002년 해외투자 유치로 동독지역에서 만들어진 일자리는 1,239개로 1년 전보다 86%나 줄었다.

반면 옛 동구권의 사회주의 국가였던 체코는 2002년에 10억 4,000만 달러를 유치해 1만 2,000여 개의 일자리를 창출했다. 헝가리도 같은 해 외국인 투자유치로 5,600여 개의 일자리를 만들었다.

이 같은 상황은 2003년 들어서도 계속되고 있다. 2003년 상반기에 결정된 대형 투자 프로젝트들 중에서 옛 동독지역이 유치한 것은 없다. 프랑스 자동차 기업인 PSA는 옛 동독지역의 주(州)정부들의 간청에도 불구하고 7억 유로 규모의 자동차 제조공장을 슬로바키아에 짓기로 했다. 푸조와 시트로앵 자동차를 생산하는 PSA는 또 도요타(豊田)와의 합작투자 공장을 체코 프라하에 두기로 결정했다. 대형 투자를 유치하려던 동독지역의 주정부들은 좌절감을 맛봐야 했다. 동독지역에서 외국인투자가 가장 많은 작센안할트 주는 사실상 개업중단 상태다. 국내외 기업들이 동독지역을 외면하는 가운데 벌어진 파업이 동독인들의 마음을 끌어당길 수는 없었다.

IG메탈은 라인 강의 기적이라고 불리는 독일의 경제성장을 발판으로 급성장했다. 그러나 독일 경제는 3년째 0%대 성장으로 침체에 빠져 있다. 한때 650여 명에 달했던 IG메탈 본부직원 숫자도 지금은 550명 수준으로 줄어들었다. 파업을 이끌었던 유르겐 페터스 차기 위원장은 사퇴 압력에 시달렸다. 성장의 테두리를 벗어나려 했던 '분배의 신화'는 결국 쓰디쓴 좌절을 맛본 채 이제 변신을 강요당하고 있다. 저성장의 철벽에 가로막혀 분배가 주저앉은 것, 바로 그것이 IG메탈의 패배 원인이었다.

말뿐인 무노동 무임금

독일은 파업기간 중에는 노동자들이 임금을 받지 않는 것으로 알려져 있다. 무노동 무임금 원칙이 철저히 지켜지고 있다는 것이다. 그러나 현장에 가보니 그게 아니었다. 그들은 임금을 받고 있었다. 회사로부터가 아니라 노조로부터 받았다.

독일에서는 노조 파업이 철저하게 산별노조의 통제 아래 진행된다. 일단 파업이 시작되면 산별노조 소속원이 파업현장으로 간다. 파업 참가자들의 출석을 체크하기 위해서다. 파업에 참가했다는 증명을 해주는 산별노조 소속원의 도장을 받지 못한 사람은 산별노조로부터 임금을 받을 수 없다.

노조 규모나 조직률을 감안하면 독일은 파업이 유난히 적은 나라다. 산별노조는 파업 참가자에게 정상임금에 해당하는 현금을 줘야 하기 때문에 파업을 단행하는 데 매우 신중하다. 노동자가 일하지 않으면 회사로부터 임금을 받지 못하는 무노동 무임금 원칙은 당연하게 받아들여진다. 대신 노동자들은 파업에 참여하는 대가로 산별노조로부터 임금에 해당하는 돈을 받는다. 노동자 입장에서야 회사에서 받든 노조로부터 받든 금액에 차이가 없다면 아무런 상관이 없다. 노조의 파업 결정이 내려지면 일사불란하게 움직이는 이유다.

독일의 산별노조는 지역별 또는 업종별로 총파업을 하더라도 모든 사업장에서 한꺼번에 파업하지는 않는다. 예컨대 특정 지역에서 10개 회사가 파업에 돌입할 경우 노조의 요구를 수용할 수밖에 없는 취약한 회사들을 골라서 집중 파업을 벌이는 방식으로 요구사항을 관철시킨다. 노조가 파업 참가자에게 줄 대체임금 비용을 최소한으로 줄이면서 효과는 극대화하는 방법이다.

산별노조의 승인을 받지 못한 파업은 노조로부터 불법파업으로 규정되고 대체임금도 받지 못한다. 츠비켈 IG메탈 위원장이 옛 동독지역에서의 파업 실패를 선언한 후 많은 불만이 터져나왔지만 바로 그 날부터 파업은 곧바로 종료됐다. 노조 지도부의 파업종료 선언을 거부하고 파업을 계속하면 그 순간부터 노조가 파업노동자에게 대체임금을 주지 않기 때문이다.

실제로 옛 동독지역에서의 파업은 질서정연하게 진행되고 있었다. 오전에는 IG메탈 간부들이 파업 참여를 독려하는 집회를 열었고, 오후와 야간 시간에는 교대로 회사 정문 밖에서 바리케이드를 치고 농성을 벌였다. 업무차량이나 회사에서 일하려는 노동자들이 공장에 들어가는 것을 강제로 막지도 않았다.

베를린을 둘러싼 브란덴부르크 주의 한 지역인 루트빅스펠데에 있는 다임러크라이슬러 공장에 들렀다. 2003년 6월 26일 오후였는데 한창 파업 중이었다. 100여 명의 노조원들이 정문 밖에 바리케이드를 치고 플래카드를 내걸고 있었다.

이 회사의 구트룬 크뤼거 직장평의회장은 "아침에 500명 이상 조합원들이 모여 파업집회를 했으나 지금은 100명 정도 남아 있다"며, "노조의 지시를 받아 파업조를 짜서 교대로 자리를 지킨다"고 말했다. 그는 "회사로 들어가려는 차량을 강제로 막는 것은 불법"이라며, "거래업체 차량뿐만 아니라 회사직원들이 공장에 들어가는 것도 막지 않고 있다"고 설명했다.

협조적인 노사관계의 전통

독일의 노사는 제2차 세계대전 이후 줄곧 협조적인 관계를 유지해 왔다. 노조는 자본주의 체제를 수용하고 노동자들의 사회적 · 경제적 지위 향상을 추구한다. 사용자측은 생산성 향상의 성과를 노동자에게 배분하는 데 그리 인색하지 않다. 노사협상은 거의 대부분 평화적으로 타결된다. 파업이나 직장폐쇄는 매우 드물 뿐만 아니라 오로지 단체교섭 기간 동안에만 국한해서 발생한다. 임금협상이 체결되면 평화체제로 곧바로 전환된다. 정치파업은 독일에서 찾아볼 수 없다. 합의를 중시하는 독일의 독특한 전통은 노사관계에서 뚜렷하게 나타난다.

실제로 산별노조는 임금을 결정하는 데 막강한 영향력을 행사하지만 일부 노동자들의 불만이 작업중단으로 이어져 회사에 타격을 주지 않도록 하는 데에도 노력하고 있다. 기업의 지급능력과 경쟁력을 유지하는 범위 내에서 임금이 결정돼야 한다는 데에 노조도 공감하기 때문이다.

독일의 화학노조가 대표적인 사례다. 1997년 6월 사용자단체와 체결한 노사협약에서 화학노조는 각 지역별로 기업 단위의 생산성이나 수익성에 따라 임금의 10%까지 삭감할 수 있도록 허용했다. 임금 지급능력이 취약한 기업들이 사용자단체에서 탈퇴하지 않도록 유도하면서, 동시에 산별노조의 임금 교섭능력을 유지하는 현실적인 선택이었다. 세계화로 기업들의 국제시장 쟁탈전이 격화되면서 기업 단위의 경쟁력 격차가 확대되고 있는 현실을 반영한 결정이다.

독일에서 노조가 파업을 하려면 사전에 몇 차례 교섭을 포함한 절차들을 거쳐야 한다. 파업을 하기 위해서는 조합원의 75% 이상 찬성도 얻어야 한다. 상당히 까다로운 조건이다.

독일에서는 중재절차나 중재제도가 없다. 정부가 노사문제에 개입하지 않는다는 얘기다. 대신 사용자측과 노동자측이 반반씩 추천한 판사들로 구성되는 노동법원이 분쟁을 해결하고 있다. 독일 기업들은 노동자들의 파업에 대응하는 수단으로 직장폐쇄를 단행한다. 노사협상에서 양측은 등권적인 관계를 유지하고 있는 셈이다.

감독위원회 통해 경영에 관여

독일의 개별 회사나 공장 단위에서는 노조가 없다. 대신 직장평의회(Betriebsrat)가 노조 역할을 한다. 직장평의회는 산업별 노사협약이 제대로 이루어지고 있는지를 감시하고 새로운 기술도입이나 인력운영에 영향을 주는 경영진의 의사결정에도 개입한다. 그러나 직장평의회가 파업을 요구하거나 정치적인 행동을 할 수는 없다.

독일의 노조는 경영에 관여한다. 주주 대표와 노조 대표로 구성되는 감독위원회(Aufsichtsrat)를 통해서다. 감독위원회 구성은 기업 규모에 따라 달라진다. 종업원 수가 2,000명 이상인 회사에서는 노조와 주주측이 동수로 감독위원회 위원을 선임한다. 노사 동수이기 때문에 양측이 맞서 의사결정이 안 될 경우에는 주주측이 선임한 감독위원회 회장이 결정권을 행사하도록 돼 있다. 노사 등권(等權)의 기업지배구조를 갖추고 있지만 실제로는 주주측인 회장이 의사결정권을 행사하기 때문에 주주 대표들이 노조보다 우위에 있다.

직원 수가 500명에서 2,000명 사이의 기업에서는 감독위원회 멤버의 3분의 1을 노조가 차지한다. 다수결로 결정되는 감독위원회의 주도권을 주주들이 갖고 있다. 그러나 주주 대표들이 경영권을 독단적으로 행사하지는 않는다. 주주 대표가 감독위원회의 다수를 차지하지만 거의 모든 주요 사안에 대해 노조와 협의한다.

철강과 석탄분야에서는 1976년 체결된 공동결정법에 따라 노사 동수로 감독위원회를 구성하도록 돼 있다. 의사결정도 노사 합의제에 따르도록 했다. 노사가 맞서면 회장이 결정권을 행사하도록 규정한 일반 대기업과는 다른 철저한 노사 등권의 지배구조다.

독일의 이 같은 독특한 노사관계는 이해관계자를 중시하는 전통과 맞아떨어진다. 파업을 하면 회사뿐만 아니라 노조도 막대한 재정적인 손실을 입기 때문에 노사 모두 협상을 통해 이해관계를 조정하는 것을 최우선으로 생각한다. 노조의 경영참여는 파업 충동을 느끼는 노동자들을 설득하는 데에도 도움이 된다. 노사가 한자리에 모여 평소에 많은 얘기를 하기 때문에 불필요한 오해를 사는 일도 거의 없다. 기업 단위로 노사협상을 하는 것보다 산업별로 한꺼번에 임금 및 단체협상을 하면 교섭비용도 줄어든다. 라인 강의 기적 뒤에는 이 같은 노사 공통의 이해관계를 토대로 서로를 신뢰하고 머리를 맞대는 전통과 타협 정신이 자리잡고 있다.

그러나 최근 들어 협력적인 노사관계에 금이 가고 있다. 독일 기업들이 고비용 구조로 경쟁력을 상실하면서 수익성이 급격히 떨어지고 있기 때문이다. 동일한 산업 내에서 기업별로 생산성 격차가 벌어짐에 따라 '동일 산업에 속한 모든 기업이 동일한 임금을 받는다'는 원칙도 무너지고 있다. 실제로 많은 기업들이 산업별 노사협상을 거부하는 지경에까지 이르렀다. 독일의 전반적인 산업경쟁력 저하가 협력적인 노사관계마저 위협하고 있는 셈이다. 기업 단위로 노조가 운영되는 한국에서는 산별노조를 만들려는 움직임이 나타나는 반면 정작 독일에서는 산별노조 체제가 무너지고 있다.

4 | 평준화 교육의 한계

독일의 대학들은 놀고먹는 대학생으로 넘쳐나고 있다. 국제 경쟁력을 상실한 교육기회 균등의 나라가 독일이다. 독일은 교육부문에 많은 돈을 쏟아 부으면서도 교육성과는 매우 부진하다.

OECD 회원국 평균치보다 60%나 많은 돈을 교육비로 쓰고 있지만 국제학력평가(PISA)에서 나타난 결과는 OECD 회원국들 중 하위권이었다. 대학은 늙은 학생들로 넘쳐났다. 학생을 제때 졸업시키려는 대학도 찾기 힘들다. 등록금은 물론 교통비와 생활비까지 국가에서 지원해 주다 보니 적잖은 학생들이 취업 걱정조차 하지 않는다.

교사들도 경쟁력이 떨어진다는 우려가 많다. 65세까지 정년이 보장되는 국가공무원 신분이다 보니 스스로 교육 경쟁력을 키우려는 동기가 약하다. 고등학교 학생들도 오전 수업만 했다. 대학입시 경쟁도 낮고 한국의 일부 대학이 도입하려는 지역할당제를 독일에서는 이미 오래 전부터 시행하고 있다.

OECD는 "성과 지향적인 교육을 시행할 수 있도록 학교에 더욱 많은 자율권을 부여해야 한다"며 독일 교육제도의 개혁을 공개적으로 촉구하고 있다. 세계에서 가장 완벽하다는 평가를 받아온 독일 교육제도는 한계점에 이르렀다.

직업이 학생

콜 전 총리는 독일의 대학을 휴가공원(Freizeit Park)이라고 비꼬았다. 학업을 마치는 데 걸리는 시간이 길고, 학생들은 공부하는데 열의가 없어 놀이터 같다는 지적이었다. 2003년 초여름, 필자가 만난 독일인들 중 상당수는 대학생들을 "게으름뱅이"라고 불렀다. "직업이 학생"이라는 비아냥까지 나왔다. 대학은 물론 박사학위까지 정부가 교육비 일체를 부담하다 보니 학생들이 졸업할 생각은 하지 않고 마냥 학교에 눌러앉아 있다는 비난이었다.

다름슈타트 공과대학인 테크니쉐(Technische) 대학 1학년에 재학 중인 한국인 교포 최모씨. 2003년 봄학기에 그가 대학에 낸 돈은 120유로(약 15만 원)가 전부였다. 두 달치 지하철 패스를 살 정도의 돈이다. 그는 학생증 하나로 시내버스는 물론 지하철인 우반(U bahn), 교외지역을 다니는 기차를 모두 공짜로 이용하고 있다.

정부에서는 대학생들에게 생활보조금까지 주고 있다. 월 100유로(13만 5,000원)에서 500유로(67만 5,000원)까지 빌려주며 나중에 지원금의 절반만 무이자로 갚으면 되는 조건이다. 최씨는 "학생의

70% 정도가 지원금을 받고 있고, 일부는 그 돈으로 주식투자를 하고 있다”고 말했다.

독일 대학생의 평균 졸업나이는 28세다. 영국·프랑스보다 평균 6년 이상 길다. 30세가 넘은 대학생들도 수두룩하다. 물론 학제가 다른 독일 대학을 졸업하기 위해서는 최소 5년 이상 공부해야 하기 때문에 4년제 대학교와 단순 비교하기는 어렵다. 그러나 이를 감안하더라도 4~5년 이상 차이가 난다. 그 결과는 대학을 학생증을 가진 무직자 천국으로 만들어놓았다.

헬무트 슈미트(Helmut Schmidt) 총리의 사회민주당 정부는 1975년 교육제도를 대폭 개편하면서 교육기회의 평등을 슬로건으로 내걸었다. 학생들을 시험으로부터 해방시키고 환경교육을 강화했다. 무료교육 기회를 확대하고 대학진학이 쉽도록 각종 제도를 뜯어고쳤다. 그러나 당초 취지와는 다른 결과들이 나타났다. 학생들은 게을러졌고 학력은 떨어졌다.

학력저하 문제 심각

OECD는 만 15세 학생들을 대상으로 2000년 국제학력평가(PISA)를 실시했다. 독일은 32개국 가운데 21위에 그쳤다. 라이너 게오르크 릴링 프랑크푸르트시 교원노조 위원장조차 “창의력과 이해력 위주로 수학과 독해 능력을 테스트했는데 한국·일본·영국·미국 등에 모두 뒤졌다”며, “교원노조 내에서도 논란이 많다”고 말했다. 이 사건은 독일인들에게 큰 충격이었다.

대학 평준화가 초래한 허다한 문제들이 여기에 맞물려 있다. 독

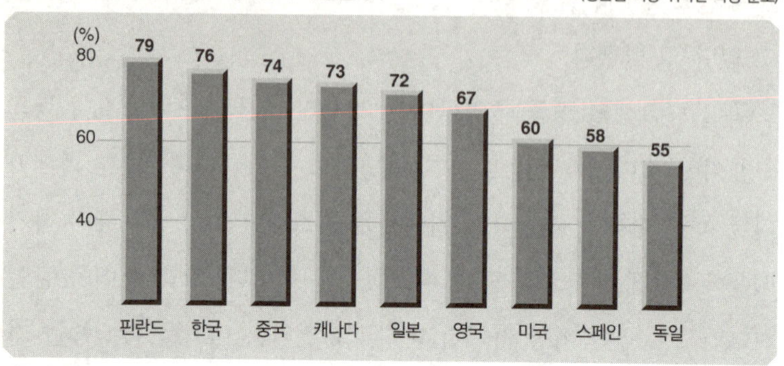

일 대학은 지역우선 선발권을 주기 때문에 전국적인 입시경쟁이 거의 없다. 그러다 보니 미국의 하버드나 MIT 같은 세계적인 대학이 없다. 독일의 공과대학들은 전반적으로 우수하다는 평가를 받고 있지만 지명도는 예전만 못하다.

인문계 고등학교에 해당하는 김나지움(Gymnasium)은 오전 수업만 하고 있다. 수업은 오전 7시 45분에 시작돼 6교시로 진행된다. 만 9세 독일 학생의 연간 수업시간은 752시간으로 OECD 평균에 비해 10% 정도 모자란다. 14세 학생도 수업시간이 3% 정도 적다.

에크하르트 이밍 아우구스티너슐레 프리드레르크 김나지움 교장은 "경쟁력 있는 교육을 하기 위해서는 학사와 석사제도를 도입하고 김나지움에서 전일(全日)교육을 실시해야 한다"고 말했다. 그는 "11~13학년 학생들(한국의 고등학생들)에게는 수업시간을 늘릴 계획"이라며 "13년제 독일식 교육제도를 12년제로 단축할 필요가 있다"고 주장했다.

대학교수들의 경쟁력도 문제가 되고 있다. 1970년대까지만 해도 노벨상 수상자들이 대학마다 즐비했지만 지금은 찾아보기가 어려워졌다. 20세기 초반만 하더라도 노벨상을 휩쓸던 독일인들의 지적 경쟁력이 급속히 약화되고 있다. 1901~10년까지 노벨상을 수상한 독일인은 전체의 24%였지만 1991~2002년 사이에는 5.2%로 떨어졌다. 4분의 1 이하로 떨어졌다는 계산이 나온다. 박종화 주(駐)독일 한국대사관 교육관은 그 이유를 "우수한 독일 출신 학자들이 외국으로 빠져나갔기 때문"이라고 설명했다.

실제로 독일의 상당수 학생들이 미국으로 떠나고 있다. 1970년 대까지만 해도 미미했던 독일의 미국 유학생들이 2000년에는 8만 명으로 늘었다. 공짜로 다닐 수 있는 독일 대학들을 외면하고 값비싼 수업료를 내야 하는 미국의 대학으로 가고 있다. 독일 대학의 경쟁력이 갈수록 떨어지고 있다는 얘기다.

실력 있어도 정교수 되기는 어려워

독일에서는 박사학위를 마친 뒤 뛰어난 연구실적을 쌓더라도 정교수가 될 수 없다. 6년 이상 걸리는 하빌리타치온(Habilitation) 과정을 별도로 이수해야 한다. 노벨상을 받을 정도의 실력을 갖추었더라도 이 과정을 이수하지 않으면 정교수로 임명되지 않는다. 일부 대학들은 주니어 교수제와 학·석사제도를 도입하는 등 변신을 시도하고 있다. 그러나 대부분의 독일 대학들은 전통을 고수하고 있다. 미국의 대학제도가 상업적이고 실용적인 것을 추구한다는 비판의식이 독일 학계에 뿌리깊게 자리잡고 있기 때문이다. 독일 학계는 시장에서 수요가 있는 교육을 해야 한다는 것에 대해서도 대부분 비판적이다.

사회분배 차원에서도 독일 교육제도는 많은 문제를 안고 있다. 가난한 학생들은 대부분 중등교육 단계에서 직업학교로 간다. 김나지움을 거쳐 대학에 진학하는 사람들은 대부분 중·상류층이다. 상류계층 자녀의 김나지움 진학비율은 노동계층 자녀의 6~10배에 달한다. 국가가 부담하고 있는 교육비는 결국 상류층이 대부분을 차지하고 있다. 부자 학생들을 위해 국가가 돈을 대주고 있다는 말이다.

자유스러운 수업 분위기

프랑크푸르트 인근 프리드베르크에 자리한 아우구스티너슐레(Augustinerschule)를 방문했다. 1543년에 설립된 김나지움이었다. 헤센 주에서 일곱번째로 오래 된 학교였다.

김나지움이란 4년 간 초등교육 과정을 마친 학생들 중 성적이 우수한 학생들이 입학하는 인문계 중등 교육기관이다. 한국 기준으로 보면 초등학교 5학년부터 고등학교 3학년까지의 교육과정이 통합돼 있다. 그러나 한국에서 고등학교까지 마치는 것보다 1년을 더 공부해야 한다.

에크하르트 이밍 교장의 허가를 받아 7학년 국어 수업을 참관했다. 프리드리히 쉴러가 지은 《빌헬름 텔(Wilhelm Tell)》을 교재로 수업을 하고 있었다. 빌헬름 텔 역할을 맡은 학생은 활을 쏘는 시늉을 하면서 대사를 낭독했다. 아들 발터 역을 맡은 학생은 머리 위에 사과를 올려놓는 동작을 취했다. 학생들은 책상과 의자에 자유롭게 걸터앉아 있었다.

김나지움에서는 10학년 이하 학생들 간에는 경쟁이 거의 없다. 수업 이해도를 평가하기 위한 구두질문과 몇몇 과목의 필기시험이 있을 뿐이다. 대학 진학에 성적이 반영되지도 않는다.

이 학교 11학년 학생들의 물리수업 교실을 찾아갔다. 한국의 대학 강의실과 비슷한 형태였다. 학생들은 교사의 설명을 진지하게 듣고 있었다. 교사가 칠판에 도표를 그려가며 설명하는 모습은 한국의 고등학교와 흡사했다.

독일의 대학 입시제도는 여러 가지 면에서 한국과 비슷하다. 내신성적이 대학 입시에서 중요한 변수다. 한국의 고3 학생들이 치르는 수학능력 시험은 독일의 아비투어(Abitur)와 거의 같다. 아비투어는 김나지움 상급반에서 정한 세 과목과 국어·수학·외국어 중 하나를 포함한 4개 과목으로 구성돼 있다. 아비투어 성적은 대학 입시에 결정적이다. 대학별로 별도의 입학시험을 치르지 않기 때문이다.

한국이 1980년대 초 대학 입시제도를 폐지하고 고교 평준화를 단행한 것은 독일을 거의 본뜬 것이었다. 서울대 등에서 추진하고 있는 대학생 지역할당제는 이미 독일에서 광범위하게 시행되고 있었다. 독일은 내신성적과 아비투어 이외에 거주지학생 우선 선발, 주(州)별 학생 할당, 장애자 우대, 입학 대기기간 등을 고려해 대학생들을 선발하고 있다. 학력만으로 당락을 결정짓지 않는다.

독일의 하우프트슐레와 레알슐레는 실업계 중·고등학교에 해당된다. 이 학교를 졸업한 학생들은 대부분 이론과 기능교육을 병행하는 산업인력양성 직업학교에 들어간다. 직업전문학교와 전문고

등학교 등이 산업인력 양성을 목적으로 한 학교들이다. 학생들은 현장 실습교육의 대가로 월 500유로 안팎의 수당을 받는다. 실습을 마치면 바로 공장에 고용되는 경우가 많다. 독일에서 청년층 실업률이 상대적으로 낮은 이유는 학교 교육과 직업 교육이 밀접하게 연계되어 있기 때문이다.

그러나 독일 경제가 불황에 빠진 이후 실습소 운영을 기피하는 기업들이 늘어나고 있다. 교육 투자도 외면할 만큼 기업경영 여건이 악화된 탓이다. 정보통신 등 급격한 사회발전에 교육내용이 따라가지 못하는 것도 새로운 문제로 등장하고 있다.

5 | 금융제도의 위기

독일은 금융시장에 관한 한 후진국이라는 소리를 듣는다. 소매금융 시장은 정부가 대주주로 있는 관영(官營)은행들에 의해 장악됐다. 대형 민간은행 역시 정부의 강력한 입김을 받고 있다. 정부출자 연방저축은행들은 대규모 부실에 허덕이고 있고 히포페라인스방크(HVB)·드레스너방크·코메르츠방크 등 주요 민간은행들은 2002년 일제히 적자를 냈다. 독일 최대 민간은행인 도이체방크만 간신히 흑자를 냈을 뿐이다. 민영 관영 가릴 것 없이 독일의 은행들이 어려움에 빠져 있다.

독일의 금융위기는 정부가 대주주인 저축은행들이 수익성보다는 외형 위주의 경영전략을 펴면서 나타난 필연적인 결과다. 연방저축은행과 지역저축은행〔슈파르카세(Sparkasse)〕들은 정부의 지급보증을 공짜로 받아 초저금리로 자금을 조달, 이 돈을 개인과 중소기업들에 저리로 빌려줘왔다. 이들 정부출자 은행은 1990년대 들어 기업금융과 국제금융시장에까지 무리하게 뛰어들었다. 그 여파로 지금은 민간은행들까지 어려움을 겪고 있다.

독일의 민간은행들은 경기침체기를 맞아 자산매각과 인력감축 등 살아남기 위해 몸부림치고 있다. 도이체방크의 요제프 아커만(Josef Ackermann) 회장은 "전략적으로 보유하고 있는 지분을 제외하고는 모든 기업의 주식들을 처분하겠다"고 말했다.

관영은행이 소매금융 장악

독일 어느 곳에 가든지 슈파르카세라는 간판이 붙어 있는 조그만 은행들을 쉽게 찾아볼 수 있다. 은행 규모나 영업 분위기가 한국의 상호저축은행과 비슷하다. 그러나 독일의 슈파르카세는 정부가 주인인 관영은행이다. 각 주의 지방자치단체들이 지분의 50% 이상을 보유하고 있다. 란데스방크(LB)라 불리는 12개 연방저축은행들도 주정부가 대주주다.

이처럼 독일 금융제도의 근간에는 정부가 자리잡고 있다. 베를린 슈파르카세협회(DSGV)에 따르면 이들 관영 지역저축은행은 560여 개로 독일 내 1만 7,000여 개 지점에서 28만여 명이 일하고 있다. 2002년 말 현재 소매 및 중소기업 금융시장에서 각각 40.7%와 42%의 높은 점유율을 기록했다. 금융자산 전체로는 35% 정도를 장악하고 있고 독일 내 고객 수는 5,000만 명에 달했다.

반면 도이체방크 · 히포페라인스방크(HVB) · 드레스너방크 · 코메르츠방크 등 4대 민영은행의 소매금융시장 점유율은 16%에 불과하다. 금융산업 자체가 관치를 넘어 아예 관영화되어 있는 셈이다.

부실화된 관영은행

경기침체가 장기화하면서 관영은행의 한계도 속속 드러나고 있다. 주정부가 대주주로 있는 연방저축은행인 베스트LB는 영국에서 TV 렌트사업을 하는 박스클레버사에 4억 3,000만 유로를 빌려준 돈이 부실화되는 등 몸살을 앓고 있다. 베스트LB는 2002년 부실여신 중 170억 유로를 손실로 처리했고, 그 결과 170억 유로의 적자를 냈다. 우리 돈으로 환산하면 22조 원 상당의 손실을 입은 것이다. 이로 인해 베스트LB는 종업원의 20%에 해당하는 1만 5,000여 명을 감원키로 하는 등 대대적인 구조조정이 불가피해졌다.

독일 주정부 가운데 가장 부자인 바바리아가 주인인 바이에른LB도 미디어그룹인 키르히(Kirch)와 건축회사 필립홀츠만, 항공기제작업체 페어차일드 도르니어 등 부도난 회사에 거액이 물려 있다. 바이에른LB는 미국의 엔론(Enron)에도 돈을 빌려줘 손해를 봤다. 국제금융과 기업금융에서 경험이 부족한 정부출자 저축은행들이 외형경쟁을 하다 보니 이처럼 부실이 눈덩이처럼 커지고 있다. 1990년대 중반 한국의 투자금융회사(단자사)들이 국제금융 업무가 허용되고 국내 금융회사 간 업무영역이 폐지되자 해외시장과 리스금융시장 등에 경쟁적으로 뛰어들었고, 그 결과 엄청난 손실을 입어 외환위기의 단초를 제공했던 것과 비슷한 상황이다.

정부가 57%의 지분을 갖고 있는 베를린은행(Berlin Bankge-sellschaft)은 2001년 정부로부터 20억 유로의 구제금융을 받았다. 이

은행은 독일 통일 후 베를린 지역의 건설 붐을 타고 급속히 성장한 은행이다. 지역은행과 저축은행, 심지어 민간은행들까지 인수하는 확장경영을 했다. 건설 붐 속에 대출을 계속 늘린 결과 자산 규모는 한때 1,500억 유로를 넘어 독일 내 10대 은행의 반열에 오르기도 했다. 베를린 소매금융시장의 60% 이상을 장악할 만큼 잘 나갔던 은행이다. 그러나 뚜껑을 열어보니 대출심사는 부실했고 경영도 방만했다. 지역의 유력 정치인들이 은행의 중역으로 앉아 있었던 탓인지 금융감독 당국의 심사조차 제대로 받지 않았다. 자산 거품이 꺼진 후 금융감독 당국이 이 은행을 실사해 보니 말 그대로 부실덩어리였다. 2001년 베를린은행은 16억 5,000만 유로의 손실을 냈고 공적 자금 투입을 받았다. 이 은행에서 회수가 의심스러운 대출은 200억 유로에 달했다. 부실대출 문제는 2003년에 가서도 해결되지 않고 있다. 관영은행들의 폐해는 상상 이상이었다.

민간은행들마저 경영난

관영은행의 문제는 이 정도에서 그치지 않는다. 저리대출을 일삼으면서 금융업 전반의 수익성을 동반 악화시키고 있다는 게 더 큰 문제다. 낮은 금리 경쟁력을 바탕으로 금융시장을 저인망식으로 훑고 있는 저축은행들로 인해 독일 내 평균 예대금리 마진은 단 1%포인트에 불과하다. 은행의 평균 대출금리가 예금금리보다 1%포인트밖에 높지 않다는 얘기다. 이는 예대금리 마진이 4%포인트인 미국이나 영국의 4분의 1 수준에 불과하다. 한국의 평균 예대금리 마진이 2003년 7월 기준으로 2.11%포인트였던 것과 비교해도 절반 수준에 그친다.

도이체방크는 2002년 말 총자산이 7,583억 유로에 달하는 독일 최대의 민간은행이다. 자산 규모가 1,000조 원에 달하는 대형 은행이다. 호경기였던 2000년에 도이체방크는 원화로 18조

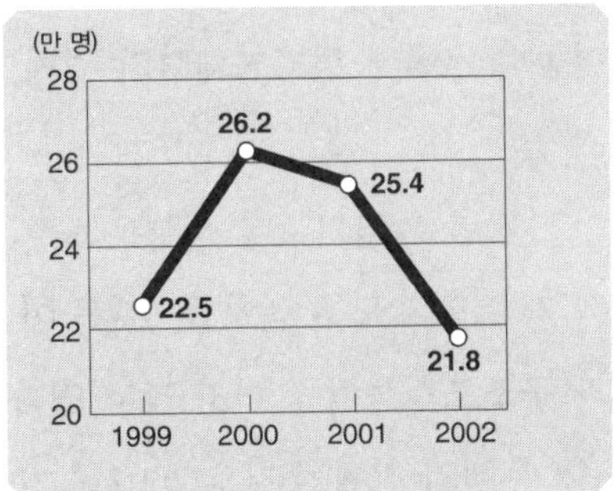

*2000년 직원 수부터 HVB에 합병된 오스트리아은행 직원 포함

원에 해당하는 135억 유로의 순이익을 냈다. 경기가 나빴던 2002년에도 4억 유로의 세후 순이익을 거두었다. 그러나 이 은행마저 소매금융 시장에서 힘을 발휘하지 못하고 있다. 정부가 대주주인 저축은행들에 밀리고 있기 때문이다.

프랑크푸르트에 본점을 둔 도이체방크의 로날트 바이체르트 기업·자산운용담당 홍보부장은 "정부의 지급보증을 공짜로 받아 자금을 조달하고 있는 지역저축은행들과의 경쟁에서 민영은행들이 이기기란 불가능하다"고 토로했다. S&P가 평가한 도이체방크의 신용등급이 AA-인 데 비해 무명의 저축은행들은 정부 신용등급과 동일한 AAA등급을 받고 있다. 정부가 출자하고 지급보증까지 해주고 있기 때문이다. 사실상 정부가 돈을 대주는 것이나 마찬가지다.

독일 금융산업의 관영 구조는 민간은행들을 시장에서 내몰고 있다. 메릴린치(Merrill Lynch)증권에서 유럽 은행들을 담당하는 슈투아르트 그라함 애널리스트는 "독일의 민영은행들은 관영은행인 슈파르카세와 란데스 방크(LB)들에 둘러싸여 있다"며, "주주들에게 독일 은행들은 무덤이나 마찬가지"라고 말했다. 실제로 독일 민간은

행들은 관영 금융회사들과의 힘겨운 싸움을 벌이고 있으나 전망은 어둡다. 3년째 경기침체까지 겹쳐 민간은행들은 최악의 위기를 맞고 있다.

2002년 독일의 4대 은행은 도이체방크를 제외하고는 세전 순이익 기준으로 모두 적자를 냈다. 이 때문에 독일에서는 은행 합병설과 구조조정설이 끊이지 않고 있다. 2000년에 26만 2,000명이었던 4대 은행의 직원 숫자도 2002년 21만 8,000명으로 줄었다. 공공 금융회사들이 민간은행의 직원들마저 쫓아내고 있는 셈이다.

민영화 요구 높아져

홀거 베른트 베를린 슈파르카세협회 이사는 "독일 저축은행들은 그동안 지역 금융을 활성화하는 데 핵심적인 역할을 해왔다"며 독일의 관영 금융제도를 옹호했다. 그러나 저축은행의 부실이 심각해지고 민간 금융시장의 발전마저 가로막는 부작용이 커지자 정부가 주인인 저축은행 제도를 근본적으로 바꿔야 한다는 목소리도 커지고 있다. 영국·프랑스·이탈리아와 마찬가지로 독일도 저축은행을 민영화해야 한다는 주장이다.

독일 정부는 2005년까지 저축은행에 해주던 공짜 지급보증을 폐지하기로 EU 집행위원회와 2001년에 합의했다. EU 내 국경이 사라진 마당에 독일 정부가 저축은행에 무료 지급보증 방식으로 사실상 보조금을 지급하는 것은 불공정행위라는 EU측의 압박 때문이다. 2003년부터 약간이나마 지급보증 수수료를 받는 지방자치단체들도 나타나고 있다.

슈뢰더 총리가 이끄는 독일 사회민주당 정부는 공공은행들을 민영화하지는 않겠다는 입장에서 한 걸음도 물러서지 않고 있다. 사회적 시장경제를 궤도 수정키로 한 '아젠다 2010' 개혁 프로그램에도 금융회사 민영화 방안은 포함돼 있지 않다. 그러나 베스트LB와 바이에른LB 등은 최근 회사를 분할하는 등 민영화에 대비하고 있다. 공공 금융회사들이 정부의 울타리에 더 이상 안주할 수 없다는 사실은 점점 분명해지고 있다.

독일 정부가 그런 현실을 애써 외면하며 손바닥으로 하늘을 가리려 하고 있을 뿐이다.

기업 감독위원회에 관여하기도

독일 민간은행들은 대출 등 여신 제공뿐만 아니라 출자 채권인수 등 투자은행 기능도 갖춘 종합금융 은행들이다. 국제금융시장에서는 겸업은행이라는 뜻의 유니버설 뱅크로 불린다.

독일의 기업들은 일상적인 경영활동을 책임지는 집행이사회와 경영이사 선임 및 경영진 임면, 경영감시 기능을 맡은 감독위원회로 이원화된 독특한 지배구조로 운영되고 있다. 독일 은행들은 보유한 기업 주식을 바탕으로 주주 대표 자격으로 감독위원회에 참여해 기업경영에 간여하고 있다. 감독위원회는 '은행들의 감시창구'라 불릴 정도로 은행이 상당한 통제권을 행사한다.

독일의 기업지배구조는 주주와 종업원·경영진·은행의 합의에 바탕을 둔 독특한 제도다. 주요 의사결정은 주주 대표와 종업원 대표로 구성된 감독위원회에서 사전 조율을 거친다. 독일 기업들은 종업원을 포함한 여러 이해관계자들의 이익을 존중하는 협조체제로 운영되고 있다. 채권자이자 주요 주주인 은행들은 기업이 단기적인 어려움에 빠지더라도 기업을 매각하거나 경영진을 바꾸지 않는다. 독일의 은행들은 공개매수 등 적대적인 기업인수에 반대하고 기업 경영진과 노동자들을 보호하는 역할을 해왔다. 1980년대 독일에서 발생한 대기업 인수·합병이 손으로 꼽을 만큼 적은 이유다.

기업의 목표도 단기적인 수익성이나 주주이익 극대화보다는 회사의 장기적인 발전과 종업원의 이해관계를 중시하는 쪽이었다. 은행은 경영에 관여하기 때문에 기업 내용을 잘 아는 만큼 별도로 대출심사를 하거나 신용평가서를 요구할 필요가 없다. 그만큼 비용이 적게 든다는 장점이 있다. 이 같은 독일의 은행 제도는 1980년대 말까지 미국 기업들을 앞지르는 중요한 동력이라는 평가를 받기도 했다.

그러나 은행 중심의 독일 자본주의 기업문화는 주식시장의 발전을 저해했다. 기업지배구조 전문평가회사인 데미너신용평가는 2002년 유럽 각국이 기업지배준칙을 어느 정도로 수용하고 있는지를 평가한 적이 있다. 기업지배준칙이란 경영투명성과 소액주주의 권리 등을 규정한 것들을 말한다. 기업지배준칙이 잘 갖춰져 있으면 기업 외부인인 기관투자가들과 소액주주들이 경영 내용을 쉽게 파악할 수 있다는 장점이 있다. 각국의 상장기업들이 자국 내 기업지배준칙을 어느 정도 수용하고 있는지를 평가한 수용도는 영국이 100%, 유럽 평균이 63%인 데 비해 독일은 35%에 불과했다. 독일이 전체 경제규모에서 영국을 앞서면서도 증권시장은 영국에 비해 발달되지 못한 이유다. 영국이 증권시장을 중심으로 자본주의 체제를 구축하고 있는 데 반해 독일은 관영 또는 관치(官治)은행 제도를 중심에 놓고 있는 사회적 시장경제 체제였다.

은행과 기업이 밀착되다 보니 별도의 금융시장을 육성할 필요성이 적었고, 그 결과 독일은 금융부문에서 영국에 밀리는 결과를 초래했다. 2002년 기준으로 런던 금융시장은 전세계 외환거래의 31%를 차지해 뉴욕과 도쿄·싱가포르의 외환시장을 합친 규모를 넘어섰다. 반면 독일 금융시장의 외환거래는 전세계 물량의 5.4%에 그쳤다. 영국의 6분의 1 수준에 불과하다. 도이체방크가 본사를 런던으로 이전할 것이라는 소문이 나도는 것은 독일 금융시장이 그만큼 취약하다는 방증이다.

독일은 금융자본이 산업자본을 지배하고 있다고 할 정도로 은행 출자가 보편화돼 있다. 취약한 주식시장을 대신해 은행들이 산업자본 형성을 도와온 결과다. 봅 한케 런던경제학스쿨(LSE) 정치경제학과 교수는 "제2차 세계대전 이후 자본이 부족했던 독일이 효율적으로 산업자본을 동원하기 위해서는 은행 중심의 금융시장이 불가피했다"며, "전후 급속한 경제발전을 이룬 일본과 독일의 공통점"이라고 말했다.

균열되고 있는 기업·금융 체제

독일은 종업원을 포함한 이해관계자들을 중시하는 협조체제와 금융자본과 산업자본의 공고한 결합으로 인해 '독일 주식회사'라는 평가를 들어왔다. 예컨대 도이체방크는 1920년대 파산 위기에 처해 있던 다임러벤츠의 주식을 인수함으로써 기업을 살렸고, 1970년대 다임러벤츠에 대한 적대적인 인수·합병 시도가 있었을 때에는 수

호천사로 나서 경영권을 방어했다. 독일의 은행들은 이 같은 과정을 통해 기업의 지분을 보유하는 사례가 많았다.

그러나 독일 은행과 기업의 관계에 최근 균열조짐이 나타나고 있다. 독일 은행들이 글로벌화에 속도를 내기 위해 미국 회계기준(GAAP)을 새롭게 적용하면서 적잖은 보유주식들이 위험자산으로 분류되고 있어서다. 실제로 은행들이 주식을 보유하고 있던 독일 기업들 중 상당수가 고비용 구조를 감당하지 못해 적자를 내고 도산했다. 성장이 둔화되면서 나타난 현상이다. 은행들은 위험을 줄이고 수익을 높이기 위해 보유주식을 매각해야 하는 상황에 몰렸다.

자산규모로 세계 3위인 도이체방크는 1998년부터 보유주식을 본격적으로 처분하기 시작했다. 장부가격 기준으로 1998년 12억 유로어치의 주식을 매각한데 이어 1999년 21억 유로, 2000년에는 27억 유로 어치를 각각 팔아치웠다. 2001년에는 주식시장 침체로 매각금액이 16억 유로로 주춤했지만 2002년 뉘른베르거베텔리궁스AG·콘티넨탈AG 등 모두 51억 유로어치의 주식을 처분했다. 다른 민간은행들도 주식을 팔아치웠다. 독일 은행들이 더 이상 기업을 지배할 의사가 없다는 사실이 분명해졌다.

2000년 2월 영국의 이동통신회사인 보다폰(Vodafone)이 적대적인 M&A(기업 인수·합병) 방식으로 독일 이동통신사 만네스만(Mannesman)을 인수하는 사건이 발생했다. 외국 기업이 독일의 대기업, 그 중에서도 독점의 지위를 누리고 있던 이동통신회사를 상대로 적대적 M&A를 성사시킨 역사적인 사건이었다. 당시 보다폰은 만네스만 주주들에게 1,800억 달러에 해당하는 주식을 발행해 대가를 지급했다. 달러당 1,100원으로 환산하면 기업 인수대금이 200조 원

| 상장기업 주식소유 분포 | (단위 : %)

	독일(1999)	영국(1997)	미국(1998)
은행	13.5	0.1	–
비금융기업	29.3	1.2	–
정부	1.0	0.1	0.0
보험회사	9.0	23.5	3.5
연금	–	22.1	25.9
투자기금 · 투자회사	13.6	12.5	22.3
개인	17.5	16.5	41.1
외국인	16.0	24.0	7.2

자료 : 〈유럽 자본주의 해부〉(조용수, 2003. 4, LG경제연구원)

에 달했다는 계산이 나온다. 1998년 다임러벤츠가 크라이슬러를 합병할 때 지급한 670억 달러의 두 배가 넘는 거액이다. 만네스만을 인수하기 전까지 사상 최대 규모의 기업합병으로 기록돼 있던 아메리카온라인(AOL)이 타임워너를 인수한 금액인 1,548억 달러를 훌쩍 뛰어넘었다.

독일은 이제 미국 · 영국에 이어 M&A가 가장 많은 나라로 바뀌었다. 은행은 더 이상 기업을 보호하는 백기사가 아니다. 독일 은행들의 보유주식 매각은 정부가 양도차익에 세금을 부과하지 않기로 결정한 뒤 본격적으로 진행되고 있다. 독일 은행들은 또 경영 투명성을 높이기 위한 여러 제도를 도입하고 있다. 이사회와 감독위원회 임원들의 보수와 스톡옵션의 환산가치를 공개하도록 규정한 것이 대표적인 예다.

기업들도 은행의 우산에서 벗어나 주식시장을 통해 자금을 조달하는 직접금융 비중을 높이고 있다. 독일식 은행중심 기업지배구조에 미국식 주주자본주의가 스며들고 있었다.

만연한 규제와 관료주의

독일은 만성 관료병(病)을 앓고 있는 규제 공화국이었다. 노동 환경뿐만 아니라 건설, 도·소매 자영업 등 거의 모든 분야에서 규제가 만연하고 있다. 미국 하버드대 보고서에 따르면, 독일에서 회사 설립을 승인받기까지 걸리는 기간은 2001년 기준으로 평균 90일이었다. OECD 회원국 중 가장 길었다.

엄격한 해고규정은 기업들의 신규 고용을 가로막는 부작용을 초래했다. 기업들의 해고관련 소송비용만 늘려놓았다. 강력한 환경규제는 경제성이 없는 것은 물론 환경개선 효과마저 의심받는 사례들만 쌓고 있다.

종업원들에게 충분한 휴식을 주기 위한 상점 영업시간 제한은 소매점의 경쟁력을 깎아내렸다. 공격적인 판매전략이나 가격 차별화 정책을 쓰는 것도 독일에서는 거의 불가능하다.

미장원이나 인테리어 가게를 창업하려 해도 장인(Meister) 자격증을 소지해야 하고, 가게를 양도할 때도 자격증 소지자에게만 넘겨주도록 돼 있다. 미국 시카고대의 제임스 헤크만 교수(경제학)는 "이런 규제들로 인해 독일은 정보통신, 생명공학 등 첨단 분야에서 경쟁력이 크게 취약한 상태"라며, "규제와 과도한 세금, 관료주의가 작게는 벤처 창업, 나아가 기업가의 기업하려는 의욕을 떨어뜨리고 있다"고 지적했다.

소매점 영업시간까지 제한

한때 독일 분단의 상징이었으며 통일 후에는 가장 번화한 곳으로 탈바꿈한 베를린의 포츠담 광장. 관광명소와 쇼핑가로 유명한 이 광장의 한 모퉁이를 차지하고 있는 백화점 포츠다머플라츠 아르카덴 입구에는 이색적인 포스터가 붙어 있었다.

"매주 토요일 오후 8시까지 모든 점포들이 문을 엽니다."

토요일에는 오후 4시까지만 문을 열도록 한 규제가 2003년 6월부터 오후 8시로 연장됐음을 알리는 광고였다. 독일 전역의 쇼핑거리에는 이 같은 광고판들이 이곳저곳에 붙어 있었다.

독일은 거의 모든 분야에서 촘촘하게 짜여진 그물망 같은 법규를 운영하는 나라다. "독일인들은 질서가 없거나 조직화되지 않은 사회를 두려워하기 때문에 서열과 규칙, 규정과 규제에 맹목적으로 복종한다"(다비드 마르시, 《독일인》의 저자)는 얘기가 나올 정도다. 가

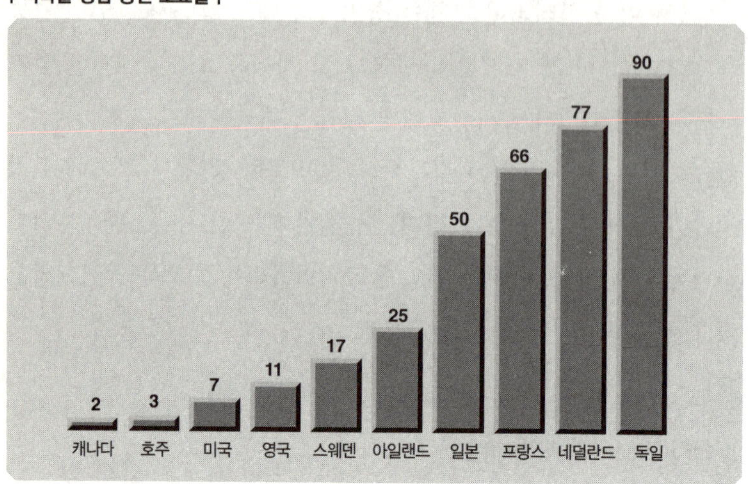

자료 : 리처드 프리만 하버드대 교수 논문, 2001년 기준

능한 한 모든 불확실성을 제거하기 위해 세세하게 법규와 규제를 만들다 보니 예외 또는 자의적인 운영이란 거의 불가능하다는 비판이 제기되고 있다.

매장 운영시간도 깐깐한 규제 대상이다. 주(州)별로 차이가 있지만 역전이나 관광지 등 특수 지역을 제외하고는 대부분 평일 오후 8시까지만 운영할 수 있다. 일요일에는 아예 장사를 할 수 없다. 다만 빵가게는 일요일 오전 8시부터 11시까지 문을 열 수 있다.

할인 판매도 마음대로 할 수 없다. 폐점이나 희년(禧年, jublee) 세일을 제외하고는 연간 2주 정도의 계절 세일만 허용된다. 판매가격의 3%를 넘는 판촉물이나 적립금을 주지 못하도록 한 규제는 2001년 폐지됐으나 손해를 보면서 물건을 파는 행위는 여전히 금지돼 있다.

미장원이나 인테리어 가게·전기수리점 주인들은 장인 자격증

소지자들이다. 독일은 전통적인 수공업자 전통이 뿌리깊게 남아 있다. 생명을 다루거나 위험이 있는 분야뿐만 아니라 이발소, 집수리점 등 거의 모든 분야(94개 업종)에서 장인 자격증이 있어야 가게를 낼 수 있다. 슈뢰더 총리가 사회개혁 프로그램인 '아젠다 2010'에서 위험이나 전문지식이 덜 중요한 62개 업종의 장인 제도를 폐지하겠다고 밝힐 만큼 장인 제도는 독일 자영업의 발목을 붙잡는 족쇄로 작용하고 있다.

까다로운 기업규제

기업관련 규제는 까다롭기로 유명하다. 미카엘 그뢰믈링 쾰른경제연구원 거시경제담당위원은 "노동 및 환경분야를 비롯해 업종별로 지켜야 할 규제가 매우 많다"며, "독일 기업의 경쟁력을 떨어뜨리는 요인"이라고 지적했다. 맥킨지는 2002년 보고서에서 "독일 기업의 생산성을 높이려면 혁신이 필요하다"며, "부적절한 규제는 기업경영에 혁신기법을 적용하고 효과적으로 사용하는 데 걸림돌이 될 수 있다"고 지적했다.

노동 규제는 대부분 고용안정과 관련돼 있다. 해고 요건이 까다로울 뿐만 아니라 대상자에게 반드시 사전통보를 해야 한다. 근무기간에 비례해서 늘어나는 위로금도 지급해야 한다. 당사자가 소송을 제기하면 확정 판결이 날 때까지 급여를 계속 줘야 한다.

2000년 독일에서 제기된 노동관련 소송은 모두 56만 9,000여 건이었다. 공휴일까지 포함해 하루 평균 1,560여 건의 노동관련 소송이 제기된 것이다. 2000년에 제기된 소송 중 54만 2,000여 건은 노

동자들이 제소한 것이었다. 이 가운데 절반에 가까운 24만 6,000건
은 해고관련 소송이었고, 이 중 절반 이상이 사용주가 주는 보상금
으로 합의가 이뤄졌다. 독일은 노동분야 법정분쟁의 천국이라 해도
지나치지 않을 정도로 소송이 많은 편이다. 노동과 관련된 규제가
상대적으로 많기 때문에 분쟁도 많을 수밖에 없다.

건설업에서는 총임금의 20%를 별도의 펀드로 적립해야 한다는
규제도 있다. 유급휴일이나 악천후 때문에 일을 하지 못하는 근로
자들에게 돈을 지급하기 위한 제도다. 기업으로서는 상당한 부담
이다.

독일은 경제성을 따지지 않는 환경규제로도 유명하다. 독일에서
채택한 플라스틱 재활용 방식은 매장이나 소각보다 비용이 아홉 배
나 비싸다. 가정에서 쓰이는 복합플라스틱 재활용은 기존 방식에
비해·비쌀 뿐만 아니라 환경개선 효과마저 의심받고 있다. 2003년
에 도입한 음료캔·유리병 반환처리 의무 부과는 물류비용만 증가
시켰을 뿐 환경개선효과는 거의 없다는 비판도 받고 있다.

OECD는 "페트병 등을 사용하면 한번만 운송하면 되지만 유리병
이나 캔을 사용하는 경우, 이를 재활용하기 위해 별도의 수집차량
을 운행해야 하므로 기름 낭비가 더 심해졌고 비용도 6.5배 비싸졌
다"고 지적했다.

기업 M&A도 다른 나라들에 비해 무척 까다로운 편이다. 우선 인
수하려는 목적을 구체적으로 밝혀야 하고 인수대상 회사의 본사 위
치, 경영진의 재무적 책임 한계, 고용조건 변화 등을 명시한 문건도
제출해야 한다. 인수대상 회사 임원들로부터 별도의 추천서와 평가
서도 받아야 한다. 이 같은 문서들은 주주뿐만 아니라 인수대상 회

사의 근로자 조직인 직장평의회에도 전달해야 한다.

법규에 없는 규제도 많다. 공무원을 만나기가 쉽지 않다. 인·허가 사항이 아닌데도 까다로운 절차를 강요하는 사례도 적잖다. 예를 들어 외국 기업이 독일 내에 연락사무소나 지사를 설립하는 것은 관할 행정당국에 신고하면 되는 사안으로 별

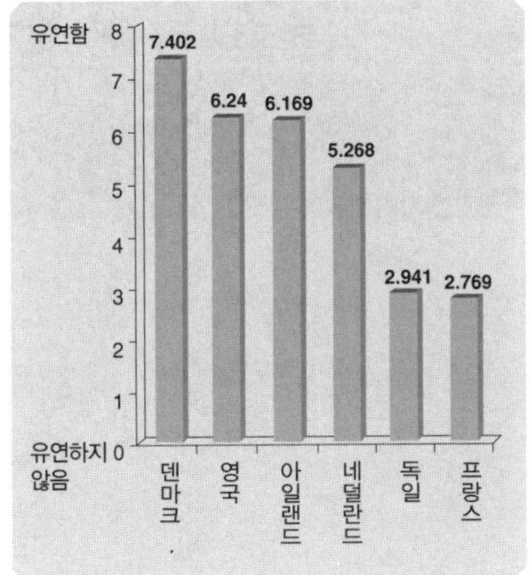

자료 : IMD, World Competitiveness Yearbook, 2000

도의 인가나 허가를 받을 필요가 없다. 그러나 독일의 지방정부는 대부분 외국 기업의 법인 등기부 영문번역서를 요구하는 등 복잡하고 까다로운 행정절차를 강요하고 있다. 요구 서류도 각 관청마다 달라 혼란을 초래하고 있다.

독일의 지역별 상공회의소는 외국 기업이 독일 내에 현지법인이나 연락사무소 설립 때 독일 경제에 긍정적인 영향을 미치는지의 여부까지 심사하고 있다. 대한무역투자진흥공사(KOTRA) 프랑크푸르트무역관 관계자는 "체류비자 발급이나 연락사무소 설치 절차 등과 관련해 불만을 털어놓는 한국 기업인이 많다"고 말했다.

유럽 최강의 경제대국인 독일이 EU의 대표적 재정적자 국가로 전락했다. 유럽 통합을 주도했던 독일이 스스로의 재정적자에 발목이 잡혀 EU 회원국들을 분란 속으로 빠뜨렸다.

독일은 제2차 세계대전 후의 고속성장을 토대로 세계 최고 수준의 복지제도를 갖췄다. 퇴직자와 실업자도 어느 정도 문화생활까지 가능한 완전 생계형 사회복지제도를 도입했다. 연금도 물가와 생산성 증대에 연동시켜 지급했다. 그러나 이 같은 과도한 복지제도는 사업 의욕과 근로 의욕을 저하시키는 부작용을 낳았고 통일까지 겹치면서 재정적자 확대로 폭발했다.

독일 정부는 경기침체를 극복하기 위해 세금 인하 등의 경기부양책을 내놓았다. 그러나 과도한 재정지출을 줄이는 데는 여전히 소극적이다.

분배와 약자 보호를 키워드로 한 사회적 시장경제에 대수술을 가하지 않는 한 재정기반이 더욱 위협받을 것이라는 경고가 곳곳에서 나오고 있다. 페드로 솔베스 EU 통화위원은 "독일이 세금 인하로 경제 활성화를 꾀하는 것은 바람직하지만, 이에 상응하는 재정지출 축소가 뒤따라야 한다"고 지적했다. 더 이상 재정적자는 안 된다는 것이다.

여전한 경제분단 국가

베를린 장벽이 서 있던 자리는 이미 주차장으로 바뀌어 있었다. 동서(東西) 냉전의 상징물인 장벽이 있었음을 알려주는 초석들만이 간간이 남아 있을 뿐 승용차들이 줄지어 서 있었다. 동·서 베를린의 통로 겸 검문소였던 체크포인트 찰리는 높게 걸린 사진 간판을 빼고는 여느 베를린 거리와 다를 게 없었다. 분단의 상처로 얼룩졌던 포츠담 광장도 소니센터와 백화점들이 들어선 번화가로 탈바꿈했다. 그러나 독일인들의 마음 속에 새겨져 있는 분단은 오히려 골이 깊어져가고 있었다. 2003년 6월과 7월 만나본 독일인들은 대부분 동독과 서독 문제를 얘기했다. 통일 때문에 독일 경제가 망가졌다고 얘기하는 사람들도 적잖다.

독일은 통일된 지 13년이 흘렀는데도 주요 통계들을 동독과 서독으로 구분해 발표하고 있다. 연방통계청이 발표한 전체 실업률은 2003년 6월 10.2%. 이중 옛 서독은 8.1%, 옛 동독이 18.3%였다. 동독지역 실업률이 서독지역보다 두 배 이상 높았다.

임금에서도 동·서독 간 격차는 컸다. 2002년 제조업 평균임금은 옛 서독지역이 시간당 15.17유로였으나 옛 동독지역은 10.66유로였다. 동독지역 노동자들이 받는 임금이 서독지역의 70% 수준이다.

2002년 동독지역 노동자들의 주당 근로시간은 39.6시간으로 서독지역(37.6시간)보다 많았다. 경제 측면에서만 본다면 독일은 여전히 분단국가라고 해도 과언이 아니었다. 동독과 서독으로 나뉘어진 각종 통계들은 독일 분단의 골이 치유되지 않은 상처로 남아 있다는 사실을 보여줬다.

독일 정부는 통일되기 훨씬 전부터 동독에 자금을 지원해 왔다. 동독지역을 통과해서 들어가야 하는 서베를린 통행세를 냈고 호텔세와 환전세·비자발급세를 부담했다. 매년 25억 마르크의 자금이 통일 이전에 동독으로 흘러들어갔다.

동독이 1983~84년 외채상환에 어려움을 겪자 당시 서독 정부는 두 차례에 걸쳐 모두 20억 마르크를 무상으로 주기도 했다. 동독 정부는 서독과의 체제 경쟁을 위해 소비재를 대거 수입했고, 그 결과 동독의 외채규모는 1984년 무렵 100억 달러에 이른 상황이었다. 동독이 사회주의권에서 2위의 경제력을 자랑할 수 있었던 데에는 서독의 자금지원이 큰 역할을 했다.

통일 이후에는 독일 정부가 옛 동독지역에 더 많은 돈을 쏟아 부었다. 통일 뒤 13년 동안 동·서독 간 격차를 줄이기 위해 서독지역 GDP의 4%에 해당하는 돈이 매년 옛 동독쪽으로 흘러들어갔다. 콜 총리는 통일 이후 1995년까지 5년 간 1,150억 마르크 정도면 경제통합을 이룰 수 있을 것으로 예상했다. 그러나 통일비용은 2000년까지 1조 2,000억 마르크에 달했다. 정부의 동독지역 투자와 이전

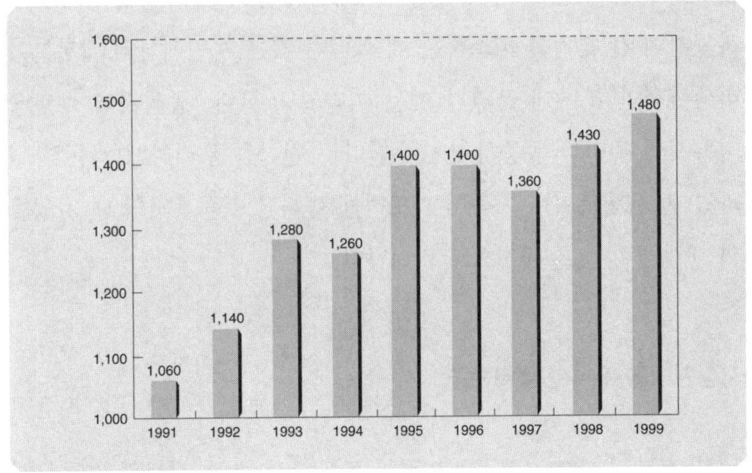

자료 : European Commission

지출까지 포함하면 10년 동안 2조 6,000억 마르크를 투입한 것으로 추정됐다. 루트비히 게오르크 브라운 독일 연방상공회의소 회장은 "서독 정부는 통일 당시 동독의 경제력이 공산진영에서 2위였다는 사실을 과대평가했다"며, "동독은 썩어 있었고 기업문화에도 엄청난 차이가 있었다"고 말했다.

과도한 재정지출은 결국 기업과 노동자 들에게 전가돼 생산성 하락을 초래했다. 독일의 기업과 노동자 들은 더 많은 세금과 사회보장성 부담금을 내야 했기 때문에 사업의욕과 근로의욕이 저하되는 부작용이 발생했다. 콜 총리의 기독교민주당 정부는 이 같은 위험부담을 감수하면서까지 자금을 지원하고 동독지역에 입주하는 기업들에 많은 특혜를 줬는데도 동·서독 간 격차는 해소되지 않고 있다. 옛 서독인들의 불만이 클 수밖에 없다.

게르하르트 펠스 쾰른경제연구원 연구실장은 "처음에 생각했던 것보다 10배나 많은 돈이 동독지역에 투입됐다”며, “그런데도 동·서독지역 간 격차를 해소하는 데 실패한 것은 지원예산의 대부분이 비생산적인 분야에 쓰였기 때문”이라고 말했다. 동독지역 주민을 서독지역 주민과 동등하게 대우한다는 원칙을 무리하게 적용한 결과였다. 사회복지비 지출이 과도하게 늘어났고 동독지역 내 기업들의 생산성 향상은 뒷전으로 밀려났다.

시장원리를 무시한 통일 논리

독일 정부의 대(對)동독지역 정책들은 상당 부분 시장원리를 무시한 것이었다. 독일은 통일이 이뤄지기 3개월 전인 1990년 7월 동·서독 통화를 통합하면서 교환비율을 1 대 1로 정했다. 동독을 흡수 통일하기 위해서는 주민들에 대한 정치적인 배려가 불가피하다는 논리에서였다. “서독의 화폐가 우리에게 오지 않으면 우리가 서독으로 간다”고 외쳤던 동독인들의 이주를 막으려는 정치적인 판단도 개입됐다. 결국 정부는 동독지역의 자산과 부채에 대해서만 2 대 1의 교환비율을 적용했을 뿐 나머지는 1 대 1 비율로 서독 마르크화로 바꿔줬다.

문제는 당시 동독 통화의 시장가치가 서독의 10~20%에 불과했다는 사실이다. 이런 현실을 무시한 채 1 대 1로 정해진 통화교환비율은 동독 통화의 평가절상을 뜻했다. 동독 기업들은 가격경쟁력을 상실했고 부도사태가 이어졌다. 국가 소유였던 동독 기업들의 부채는 고스란히 정부 채무로 이전됐다.

독일 사용자연합회(DBA)와 노조연맹(DGB) 동독지부는 노동자들의 임금을 1994년까지 서독 수준으로 끌어올리겠다는 내용의 단체 협약을 맺었다. 국가 소유였던 동독 기업에서 경영진은 임금을 낮추려는 의지가 약했던 반면, 노동자들은 강력하게 임금인상을 요구했다. 서독 노조는 동독 노동자들의 대량 이주로 서독 노동시장의 여건이 악화되는 것을 우려해 동독 주민들의 임금인상을 적극적으로 지원했다. 통일 과정에서 동독 주민들에게 생활수준 향상을 약속했던 콜 총리도 임금인상을 지지했다.

동독지역의 임금 상승률은 1992년 35%에 달했고, 1993년에도 15%를 기록했다. 그러자 명맥만 간신히 유지하던 동독 기업들이 고임금 부담을 견디지 못하고 무너져갔다. 통일 후 2000년까지 동독지역에서는 제조업 분야에서만도 기업 파산과 해고 등으로 100만 명 이상의 실업자가 발생했다. 결국 동독지역 노동자들은 대부분 단체협약에서 탈퇴했고 저임금을 받아들였다.

서독지역 세금부담 급증

정부는 동독지역에서 급증하는 실업자들과 연금수령자들을 위해 막대한 재정을 지출했다. 동독지역의 실업률이 서독지역보다 두 배로 높아 실업급여와 보조금이 더 많이 들어갔다. 동독지역의 고령자들에게도 서독과 동등한 수준의 연금을 지급했다. 그 결과 기업과 노동자 들이 내야 하는 세금과 사회보장성 부담금이 눈덩이처럼 불어났다. 독일은 통일에 필요한 돈을 마련하기 위해 1990년대 초법인세와 개인소득세에 7.5%의 통일세를 추가했다. 유류세와 실업보험료도 인상됐고, 14%였던 부가가치세는 1%포인트 올랐다.

　독일 정부는 과도한 세금 부담을 줄이기 위해 2001년 세제개혁
을 단행했다. GDP의 1%에 해당하는 세금을 줄이는 성과를 거뒀
다. 그러나 세금 수입이 줄어든 만큼 정부 지출을 줄이지는 못했다.
　통일 변수는 독일 복지제도의 문제점과 한계를 재점검하고 고치
는 기회로 활용될 수 있었다. 그러나 독일 정부는 서독의 복지제도
를 동독에 이식하는 데에만 주력했다. 독일 경제를 망가뜨린 주범
은 통일이 아니라 정부의 잘못된 정책이었다.

골칫덩어리 재정적자

독일의 경제력이 EU를 떠받치는 기둥 역할을 해온 것은 긴 설명이
필요없다. 그러나 이것도 옛말이 됐다. 과다한 사회복지비 지출에
따른 대규모 재정적자로 EU의 골칫덩어리로 전락하고 있다.
　독일은 2002년뿐만 아니라 2003년과 2004년에도 GDP의 3% 이
상 재정적자를 낼 것이 확실시되고 있다. 한스 아이켈 재무부 장관
은 "독일의 재정적자가 2003년 3%를 넘어설 것이 불가피하다"고
공개적으로 인정했다. 경제연구소들은 대부분 2003년 재정적자가
GDP의 4%에 육박할 것으로 전망하고 있다. 2004년에는 2005년에
실시될 예정인 세금인하 계획까지 한 해 앞당겨지기 때문에 재정적
자폭이 더 늘어날 것으로 예상된다.
　독일 정부는 2003년 적자국채 발행 규모를 50억 유로 늘린 280
억 유로를 발행하겠다는 계획을 내놓았다. 도이체텔레콤(Deutsch
Telekom) 등 보유주식을 처분해 20억 유로의 재원을 자체적으로 마
련하겠다는 자구책도 내놓았으나 '언발에 오줌누기' 에 불과한 형

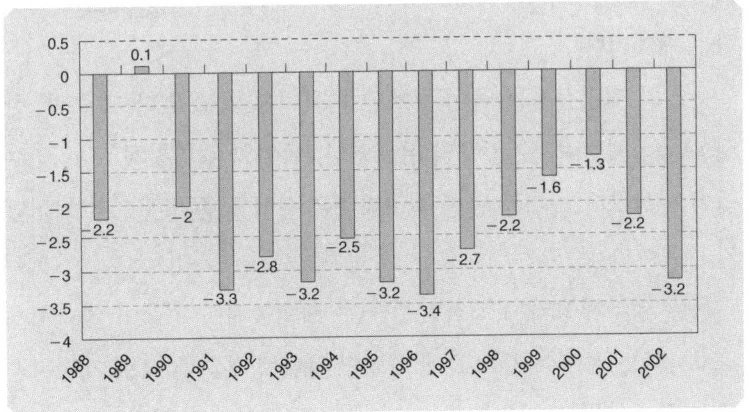

자료 : European Commission

편이다. 공공재정의 절반 이상을 차지하는 사회복지비 지출은 거의 손대지 않았기 때문에 대규모 재정적자가 불가피하다.

유럽 내 최대 경제국인 독일이 재정적자에 허덕이면서 EU도 분란을 겪고 있다. 독일·프랑스 등 유럽 내 경제대국들은 경제활성화를 위해 재정적자를 GDP의 3% 이내로 묶어둔 기준을 완화해야 한다고 주장하고 있다. 반면 경제규모가 상대적으로 작은 EU 회원국들은 대부분 이에 반대하고 있다. 경제대국들의 재정적자가 확대되면 EU 내 금리가 올라갈 수밖에 없기 때문이다.

독일의 누적 정부부채는 2002년 GDP 대비 59.5%였다. EU 국가들의 평균치(62.8%)보다 약간 낮은 수준이다. 문제는 재정적자가 늘어나는 추세다. 독일이 통일되기 전해인 1989년 정부부채는 GDP의 40% 수준에 불과했다. 통일 이후 정부부채가 급증했다는 얘기다.

통일 이듬해인 1991년부터 2002년까지 12년 간 누적된 독일의 재정적자는 6,000억 유로를 웃돈다. 우리 돈으로 800조 원에 해당하는 거액이다.

독일의 재정적자는 줄어들 조짐을 보이지 않고 있다. 2002년 한 햇동안의 재정적자는 662억 유로였다. 독일의 경기침체로 세금 수입이 예상보다 줄어든 반면 재정지출은 실업률 증가 등으로 늘어났기 때문이다.

독일 정부재정의 구조적인 문제는 사회복지비 지출이 지나치게 과도하다는 점이다. OECD에 따르면 독일 정부의 2001년 재정지출액 가운데 사회복지비가 차지하는 비중은 54%로 절반이 넘었다. 옛 동독지역에 대한 지원비용뿐만 아니라 연금 · 실업보조금 · 생계보조금 등 복지수요가 재정을 압박하고 있기 때문이다.

한 마디로 독일은 기업 · 노동 · 복지 · 교육 · 금융 · 재정 등 거의 모든 분야에서 심각한 병을 앓고 있는 환자였다.

사회적 시장경제의 신기루

제3의 선택―사회적 시장경제

독일의 경제체제는 사회적 시장경제(Soziale Marktwirtschaft)다. 자본주의 경제이념인 시장경제에다 '사회적' 이라는 수식어를 붙였다.

시장경제란 이기적인 인간들이 이기적인 행동을 하면서 살아가는 사회다. 시장이라는 보이지 않는 메커니즘이 개인들의 이기적인 행동을 사회적으로 의미 있는 행위로 만들어간다. 시장경제는 자유로운 경쟁의 결과로 나타나는 부(富)의 불균형과 적자생존의 원칙을 인정하는 사회다. 시장경제는 공동체 전체의 이익을 중시하고 다른 사람들을 먼저 생각하도록 강조하는 '사회적' 이라는 개념과는 별로 어울리지 않는다.

주변 상황이 좋으면 시장경제와 사회적이라는 단어는 평화롭게 공존한다. 경제가 지속적으로 성장하는 단계에서는 사회구성원 대부분이 성장의 과실을 얻는다. 개인별 차이는 있지만 대다수가 혜택을 보기 때문에 사회 문제로 번지지는 않는다. 나눠먹는 인심도 넉넉하다. 그러나 성장이 더뎌지거나 성장이 멈추면 사회는 삐걱거린다. 개인이나 집단 간의 이해관계가 표면 위로 드러난다. 개인의 이익 추구와 공동체의 평화로운 삶은 갈등관계로 바뀐다. 공동의 선(善)을 위해 개인의 이익을 침해하거나 제한할 수 있다는 상황논리가 등장한다.

독일이 사회적 시장경제를 채택한 이유

독일이 사회적 시장경제를 채택한 데에는 이유가 있다. 19세기 공산주의 운동이 가장 왕성하게 벌어졌던 곳이 독일이다. 제1차 세계대전이 끝나고 바이마르 공화국이 등장했으나 곧바로 히틀러의 나치 정권으로 넘어갔다. 히틀러는 독점자본과 결탁한 호전적인 국가자본주의 체제를 만들어냈다.

제2차 세계대전 이후 독일 지식인들은 대부분 무질서한 자유방임을 비판했다. 독일을 대공황의 위기로 빠뜨렸고 결국에는 나치즘으로 갈 수밖에 없었던 이유를 자유방임에서 찾았다. 그러나 한편으로 요시프 스탈린(Iosif Stalin)이 집권한 소련식 사회주의도 싫었다. 우파와 좌파에서 모두 벗어나려 했다. 독일은 결국 제3의 방법을 선택했다. 그것이 바로 사회적 시장경제였다.

1980년대 말부터 서유럽에서 새롭게 등장한 '제3의 길'은 사회민주주의 노선을 걷던 영국 노동당 등 유럽의 좌파 정당들이 종래의 노선을 포기하고 시장경제 개념을 적극적으로 받아들인 것인 데 반해 전후 독일에서 논의됐던 제3의 선택은 나치즘도, 전체사회주의도 아닌 포괄적인 의미를 담고 있었다. 극좌와 극우를 배격한다는 의미로 쓰였을 뿐 특정한 체제를 지칭한 것은 아니었다.

사회적 시장경제라는 용어는 독일에서 매우 유용하게 쓰였다. 시장경제 자체가 본질적으로 자본주의 제도일 수밖에 없는데도 사회적이라는 관형어를 붙여 사회주의 성향을 가진 사람들의 지지를 이끌어냈다. 정치적인 구호로서의 의미가 컸다.

사회적 시장경제 개념을 정립시킨 알프레트 뮐러아르마크(A. Mueller-Armack)는 전후 독일에서 등장한 자유주의 경제철학인 질서자유주의(Ordoliberalismus)와 상당 부분 비슷하면서도 근본적인 차이를 몇 가지 가지고 있었다. 뮐러아르마크는 사회복지정책과 국가의 경기안정 정책에 상당히 큰 비중을 뒀다. 케인스식 거시경제 정책운용과 비슷했다. 반면 빌헬름 뢰프케와 발터 오이켄(W. Eucken), 레온하르트 미크쉬(L. Miksch), 한스 그로스만도르트(H. Grossmann-Doerth), 프란츠 뵘(F. Boehm) 등 프라이부르크 학파는 시장경제의 극단적인 오류를 줄이기 위한 최소한의 정책만 허용해야 한다고 주장했다.

전후 독일이 펼쳐온 경제정책은 1960년대 중반까지만 해도 질서자유주의에 기반을 둔 것이었다. 그러나 묘하게도 겉모습은 사회적 시장경제로 포장됐다. 사회적 시장경제의 흡인력은 그만큼 컸다.

독일은 사회민주당이 집권한 1960년대 후반부터 분배와 평등을 강조하는 사회민주주의적 경제정책으로 선회했으나 사회적 시장경제라는 용어는 그대로 사용했다. 독일의 경제는 좌(左)로 가든, 우(右)로 가든 관계없이 모두 사회적 시장경제였다.

질서자유주의

전후 독일의 자유주의 경제철학은 나치즘 정권에 반대한 우파 경제학자들 사이에서 형성됐다. 파시스트 정권으로부터 박해받아 조국을 등져야 했던 뢰프케는 터키 망명지에서 《경제론》(1937년)을 쓰면서 '제3의 길'을 처음 제시했다. 미래로 가는 올바른 길은 자유방임적 자본주의도, 소련식 전체주의도 아니어야 한다는 것이었다. 뢰프케는 자유방임이 나치와 같은 독재정권을 만들어내고, 사회주의는 전체주의로 갈 수밖에 없다고 비판했다.

1921년 마르부르크 대학에서 경제학 박사학위를 받은 뢰프케는 자유주의자였다. 그는 마르부르크 대학 교수로 재직하면서 '울리히 운프리트'라는 필명을 사용해 나치를 비판했다. 그러다가 1933년 히틀러가 집권하자 곧바로 해직됐고, 곧이어 해직교수 1호로 망명을 떠나야 했다.

뢰프케는 "시장경제 시스템은 불황의 싹을 내포하고 있다"며 시장의 불완전함을 비판했다. 1930년대 세계 대공황과 같은 재앙을 피하기 위해서는 정부가 인위적인 정책을 동원해서라도 독점을 막아야 한다는 게 그의 주장이었다. 자본주의가 사회적 빈곤으로, 그리고 집단주의로 이어지는 연결고리를 끊기 위해 정부가 개입해야 한다는 것이다.

"무분별한 자유방임주의는 사회를 파괴하고, 파괴된 사회는 전체주의 체제에서 안식처를 찾는다. 독일 제국과 바이마르 공화국 시대를 거치며 강화된 경제계의 담합과 정경유착이 경제 권력과 정치 권력을 한 곳

으로 몰아줬고 결국 나치 정권이 탄생했다. 독점 권력이 형성되면 자유
와 경쟁이 파괴될 수 있으므로 경쟁질서가 온전히 보존되도록 사회적
안정장치를 국가가 만들어야 한다."

—빌헬름 뢰프케, 《경제론》 중에서

뢰프케는 대중의 빈곤과 불공평에도 많은 관심을 가졌다. 그는
윤리를 강조했고 삶의 가치를 왜곡시킬 정도로 경제 논리가 맹위를
떨쳐서도 안 된다고 경고했다. 사회적 공정성과 평등, 자유와 같은
윤리 가치들은 사회가 지켜야 할 규범이다. 이러한 가치들이 경제
논리나 이데올로기로 왜곡돼서는 안 된다는 것이 그의 신념이었다.

그러나 뢰프케는 복지국가로 발전하는 것에 대해서도 경계했다.
그는 "복지국가는 브레이크가 없는 자동차와 같다"며, "복지국가의
원칙과 예외에 관한 기준이 무엇이고, 그 기준에서 어쩔 수 없이 받
아들일 수밖에 없는 편차는 무엇인가에 대한 명확하고도 확고한 생
각을 갖고 있지 않는 한 결코 섣불리 실행에 옮겨서는 안 된다"고
말했다.

자유방임주의와 사회주의를 동시에 비판한 뢰프케는 질서자유주
의의 철학적 토대를 제공했다. 그러나 질서자유주의를 공식화하고
이를 세상에 널리 알린 사람은 오이켄이다.

오이켄은 뢰프케와 마찬가지로 과거 자본주의의 병폐를 알고 있
었다. 그러나 오이켄에게 제3의 길은 없었다. 오이켄은 기본적으로
자유방임주의를 신뢰했고 자본주의 병폐에 대해서도 온건하게 비
판했다. 시장 시스템에 불안정성이 내포돼 있는 것은 사실이지만
경기불황이나 침체를 자동적으로 해결하는 안정화 성향도 있다고

확신했다. 다만 자유경쟁이 스스로를 파괴하는 방향으로 나아가지 않도록 일정하게 제한을 둘 필요가 있다고 생각했다.

오이켄은 따라서 정부의 정책이 자유경쟁을 질서 있게 유지하는 데 국한돼야 한다고 봤다. 자유방임주의에 내재된 결함인 독점화와 집중화 성향으로부터 경쟁을 보호하는 것으로 충분하다는 것이었다. 불황이나 실업 등 경기변동과 관련된 문제들은 시장경제 메커니즘에 맡겨두면 된다고 봤다.

오이켄은 "자유방임주의적 경제정책은 위대한 사상에 기초하고 있다. 신이 원하는 질서로 발전하기 위해서는 자유가 주어져야 한다. 그러나 실제의 발전상은 목표했던 것을 달성하지 못했다. 자유가 사적인 권력을 형성하면 그것으로 인해 엄청난 에너지가 분출될 수 있더라도 그 에너지는 자유를 파괴할 수 있다"고 말했다. 자유방임사상 자체를 부정한 것이 아니라 불완전하게 적용되고 있는 현실을 비판했다.

그의 결론은 명쾌했다. "정부의 경제정책은 안정된 질서의 틀을 형성하는 것에 머물러야 한다. 시장경제에 자의적으로 개입해서는 안 된다"는 것이다.

미크쉬도 오이켄과 비슷한 생각을 했다. 시장경제에서 가장 중요한 경쟁 질서는 저절로 이루어지는 것이 아니라고 봤다. 국가는 질서정책적 수단을 사용해야 한다고 주장했다. 시장과 통화제도가 자유방임으로 흐르지 않고 질서 있는 시장경제를 만들 수 있어야 한다고 강조했다. 미크쉬는 이 같은 목표를 달성하기 위한 국가의 개입만 인정했다. 전후 독일에서 독립성이 보장된 연방 중앙은행법과 경쟁법 등이 탄생한 것은 질서자유주의의 영향이다.

질서자유주의의 본산인 프라이부르크 학파는 이처럼 시장경제의 질서 유지를 국가의 역할로 정의했다. 기업들이 독과점을 유지하거나 담합하는 행위, 각종 이익단체를 결성하는 행위만 정부가 제재하는 것으로 충분하다고 주장했다. 사적 권력의 발흥을 억제할 수 있는 경쟁 질서를 확립하는 범위 내에서만 정부의 역할을 받아들였다. 정부가 경기순환에 개입하거나 사회복지제도를 만드는 데에는 반대했다. 자의적인 재정운영이나 복지정책은 시장경제 질서를 잠식한다고 봤다.

프랑크푸르트 학파―신마르크스주의

프라이부르크 학파의 질서자유주의가 독일에서 독특한 우파 경제철학을 형성했다면 왼쪽편에는 프랑크푸르트 학파가 있었다. 신(新)마르크주의를 창시한 프랑크푸르트 학파에는 막스 호르크하이머(Max Horkheimer), 헤르베르트 마르쿠제(Herbert Marcuse), 위르겐 하버마스(Jurgen Habermas), 테오도르 아도르노(Theodor Adorno) 등이 포진하고 있었다.

마르쿠제는 현대 사회를 기술에 지배되는 억압적인 사회로 규정했다. 물질적인 욕구를 충족시켜 주는 편리한 사회이지만 그 속에서 인간성 소외와 상실이 발생하고, 결국 개개인은 사회의 지배를 받게 된다고 주장했다.

마르쿠제는 노동계급이 더 이상 혁명의 주체가 될 수 없다고 비판했다. 현대 소비사회에서 꼭두각시로 자라난 사람들이라는 이유다. 새로운 사회를 건설할 수 있는 새로운 인간(homo novus)이 필요하다고 주장했다. 마르쿠제는 학생운동권을 포함한 새로운 지식인 계급의 중요성을 강조했다.

하버마스는 마르크스의 유물론적 역사철학을 배격했다. 노동계급이 새로운 사회를 창조할 것이라는 주장에도 부정적이었다. 마르쿠제와 마찬가지로 현대 소비사회에서 노동자들은 물질적인 수요를 만끽하고 있기 때문에 혁명의 전위대 역할을 할 수 없다고 봤다. 특히 복지사회에서는 계급적인 사회구조가 잠재화되기 때문에 노동자들이 혁명세력이 될 수 없다고 비판했다.

새로운 지식인 계급의 역할을 강조한 프랑크푸르트 학파는 유럽의 학생운동에 이념적 토양을 제공했다. '68운동'으로 상징되는 유럽의 학생운동은 신마르크스주의의 영향을 받았다. 신마르크스주의는 지식인들 사이에서 급속히 퍼져나갔고 독일 좌파들로부터 광범위한 사상적 반향을 불러일으켰다. 괴팅겐 대학 법학도로 당시 가두시위를 이끌었던 슈뢰더 총리도 이 무렵의 학생운동권 출신이다. 한때 직업 혁명가를 자처했던 요슈카 피셔(Joschka Fischer)는 슈뢰더 총리와 함께 일하는 외무장관이 됐다. 사회주의 사상은 마르크스 이후 독일 사회의 한 축을 형성했으며, 제2차 세계대전 이후 독일 사회에 꾸준하게 영향력을 행사했다.

사회적 시장경제의 시대

독일의 좌파와 우파의 사상사적 지형을 교묘하게 뚫고 들어가 또아리를 튼 것이 바로 '사회적 시장경제'였다. 사회주의와 자본주의를 합친 듯한 개념에 많은 사람들이 당혹감을 느꼈다. 뭐라고 꼬집어

반박하기도 어려웠다. 양쪽으로부터의 이념 공세를 막아내는 방패막이로 쓸 수 있는 무기였다.

사회적 시장경제는 뮐러아르마크가 1946년에 펴낸 《경제관리와 시장경제(Wirtschaftslenkung und Marktwirtschaft)》에서 처음 제안했다. 오이켄의 질서자유주의적인 분석을 토대로 했다. 그러나 사회복지와 경기안정에 대한 국가의 책무도 강조했다. 자유주의 사상과 케인스주의를 절묘하게 묶어놓았다.

해석의 여지를 남겨둔 만큼 여러 사람들로부터 광범위한 지지를 받았다. 그러나 똑같은 단어를 사용하면서도 서로가 다른 말을 하는 혼란을 초래하기도 했다. 뮐러아르마크의 의도에 관계없이 '사회적'이라는 형용사에 비중을 두고 싶어하는 사람들, '시장경제'라는 명사를 중시하는 사람들이 모여들 수 있는 공간이었다. 사회적인 요소가 지배적이냐, 시장경제 요소가 지배적이냐에 따라 다양한 조류가 나타났다. 제2차 세계대전 이후 다양한 스펙트럼을 보였던 독일의 사상적 흐름, 합의를 중시하는 풍조와 절묘하게 맞아떨어졌다.

뮐러아르마크는 《경제관리와 시장경제》에서 사회적 시장경제를 '사회적으로 조종을 받는 시장경제'라고 정의했다.

"'독일을 재건하기 위해 어떤 경제질서가 믿을 만한가'라는 질문을 던져본다면 기존의 어떤 형태도 해답이 될 수 없다는 사실을 알게 된다. (사회주의) 관리경제는 우리의 문명을 정신이나 자유도 모르는 집단주의로 이끌게 될지 모른다. 관리경제는 동태적인 상황 앞에서는 예외없이 작동불능 상태가 됐다. 다른 한편 초기의 자유 시장경제는 오늘날 정당성을 가질 수 없는 신념이라는 것을 은폐할 수 없다. 사회적 문제가 강력하게 대두되고 문화적 수준이 바뀐 시대에는 자유주의 세계관을 새롭게 추천하는 것이 가망없는 모험이다. 순수 자유주의적 시장경제 질서와 관리경제 질서는 내부적으로 낡아빠졌다. (두 체제의) 단순한 혼합이나 정당 간의 타협이 아니라 우리의 현재를 완전히 통찰할 수 있는 가능성에서 얻어진 종합으로서의 제3형태를 발전시키는 것이 문제로 제기될 수 있다. 제3의 경제정책적 형태에 특색을 주기 위해 '사회적 시장경제'라는 신조어를 말한 것이다."

─뮐러아르마크, 《경제관리와 시장경제》 중에서

그가 세상에 기여한 것은 제3의 형태라고 언급한 그의 독특한 경제이론이었다기보다는 신조어 그 자체였다. 주변의 모든 사람을 빨아들이는 블랙홀과 같은 흡인력을 가졌지만, 모든 것을 혼돈 속으로 몰아넣을 수 있는 카오스의 속성도 지녔다.

스스로 제3의 형태라고 표현한 뮐러아르마크의 이론 속으로 들어가보자. 그는 자유주의적 사회발전 모델을 비판했다. 사회적 동기에서 이뤄지는 정부의 개입은 시장경제와 조화를 이룰 수 있다고 주장했다. 또 사회적으로 공정하지 못한 결과를 초래하는 시장경제에 대한 보완조치로 정부 개입이 필요하다고 역설했다. 경쟁정책뿐만 아니라 가격정책과 주택건설·통상·화폐·금융 등에서도 정부 개입을 강조했다.

뮐러아르마크는 사회적으로 균등한 소득과 재산의 분배, 사회윤리적인 가치들을 추구하는 정책목표 아래서도 시장경제가 훌륭하게 작동될 수 있다고 믿었다. 정확한 동기를 가진 정부의 개입이나 시장질서를 구축하는 개입에 대해서는 긍정적으로 평가했다. 연금·가족수당·육아보조 등 사회보장 확대를 통해 소득재분배를 시행하고 각종 보조금을 지급하는 사회정책도 옹호했다. 불황기에는 가능한 범위 내에서 노동자들의 안전을 보장하기 위해 경기진작적 고용정책을 써야 한다고 강조했다.

뮐러아르마크의 이 같은 생각은 1960년대 말부터 독일이 본격적으로 추진한 복지국가의 개념에 가깝다. 역설적이게도 독일의 사회적 시장경제를 현실에 접목시킨 인물은 자유주의자로 분류되는 루트비히 폰 에르하르트(Ludwig von Erhard)였다. 전후 독일 정부의 경제장관이었던 그는 사회적 시장경제의 기치를 내걸었을 뿐 실제로는 자유주의적 시장경제 정책을 펴나갔다.

독일에서 사회적 시장경제는 실용적인 정치적 도구로서, 그리고 이념으로서 확실하게 성공했다. 카를 게오르크 친은 그의 저서에서 "사회적 시장경제는 매혹적인 개념이 됐다. 대부분의 정치인들은 그들의 의도를 이 개념으로 묶으려고 한다. 뮐러아르마크가 세부사항은 구체적으로 언급하지 않은 채 방향만 제시하는 데 그쳤기 때문에 그의 저서들은 쉽게 정치적인 웅변을 위한 보고로 이용될 수 있었다"(《사회적 시장경제》, 카를 게오르크 친, 이현수 편역, 유진출판사, 1996)라고 평가했다. 제2차 세계대전 후 초대 총리가 된 기독교민주당 콘라트 아데나워(Konrad Adenauer) 총리에서부터 '아젠다 2010'으로 불리는 개혁을 추진하고 있는 사회민주당 소속의 슈뢰더 총리에 이르기까지, 전후 독일이 보여준 다양한 이념적 스펙트럼이 사회적 시장경제라는 우산 아래 공존해 왔던 사실은 이를 훌륭히 증명하고 있다.

전후 독일은 공산주의 정당을 해산시키고 극우파의 활동도 금지시킬 정도로 중립지향적이었다. 헌법에 해당하는 독일 기본법에는 특정한 경제체제를 선택하도록 명시하지 않고 다양한 스펙트럼의 정책 운용이 가능해지도록 길을 열어뒀다. 그러나 양 극단은 배제해야 한다는 원칙만큼은 확고했다.

오이켄의 질서자유주의와 뮐러아르마크의 사회적 시장경제는 독일에서 나타난 독특한 경제철학으로 자리잡았다. 그러나 독일 경제학계는 과거 역사에서 벗어나는 것에만 집착하다 보니 영국의 존 메이너드 케인스(John Maynard Keynes)나 미국의 밀턴 프리드먼(Milton Friedman) 같은 당시 경제학의 주류에서 벗어나 있었다. 인문과학·법학·자연과학에서 두각을 나타냈던 독일이 유독 경제학에 취약했던 것은 사회적 시장경제라는 개념의 혼돈이 초래한 결과였다고도 볼 수 있다.

2 독일의 경제기적

뮐러아르마크가 제안했던 사회적 시장경제를 독일의 현실정책으로 실행했다는 평가를 받는 에르하르트는 나중에 총리까지 올라갔지만 능수능란한 정치가는 아니었다. 그렇다고 소심한 경제관료도 아니었다. 사회적 시장경제의 정치적 효용가치를 잘 알고 있었고 현실 경제정책에 적극 활용한 인물이다.

에르하르트는 사회적 시장경제를 추종하는 인물이 아니었다. 질서자유주의로 분류되는 자유주의자다. 시장경제 신봉자인 에르하르트가 사회적 시장경제를 도입한 사실을 어떻게 평가해야 할까.

집권당인 기민당이 1949년 뒤셀도르프 전당대회에서 사회적 시장경제를 당의 강령으로 공식 채택한 것도 그에게 영향을 줬을 것이다. 집권당의 공식적인 노선이었기 때문에 소극적으로 사회적 시장경제를 받아들였을 가능성은 있다. 그러나 에르하르트가 한때 뮐러아르마크를 경제차관으로 두고 함께 일했던 것을 보면 사회적 시장경제를 소극적으로 선택한 것은 아니었던 것 같다. 오히려 자유주의자들뿐만 아니라 일부 사회주의자들까지도 빨아들이는 흡인력을 가진 사회적 시장경제의 효용가치를 적극적으로 살렸던 것으로 보인다.

시장경제 신봉자—루트비히 폰 에르하르트

에르하르트는 누구인가. 어렸을 적에 소아마비에 걸려 오른쪽 다리를 절었으나 제1차 세계대전에 자진 참전할 만큼 의지가 강한 사람이었다. 전투 중 포탄에 맞아 왼쪽 어깨를 부상당하기도 했다. 당시 사회의 부패와 불평등, 굶주림에 대해 많은 불만을 갖고 있었다. 그는 사회주의에 경도돼 있었다. 그가 들어간 대학은 독일 좌파의 본산이 된 프랑크푸르트 대학이다. 자유주의 성향을 갖고 있었던 사회주의자 프란츠 오펜하이머(Franz Oppenheimer) 교수의 제자가 돼 1925년 박사학위까지 받았다.

그가 시장경제에 눈을 뜬 것은 학교에서 나와 뉘른베르그 경제조사연구소에서 연구조교로 일할 때였다. 시장조사 분야에서 탁월한 능력을 발휘했던 훼르스호펜 당시 연구소장과 함께 시장 메커니즘을 배울 수 있었다.

제2차 세계대전이 끝난 후 그에게 새로운 기회가 찾아왔다. 1945년 초 미(美) 군정 시절에 휘르트 지역 경제책임자로 뽑혔다. 에르하르트는 경제관료로서 능력을 인정받아 그 해 10월 바이에른 주정부 경제장관으로 발탁됐다. 그는 시장경제에 대한 믿음이 확고한 경제

전문가였으나 어느 당에도 소속돼 있지 않다는 이유로 1946년 공직을 떠나야 했다.

그는 당시 각료 명부에 '무소속 좌파민주주의자'로 분류돼 있었다. 프랑크푸르트 대학에서 자유주의적 사회주의자인 오펜하이머의 제자로 박사학위까지 받았기 때문이다.

그에게는 퇴직이 전화위복이었다. 뮌헨 대학의 베버(A. Weber) 교수 등 자유주의 학자들과 만나면서 질서자유주의를 접하게 됐다. 베버 교수는 자유경쟁을 기반으로 한 시장경제를 독일에 정착시켜야 하고 정부는 안정된 경제질서의 틀을 만드는 데에만 역할을 한정해야 한다고 주장했다. 그의 영향을 받은 에르하르트는 질서 있는 경제를 만들기 위한 구상을 가다듬을 수 있었다. 그는 독립된 중앙은행을 바탕으로 통화개혁을 해야 한다고 믿었다. 퇴직한 뒤 2년 후인 1948년 4월, 기회가 다시 찾아왔다. 그는 미국과 영국의 공동 점령지역인 서독 전체를 책임지는 경제국장으로 발탁됐다. 그의 첫 과제는 화폐개혁이었다.

당시 독일 경제의 문제는 전쟁 피해로 인한 물자공급 감소와 물가상승이었다. 독일은 전쟁에서 진 뒤 의식주 문제조차 해결하지 못할 정도로 물자가 부족해 엄격한 배급제를 실시하고 있었다. 거의 모든 분야가 규제를 받았다. 시장경제는 제대로 작동하지 않았고 물물교환과 암시장이 번성했다. 자본주의 경제에 대한 불신만 쌓여갔다.

다행히도 독일의 산업생산력은 전쟁 패배에도 불구하고 피해가 상대적으로 적었다. 오히려 전쟁 이전부터 상당한 투자가 이루어져 산업시설이 상당히 늘어나 있었다. 전쟁 피해의 대부분은 물류시설에 집중됐다. 전후 독일의 물자부족은 산업생산 능력의 파괴보다는 수송시설 손상과 원료조달 부진으로 인한 것이었다. 전쟁배상을 위해 석탄 등 독일 생산품을 외국으로 송출하고 점령국이 일부 공장들을 해체한 것도 독일의 생산을 저하시켰다.

경제행정 관할권을 점령국으로부터 이관받은 1947년부터 독일의 산업생산은 급속히 회복되기 시작했다. 가게 진열장에는 여전히 물건이 없었지만 상인들의 창고에는 매점매석한 물건이 쌓여갔다.

화폐개혁과 자유주의 경제정책

경제분야 책임자였던 에르하르트는 정부가 경제 문제에 개입하는 것을 싫어하는 자유주의자였다. 그는 매점매석에 강력히 대처하라는 독일 경제평의회(점령군 하의 연방의회)의 요구를 받아들이지 않았다. 대신 시장질서를 확립하는 방안을 준비했다. 바로 화폐개혁이었다. 1948년 6월 18일에 열린 경제위원회는 화폐개혁에 관한 법률을 통과시켰다.

화폐개혁의 골자는 인플레이션의 대명사였던 라이히마르크(제국마르크)를 도이체마르크로 바꾸는 것이었다. 임금 · 연금 · 임대료 등은 1 대 1 비율로 교환해 줬다. 그러나 은행예금과 채권에는 10 대 1의 교환비율을 적용했다.

여기에다 추가로 들어가는 비용부담까지 포함하면 은행예금의 실제 교환비율은 10 대 0.65에 불과했다. 100라이히마르크가 예치된 은행예금을 6.5도이체마르크로 바꿔준 셈이다. 예금 가입자들이 상당한 타격을 봤고 통화량도 줄었다.

반면 실물자산을 갖고 있는 사람들은 화폐교환으로 손해를 보지 않았다. 화폐개혁은 금융자산과 관련된 것이기 때문에, 부동산·주식 등 실물자산은 화폐개혁에서 빠져나갈 수 있었다. 오히려 기업주와 노동자들은 화폐개혁 이후 돈 가치가 올라갔기 때문에 이득을 봤다. 금융업보다는 제조업을 중시하는 독일의 전통은 화폐개혁에서도 어김없이 나타났다.

에르하르트는 라이히마르크를 도이체마르크로 바꾸기 전날인 1948년 6월 20일, 가격통제를 포함한 대부분의 규제들을 폐지했다. 임금동결 조치도 해제했다. 당시 점령군측은 "규제를 바꾸기 위해서는 연합군의 승인을 받도록 돼 있는데 왜 절차를 밟지 않느냐"고 따졌다. 그는 "내가 한 일은 규제조치를 변경한 것이 아니라 없앤 것"이라고 맞받아쳤다.

가격통제가 해제되자 상인들은 창고에 쌓아놓았던 물건들을 가게 진열대에 올려놓기 시작했다. 상품 가격을 올려서 팔 수 있었기 때문이다. 물자난은 금방 해소됐다. 그러자 억제됐던 소유욕이 폭발했다. 매장에 있는 물건들이 한꺼번에 일반 가정의 창고로 들어가기 시작했고 물가는 다시 상승했다.

사회민주당 등에서는 가격통제를 재도입해야 한다는 목소리가 다시 커졌다. 하지만 에르하르트는 그냥 내버려뒀다. 시간이 흐르면서 제품 공급이 늘어났고 물가도 서서히 안정을 되찾았고 그가 옳았다는 사실이 입증됐다. 1949년 초 독일의 산업생산은 1936년의 80%를 넘어설 만큼 회복됐다. 시장경제가 자리잡을 수 있는 생산기반이 마련된 것이다.

첫 연방의회 선거에서 보수 성향의 정치인들이 다수 의석을 차지 독일은 제1차 세계대전이 끝난 1920년대 초 천문학적인 인플레이션을 경험한 적이 있다. 제1차 세계대전 패배에 따른 전쟁배상금을 갚기 위해 정부가 돈을 마구 찍어냈기 때문이다.

제1차 세계대전 후 독일의 물가는 1922년부터 천정부지로 치솟았다. 그 이전에도 독일의 물가가 계속 오르긴 했으나, 1922~23년에 나타난 물가상승은 상상을 초월하는 수준이었다.

당시 신문 가격을 보면 독일의 초(超)인플레이션이 어느 정도 심각했는지를 쉽게 알 수 있다. 1922년 5월 신문 판매가격은 한 부당 1마르크였으나, 그 해 10월 8마르크로 오르더니 다음해 2월에는 100마르크가 됐다. 9월에는 1,000마르크를 돌파했다. 10월 1일에는 2,000마르크, 10월 15일에는 2만 마르크, 10월 29일에는 100만 마르크를 넘었다. 11월 17일에는 한 부당 7,000만 마르크에 이르렀다. 1년 6개월 전과 비교하면 신문 가격이 70억% 오른 셈이다. 신문 판매대와 음식점의 직원들은 30분마다 한번씩 메뉴 가격표를 갈아끼워야 했고 주민들은 돈이 생기는 즉시 물건을 사들였다. 정부가 발권력을 동원해 돈을 마구 찍어낸 결과로 나타나는 초(超)물가상승(Hyperinflation)의 전형이었다.

반면에 제2차 세계대전 이후 독일 물가상승의 성격은 이와 근본적으로 달랐다. 1945년 패전 당시 독일의 통화량(M2)은 2,980억 마르크로 이후에도 통화량이 거의 늘어나지 않았다. 연합군이 독일을 점령하던 시절에는 돈을 추가로 공급하지 않았기 때문이다. 제2차 세계대전 이후 독일의 물가상승은 전쟁피해로 인한 물자공급 감소 때문이었다. 돌아다니는 돈은 그대로인데 팔 물건이 줄어드니 가격이 올랐다. 여기에다 매점매석까지 가세해 물가상승을 부추겼다. 제품 공급이 전쟁 전 수준으로 원활해진다면 물가는 곧바로 안정을 되찾을 수 있는 상황이었다.

했다. 의회는 '독일의 새로운 소유제도는 과거제도를 그대로 유지한다' 라고 결정했다.

기독교민주당 당수였던 아데나워(1949~63년)가 첫 총리로 취임했다.

아데나워는 당시 어느 당에도 속해 있지 않던 에르하르트를 첫 연방 경제장관으로 선임

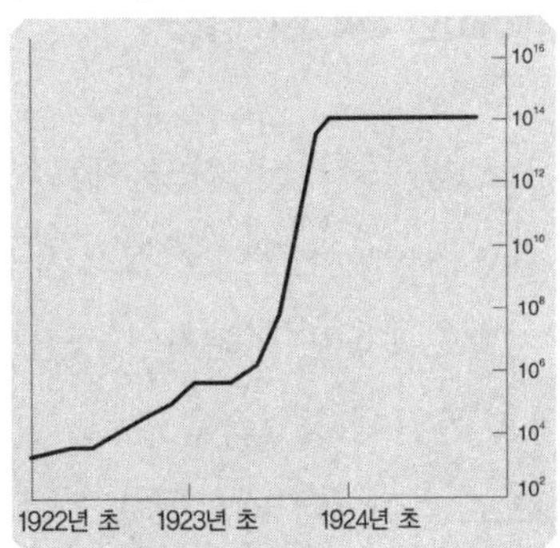

자료 : 〈Macroeconomics〉(N. Gregory Mankiw)에서 재인용

했다. 그러나 에르하르트는 경제장관이 된 지 10년 가까이 지나도록 기민당에 입당하지 않았다.

그는 정서적으로 자유민주당쪽에 더 가까웠다. 자신의 정책구상을 관철시키기 위해 기민당을 선택한 것뿐이었다. 실제로 기민당 내 노조계파는 에르하르트를 싫어했다.

경제장관이 되자 그는 통화량을 억제하고 재정을 긴축하는 정책을 썼다. 에르하르트는 당시 유행하던 케인스식 정부개입 정책과는 정반대의 길을 선택했다. 독일은 패전의 후유증으로 일자리가 많지 않았고 서독으로 넘어온 이주자들까지 가세해 실업률이 높았다. 이에 따라 미국·영국 등 연합국 정부에서는 체제 안정을 위해 고용확대 정책을 쓰도록 여러 차례 요청했지만 에르하르트는 그같은 요청을 단호히 뿌리쳤다. 시장이 알아서 해결할 것이라는 말만 했다.

1950년대의 고도성장

1950년 초까지만 해도 에르하르트의 인기는 높지 않았다. 그러나 때마침 한국전쟁이 터졌고 세계적인 수요 붐이 일었다. 한국전쟁이 발발한 1950년 4분기의 생산은 1분기에 비해 40% 가까이 증가했다. 독일이 경쟁력을 갖고 있었던 투자재와 중간재 수요가 폭발적으로 늘어났기 때문이다. 여기에다 유럽 경제의 전후 복구를 돕기 위해 미국 정부가 실시한 마셜 플랜(Marshall Plan)에 따라 1949~52년까지 156억 도이체마르크가 경제원조 자금으로 들어왔다.

독일 경제는 날개를 달게 됐다. 일자리가 급속히 증가했고 노동자들과 영세상인들의 불만은 눈녹듯 사라졌다. 에르하르트는 중공업 위주였던 산업구조를 바꾸기 위해 소비재 산업에 대한 투자를 유도했다. 투자지원법을 만들었고 설비투자에 각종 세제혜택을 줬다. 그 결과는 라인 강의 기적으로 나타났다. 한국전쟁 직후인 1954년 독일의 실업률은 7%였으나 1965년에는 0.6%로 뚝 떨어졌다. 제2차 세계대전 이전에 축적했던 산업기술과 자본력에 기업의 자유로운 활동을 보장하는 시장경제 정책이 결합되면서 대성공을 거두었다.

당시 독일 경제는 그다지 '사회적'이지 않았다. 독일의 노동계는 1951년 철강과 탄광분야에서 평등의결권을 얻어냈지만, 이듬해 제정된 기업기준법에서는 종업원의 3분의 1만 감독위원회에 참여하도록 제한됐다. 노사 평등의결권은 일부 산업에만 국한됐다. 국민소득 중에서 임금이 차지하는 비율은 1950년 66%에서 1960년에는 60% 수준으로 떨어지는 등 소득배분이 오히려 불평등해졌다.

그러나 독일 노동자들의 삶은 급속도로 좋아졌다. 패전 후 서독으로 몰려든 이주자들까지 흡수하면서 완전고용을 달성했기 때문이다. 정부가 출범한 1949~67년까지 매년 평균 53만 호의 주택이 공급됐다. 산업노동자 평균수입도 이 기간 중 250% 가까이 증가했다. 실질 개인소비는 3배로 늘어났다.

국민연금 확대 논란

에르하르트는 1957년 연금법 개정에 반대했다. 당시 아데나워 정부는 연금지급액을 임금상승률에 맞춰 매년 올리는 슬라이드 제도를 도입하는 방안을 제시했다. 가입자가 낸 돈을 되돌려받는 적립식(pre-funding) 연금제도를 세대 간 계약방식인 부과식(pay-as-you go) 연금제도로 바꾸었다.

부과식 연금제도란 현재 세대가 받는 연금을 다음 세대가 부담하고, 다음 세대가 받는 연금은 그 다음 세대가 부담하는 방식이다. 대부분의 유럽 국가들이 채택한 제도다.

에르하르트는 "많은 사람들이 사회적 시장경제가 국가에 의한 사회보장을 뜻하는 것으로 생각하고 있는 것 같다. 경제가 발전할 수 있도록 하는 정책이 가장 좋은 사회보장 정책이다. 복지정책은 엄청난 재정팽창을 유발하며 결국 경제의 건전한 성장과 발전을 저해하는 인플레이션을 유발한다"는 이유로 연금개혁에 반대했다. 에르하르트는 "만인을 위한 복지는 복지국가를 건설하는 것이 아니라 경제성장이어야 한다"고 말했다. 그러나 아데나워 총리는 그의 반대를 뿌리치고 연금지급을 확대하는 개혁을 밀어붙였다.

아데나워 총리는 1957년 연방의회 선거를 앞두고 사회민주당의 지원을 받아 연금개혁안을 통과시켰다. 아데나워가 속한 기민당은 이 덕분에 선거에서 압도적으로 승리했다. 독일 역사상 처음으로 단일 정당이 과반수 이상 의회 의석을 차지한 것은 지금까지도 독일에서 유일한 기록이다. 임금상승률만큼 매년 지급액을 상향조정하는 연금제도는 역사적인 사회복지정책이라는 평가도 받았다. 그러나 인구의 노령화와 경제성장 둔화, 통일을 거치면서 연금은 부실해졌고 재정 부담도 커졌다.

연금은 사회복지정책의 핵심 제도다. 연금 확대에 반대한 에르하르트를 사회적 시장경제를 신봉하는 사람으로 볼 수는 없다. 사회적 시장경제를 창시한 뮐러아르마크는 바보가 아니었다. 에르하르트가 사회적 시장경제를 내걸었을 뿐 실제로는 질서자유주의적인 경제정책들을 시행하고 있다는 사실을 진작에 알아챘다. 뮐러아르마크는 1953년 《사회학사전》에 사회적 시장경제 개념을 압축적으로 설명하면서 다음과 같이 덧붙였다.

"독일의 경제정책은 1948년 화폐개혁 이래로 사회적 시장경제라는 명목 하에 시행됐다." 사회적 시장경제라는 이념이 독일 경제정책의 최고 명제가 됐다는 점에 대해서는 자랑스러워하면서도 독일의 경제정책이 그가 의도했던 것들을 진정으로 추구했는지에 대해서는 언급을 피했다.

에르하르트는 뮐러아르마크가 1960년 "사회적 시장경제의 제2단계로 들어가야 한다"며 완전고용을 제도적으로 보장하기 위한 경기대책을 쓰자고 제안하자 그를 외면했다. 그 무렵 에르하르트는 자신이 시장경제 신봉자임을 공공연히 밝히고 다녔다. 라인 강의 기적을 만들어낸 뒤 에르하르트는 기업인들과 가진 한 모임에서 다음과 같은 내용의 연설을 했다.

"저는 기업인들이 보여준 열성과 탁월한 능력을 인정하지 않을 수 없으며 그 동안의 노고에 깊이 감사드립니다. 우리가 이룩한 성공의 비결은 자유시장 경제에서의 경쟁을 통한 역동성에 있었다고 생각합니다. 이 힘을 억제해서는 안 됩니다. 왜냐하면 시장경제란 내적 팽창욕구와 지속적인 역동성, 기민함, 그리고 유연성 없이는 그 임무를 다할 수 없기 때문입니다. 전쟁의 폐허에서 오늘의 결실을 이루어낸 것은 바로 기업인 여러분이며, 여러분은 스스로를 자랑스러워하실 자격이 충분합니다. 기업인들의 자유를 위해 저보다 더 강력하게 투쟁한 사람은 없을 것이라고 감히 말씀드립니다. 경제정책과 관련해 경제장관인 저는 기업인 여러분의 대변자입니다. 우리가 서 있는 땅은 자유라고 하는 땅입니다. 이는 특히 기업인 여러분에게 해당되는 말입니다. 저는 말씀드립니다. 여러분이 계시기에 제가 경제장관으로 활동할 수 있다는 것을…."

－권혁철, 《라인 강의 기적의 아버지 루트비히 폰 에르하르트》 중에서

경제관료로서의 성공과 대중적인 지명도를 갖고 있던 에르하르트는 기독교민주당 총리 후보로 나서겠다는 뜻을 밝혔다. 그의 출마에 대해 아데나워 총리가 강력히 반대했지만 에르하르트는 이미 '독일 경제기적의 아버지' 라는 영예로운 명성과 인기를 누리던 때였다. 에르하르트는 무난하게 제2대 독일 총리(1963~66년)로 선출됐다.

그러나 정치가로서 에르하르트는 그다지 성공하지는 못했다. 당

내 정치투쟁을 통제하지 못했고 자신의 권력기반도 갖지 못했다. 때마침 미국의 베트남 전쟁에 대한 반대 여론이 높아졌고 경제도 나빠지기 시작했다. 에르하르트는 제휴정당인 자유민주당의 지지를 상실했고 1966년 12월 권좌에서 물러났다.

자유민주당이 기민당과의 연합정부 구성에서 탈퇴함으로써 독일은 정치적인 혼란에 빠졌다. 어느 당도 주도적으로 정부를 구성할 수 없었다. 결국 기민당은 제휴정당인 기독교사회당뿐만 아니라 좌파인 사회민주당과도 손을 잡는 대(大)연합정부를 구성했다. 독일에서 처음으로 우파와 좌파가 동거하는 시대가 열린 것이었다.

기민당과 기사당, 사민당의 대연정으로 탄생한 연립내각을 이끈 총리는 쿠르트 게오르크 키징거(Kurt Georg Kiesinger, 1966~69년)였다. 키징거 총리는 사민당 소속의 카를 쉴러를 경제장관으로 임명했다. 독일의 경제정책을 좌파인 사회민주당에 맡긴 것이었다.

전후 독일의 첫 경제위기는 키징거 총리가 집권한 1966년 말부터 시작됐다. 1967년에는 침체의 골이 더욱 파였다. 세계적인 경기침체가 독일의 경제를 악화시켰다. 1967년 실업률은 2.1%로 1년 전보다 세 배로 높아졌다. 실업자는 45만여 명으로 1년 만에 30만 명 가까이 늘었다. 당시 독일 사회에는 충격이었다. 그 때부터 35년이 지난 지금의 시점에서 보면 당시 경제위기라는 것은 경기순환에서 언제나 발생할 수 있는 일시적인 경기하강에 불과했다. 그러나 당시에는 매우 심각하게 받아들여졌다.

사민당 출신의 쉴러 경제장관은 정부가 경제에 개입하는 케인스식 정책을 운용하기 시작했다. 재정지출을 늘렸고 고용안정책을 썼다. 에르하르트 시절에는 동원하지 않았던 경기조절책이었다. 정부 예산을 채무로 충당할 수 있는 안정성장촉진법이 제정됐다. 적자재정 정책을 펼 수 있게 된 것이다. 정부는 경기안정을 위해 1967년 1월, 25억 마르크의 긴급 공공투자를 집행했고 7월에는 53억 마르크를 추가로 투입했다. 쉴러 경제장관은 경제가 어려웠던 1966년 12월 노사 대표들을 초청해 임금인상을 생산성 증가율 이내로 억제해줄 것을 요청했고 1968년 초까지 이를 관철시켰다.

다행히 경기는 1968년부터 회복됐다. 실업률은 1968년 1.5%, 1969년 0.8%로 낮아졌다. 사민당 출신의 경제장관이 재직하던 시절에 경기회복이 가시화된 것은 사민당으로서는 행운이었다.

그러나 분배에 대한 욕구는 점차 확산됐다. 1968년의 학생운동은 민주화 열기마저 고조시켰다. 1968년 9월에는 임금인상을 요구하는 노동자들의 자연발생적인 파업까지 벌어졌다. 사회주의권과의 관계 개선에 반대한 보수정치인 키징거 총리의 입지는 갈수록 좁아졌다. 1969년 선거에서 선전했지만 빌리 브란트(Bily Brandt, 1969~74년) 사민당 총재에게 총리직을 넘겨줘야 했다.

노동자 위주 정책과 동서화해

사민당의 브란트 총리와 슈미트 총리(1974~82년)는 '라인강의 기적'의 수혜자들이었다. 이들이 정권을 잡은 시기는 독일이 세계 최고 수준의 경제력을 이미 갖추었을 때였다. 1960년대 중반까지의 고도 성장은 세계 최고 수준의 분배를 가능케 했다.

브란트와 슈미트는 독일의 부(富)를 디딤돌로 복지정책을 과감히 도입했다. 가난한 사람에게 동등한 교육기회를 제공하기 위해 무료 교육 제도를 의무화했다. 돈이 없어 학교를 다니지 못하는 사람들을 배려한 정책이다. 질병으로 휴직한 노동자에게는 6~8주 동안 임금을 지급하도록 했다. 실업수당도 확대했다. 그 결과 질병이나 해고 등으로 일하지 못한 노동자들의 삶이 크게 개선됐다.

사민당 정부는 또 의료보험 대상을 늘렸고 연금생활자에 대해서는 의료보험료 납부를 면제했다. 자영업자와 가정주부도 연금지급 대상에 포함시켰고 연금 지급액도 늘렸다. 납부보험료에 관계없이 최저 연금을 보장하는 제도를 도입하고 1년 단위로 연금지급액을 임금인상률에 연동시켰던 것을 6개월로 단축했다. 연금과 의료보험에 대한 재정부담은 계속 늘어났다. 당시 서독의 사회보장관련 예산은 사민당이 집권한 1969년 375억 유로(환산액)였으나 기독교민주당에 정권을 넘겨준 1982년에는 1,250억 유로로 증가했다. 사민당 정부는 또 장애인에게 일자리의 6%를 제공하도록 의무화한 법안을 만들었고 자녀수당 제도를 도입했다. 영세상인에게는 정부가 임대료 보조금을 지급했다.

사민당 정부는 이와 함께 노동자 권리를 대폭 강화하는 친(親)노동자 정책을 폈다. 종업원 2,000명 이상 기업에는 주주와 근로자 대표가 동수(同數)로 참가하는 감독위원회를 두도록 의무화했다. 사실상의 노사 등권(等權)적인 공동결정권 제도가 사민당 정부 시절에 도입된 것이다. 종업원 2,000명 미만 기업에는 감독위원회 위원의 3분의 1을 근로자가 차지하도록 규정해 노동자들의 경영참여를 일반화했다.

브란트 총리는 사회주의 국가들과의 관계 개선에도 몰두했다. 그는 오스트폴리티크(동방정책)라 불리는 외교정책을 적극적으로 펴나갔다. 브란트 총리는 소련을 필두로 한 사회주의 국가들을 힘으로 누르기보다는 평화공존해야 한다고 주창했다.

평화공존을 최우선 과제로 삼았던 독일 사민당 정부의 외교는 소련과 동유럽 사회주의 국가들에 대한 많은 양보로 나타났다. 1970년 8월에는 소련과 상호무력 포기 및 유럽의 국경선을 인정하는 조약을 체결했고 폴란드와는 분쟁의 씨앗이었던 오데르-나이세 국경선을 그대로 인정했다. 브란트 총리는 이 같은 조약을 체결하는 과정에서 제2차 세계대전 후 연합군에 점령당한 국토를 외교적으로 인정함으로써 독일 영토를 포기했다는 비난을 받기도 했다.

그러나 그는 동방정책을 계속 밀어붙였다. 1971년에는 베를린 4대국 협정을 체결했다. 유럽 통합을 위해 프랑스의 반대를 뿌리치고 유럽경제공동체(ECC)를 확대했다.

브란트 총리는 노벨평화상을 타는 영광도 누렸다. 그러나 총리 관저에 잠입한 동독간첩 사건으로 인해 브란트는 1974년 총리직에서 물러나는 오점을 남겼다.

브란트 총리 시절에 국방장관과 재무장관을 역임한 슈미트 후임 총리는 상대적으로 많은 고초를 겪었다. 1973년 유가파동 이후 세계 경제침체로 독일 경제가 어려움에 빠졌다. 그가 집권한 이듬해인 1975년 GDP 성장률은 -1.2%로 뒷걸음질쳤다. 실업률은 1974년 2.6%에서 1975년 4.7%로 높아졌고 실업자 수는 58만 명에서 107만 명으로 늘어났다. 독일의 경제부흥이 본격화된 이후 실업자 수가 처음으로 100만 명을 넘어선 것이다. 1979년의 제2차 석유파동 때에는 경상수지마저 적자로 돌아섰다. 1982년 9월 자유민주당이 사회민주당과의 연정에서 탈퇴하면서 13년에 걸친 사민당 집권기는 막을 내렸다. 1982년 실업률은 6.2%, 실업자 수는 180만 명을 넘었다.

늘어난 세금과 재정적자

사민당 정부의 특징은 분배를 중시하고 국가의 역할을 강화한 것이었다. 아데나워와 에르하르트 총리(기민당) 시절에는 시장경제쪽에 무게중심이 쏠려 있었으나 사민당 정부가 들어선 이후 무게중심의 저울추가 분배쪽으로 급속히 옮겨갔다.

1974년 775억 마르크에 불과했던 독일연방정부의 채무는 1982년 3,090억 마르크로 불어났다. 연평균 28.94%씩 늘어난 셈이었다. 사회복지정책을 급속히 확대한 결과였다. 세금 부담이 늘고 재정적자가 커지면서 중산층 이상 기득권층은 사회민주당과 거리를 두기 시작했다. 연금 재정을 확충하기 위해 1973년 급여의 10%였던 보험료율은 18.5%로 높아졌다. 이 돈을 반반씩 내야 하는 취업자들과 기업의 부담은 커질 수밖에 없다. 상당수 국민들도 사회복지와 친

(親)노동자 정책에 치우친 사민당의 장기집권에 염증을 느끼기 시작했다.

사민당의 경제정책은 사회적 시장경제였다. 무게중심이 '사회적'이라는 데에 두어졌을 뿐 독일에서는 우파와 좌파 모두 사회적 시장경제를 추구했기 때문에 겉으로는 기민당의 경제정책과 아무런 차이가 없어보인다. 구체적으로 들어가면 두 당의 정책내용이 완전히 다른데도 사회적 시장경제라는 동일한 구호를 사용함으로써 국가 경제의 발전방향을 제시하는 의미를 상실했다. 사회통합적인 상투어로 전락하고 말았다.

참고로 독일은 지금까지도 사회적 시장경제라는 말을 고수하고 있다. 1990년대 말 EU의 단일통화인 유로화 창설을 주도했고 독일이 시장경제로 되돌아가야 한다고 주창하는 시민운동가 한스 티트마이어(H. Tietmeyer) 전 분데스방크 총재마저 '새로운 사회적 시장경제'라는 용어를 쓰고 있다. 사회적이라는 관형어를 떼어내는 위험을 감수하기보다는 '새로운'이라는 관형어를 하나 더 붙이는 불편함을 받아들여야 할 정도로 사회적 시장경제의 위상은 독일에서 아직도 흔들림이 없다. 뮐러아르마크의 그림자가 지금까지도 독일을 덮고 있다는 얘기다.

4 | 헬무트 콜과 게르하르트 슈뢰더

헬무트 슈미트 총리가 이끈 사회민주당 정부가 무너진 직접적인 계기는 연합정부 구성의 파트너였던 자유민주당이 사민당에 대한 지지를 철회하고 연합정부에서 탈퇴한 사건이었다. 1982년 자민당 의원들은 사민당 정부의 과도한 사회복지정책과 경제정책을 비판하면서 연정을 탈퇴했고 야당인 기독교민주당과 손을 잡았다. 의회에서 소수파가 된 사민당의 헬무트 총리는 권좌에서 물러나야 했다. 하나의 정당이 의회에서 과반수를 차지하지 못하면 각 정당의 합종연횡으로 과반수 의석을 확보해야 정권을 잡을 수 있는 의원내각제의 특성상 연정 파트너의 탈퇴는 치명적이다.

독일의 자민당은 이에 앞선 1966년에도 연정을 탈퇴해 정부를 무너뜨린 적이 있다. 당시는 기민당 소속의 에르하르트 총리가 집권하던 때였다. 자민당은 에르하르트 총리의 경제정책과 외교정책을 비판하면서 기민당과의 제휴관계를 청산했다. 에르하르트 기민당 정부는 무너졌고, 그 결과 독일에서 처음으로 좌·우파가 동거하는 대연정(大聯政)이 탄생했다. 자민당은 당시 기민당과의 연정에서 탈퇴함으로써 이후 사민당이 집권할 수 있는 길을 열어줬다는 평가를 받았다. 자민당은 그 때로부터 16년이 지난 1982년 사민당과의 연정을 청산함으로써 기민당이 재집권하는 데 결정적인 기여를 했다. 자민당이 독일의 좌·우파 모두에게 기회를 한번씩 준 셈이다.

콜 총리의 '절반의 성공'

헬무트 콜은 1973년 기독교민주당 총재가 됐고 1976년 총리 후보로 출마했으나 슈미트 총리에게 패했다. 1980년 총선에서는 기독교사회당의 프란츠 요제프 슈트라우스 총재에게 총리후보 자리를 양보했다. 슈트라우스 총재는 그 해 선거에서 참패했다.

사민당과의 연정에서 탈퇴한 자민당의 지지로 총리가 된 콜(1982~98년)은 영국의 마거릿 대처(Margaret Thatcher), 미국의 로널드 레이건(Ronald Reagan)이 주도한 신자유주의에 가까운 성향을 갖고 있었던 인물이다. 콜 총리는 시장경제를 강화하기 위해 기업들을 과도한 사회복지 부담에서 벗어나게 해야 한다고 생각했다. 수요자극을 통해 경기를 진작하는 케인스식 거시경제 운용보다는 공급 측면을 더 강조했다. 기업의 사업의욕을 북돋우고 근로의욕을 부추겨 생산능력을 확충하는 방식을 택했다.

1989년 연금법을 개정해 남자의 연금수령 개시 시기를 63세에서

65세로, 여자는 60세에서 65세로 단계적으로 늦추었다. 연금지급액 기준도 총급여가 아닌 가처분소득으로 바꾸었다. 사회민주당 정부 시절에 늘어나기만 했던 연금을 줄이는 쪽으로 돌려놓았다. 독일 사회복지정책의 후퇴였다.

콜 총리는 소비세를 올리고 소득세를 내리는 세제개편도 단행했다. 소득세를 내리면 고소득층이 상대적으로 더 많은 혜택을 보고, 소비세를 올리면 물품을 구입하는 모든 사람의 부담이 동등하게 늘어나기 때문에 소득재분배 기능이 약해진다. 콜 총리는 분배를 상대적으로 중시하는 사민당의 정책에 반대되는 쪽으로 세제를 바꾼 것이다.

콜 정부는 또 고소득층과 기업에 대한 세제감면으로 기업의 설비투자를 유도하는 정책을 폈다. 사회보장비 부담과 정부보조금 지급도 줄였다. 작은 정부를 지향한 정책들이었다. 이와 함께 산업지원정책도 병행해 나갔다. 사민당 정부가 친노동자적인 정부라면 콜 총리의 기민당 정부는 친기업적인 정부였다.

2차 석유파동과 세계 경기침체로 마이너스를 기록했던 독일의 경제성장률은 1983년 플러스로 돌아섰다. 그러나 실업률은 계속 높아졌다. 1985년에는 9.2%까지 올라갔다. 콜 총리의 찌푸린 인상이 펴지지 않았다.

독일이 성장궤도로 재진입한 것은 미국 시장의 수요가 폭발하고 일본 엔화 가치의 상승이 본격적으로 나타난 1980년대 중반 이후부터였다. 1981년 153억 마르크였던 독일의 무역흑자는 10년이 지난 1991년 1,879억 마르크로 13배 가까이 늘어났다. 독일 경제가 성장궤도로 재진입하는 데 성공했다.

그러나 냉전 해체와 함께 급작스럽게 찾아온 서독과 동독의 통일은 콜 총리의 경제정책들을 뒤죽박죽 엉클어놓았다. 콜 총리는 통일비용을 마련하기 위해 세금과 사회부담금을 늘릴 수밖에 없었다. 개인소득세와 법인세의 7.5%에 해당하는 통일세를 신설했다. 부가가치세도 1%포인트 올렸다. 유류세와 담배세·실업보험료 등도 인상했다. 콜 총리가 평소 강경하게 비판했던 '과도한 세금 부담'을 스스로 기업과 노동자들에게 지우는 선택을 할 수밖에 없었다.

콜 총리는 통일 이전에 연금 지출을 줄이는 제도개혁을 했는데도 연금 재정은 계속 악화됐다. 수명이 길어지면서 연금 수령자가 늘어났기 때문이다. 예를 들어 1960년에는 독일의 평균 연금수령기간이 남자는 9.6년, 여자는 10.6년이었으나 1996년에는 남자 13.6년, 여자 18.5년으로 늘어났다. 여기에다 통일 후 동독 주민들이 연금 지급 대상자로 새로 편입됨으로써 연금 지출은 눈덩이처럼 불어났다. 1,600만 명의 동독인들에게 서독인들과 동등한 수준의 사회복지 혜택을 주기 위해서는 막대한 재정이 필요했다.

독일 정부는 1996년 한햇동안 연금지급액의 20.5%를 정부 예산에서 내놓아야 했다. 콜 정부는 1997년 연금보험료율을 18.7%에서 20.3%로 다시 인상했다. 국민은 콜 수상을 더 이상 좋아하지 않게 됐다. 독일의 기업들은 높아진 노동비용과 세금을 감당하지 못했다. 1990년대 들어서도 기업들은 계속 해외로 공장을 이전해 산업 공동화가 심각해졌다. 근로의욕이 떨어지고 실업률은 점점 높아졌다. 1997년 실업률은 9.8%, 실업자 수는 390만 명에 달했다. 이 같은 사태가 성장을 중시하는 보수정당인 기민당 집권기에 일어났다. 영국과 미국이 신자유주의 개혁을 추진하는 동안 독일에서는 통일 논리가 모든 것을 압도했다.

콜 총리는 통일 작업이 어느 정도 마무리된 1990년대 중반부터 각종 규제를 완화하는 등 시장경제로 돌아가기 위한 경제개혁에 착수했다. 법인세 인하를 포함한 세제개혁을 시도하고 사회복지 혜택을 줄이기 위해 국민들의 고통 분담도 요구했다. 1996년에는 종업원 10명 이하의 기업에 대해서는 고용보호를 완화하는 법 개정을 단행했다. 그러나 너무 늦었다. 많은 국민들은 기득권을 잃는 것을 원치 않았다. 야당이었던 사민당도 반대했다. 세제개편안은 결국 1998년 총선 이후로 미뤄졌다. 콜 총리는 선거에서 사민당에 졌고, 그가 계획했던 개혁정책들도 무산됐다. 고용보호법 완화 계획도 물 건너가고 말았다.

콜 총리는 역사적인 통일을 완수한 지도자로 남게 됐지만 이에 뒤따르는 통일비용에 묻혀버리고 말았다. 어찌보면 콜 총리가 1990년대 중반 이후의 개혁에 실패한 데에는 그 자신의 책임이 컸다. 통일 당시 콜 총리는 동독인들의 환심을 사기 위해 서독의 복지제도를 자랑했고, 통일이 되면 동독인들에게 서독의 복지제도를 그대로 적용할 것임을 약속했다. 연금보험료를 납부하지 않은 동독인들에게도 서독인과 동등한 연금 혜택을 주겠다고 밝혔다. 그 결과는 고스란히 재정의 부담으로 전가됐고 기업과 노동자들의 세금부담은 급격하게 늘어났다. 동독인들에게 서독의 복지제도를 내세운 콜 총리가 통일 후 불과 5년 만에 복지제도를 대폭 줄이겠다고 나선 것에 대해 마음으로부터 찬동하는 국민들은 많지 않았다. 특히 옛 동독 지역에서의 반발이 컸다. 콜 총리는 통일 이후의 개혁을 추진할 수 있는 적임자가 아니었다.

사회민주주의 노선을 포기한 슈뢰더

독일의 학생운동을 주도했던 68학생운동 세대인 슈뢰더는 1990년 니더작센 주지사로 선출되면서 중앙정치 무대에 등장했다. 1998년 선거를 포함해 세 차례 연속 주의회 선거를 모두 승리로 이끈 능력을 인정받아 1998년 사회민주당 총리후보로 지명됐다. 그는 호소력 있는 이미지와 미국식 선거운동으로 16년 간 독일을 통치해 온 콜 총리를 물리쳤다.

독일의 역사는 다시 왼쪽으로 기울기 시작했다. 슈뢰더 총리 (1998~현재)는 브란트와 슈미트에 이은 세번째 사민당 소속의 총리였다. 그는 사회보장 제도와 연금을 줄이지 않고 실업자들을 위한 일자리를 창출하겠다는 공약을 내걸어 당선됐다. 녹색당과 연합정권을 구성한 그는 노동시간을 주당 30시간으로 단축하고 일자리를 창출하는 정책을 실시하겠다고 밝혔다. 당시 독일의 실업자는 400만 명에 달해 정부로서는 상당한 부담이 됐다. 노동시간을 줄임으로써 더 많은 사람들이 일할 수 있는 일자리 나누기(job sharing) 정책을 통해 실업자 문제를 해결하겠다는 것이 슈뢰더 총리의 복안이었다.

슈뢰더 총리는 콜 전 총리가 추진해 온 정책들을 백지화시켰다. 콜 총리가 도입하려 했던 병가시 임금삭감과 연금지급률 인하 방안은 무산됐다.

20.3%였던 연금 보험료율도 19.5%로 낮추어졌다. 대신 생태계 보호를 위한 환경세가 추가되고 각종 세금감면이 축소됐다. 연금보험료 인하로 개인들의 부담은 줄어든 반면 기업들의 세금 부담은

세금감면 축소조치로 오히려 커졌다. 당시 독일 연방산업연합회(BKI)는 조세감면 축소로 기업들이 추가로 부담해야 하는 세금이 4년 간 960억 마르크(560억 달러)에 달할 것으로 우려하기도 했다. 독일 상공회의소는 당시 정부정책을 '투자위축 프로그램'이라고 비아냥거렸다.

슈뢰더는 실업자를 줄이겠다고 약속했다. 다행히 세계경제가 회복세로 돌아섰고 1999년과 2000년에 실업률이 떨어졌다. 그러나 2001년부터 경기가 다시 나빠졌다. 실업자는 450만 명에 이를 정도로 악화됐다.

2002년 총선거에서 슈뢰더 총리는 위기를 맞았다. 사회복지를 중시한 슈뢰더의 경제정책이 침체에 빠진 경제를 살리지 못했기 때문이다. 실업률과 재정적자, 기업경쟁력 등은 악화일로였다. 독일의 국가경쟁력도 빠른 속도로 떨어졌다.

총선을 두 달 앞둔 2002년 7월까지만 해도 슈뢰더 총리 지지율은 35%로 에드문트 슈토이버(Edmund Stoiber) 기민당 후보의 지지율 40%에 못 미쳤다. 그러나 그에게 두 가지 유리한 변수가 생겼다. 그 해 8월 독일에 대홍수가 발생했다. 슈뢰더 총리는 장화를 신고 수해현장을 뛰어다녔다. 긴급재정을 수해현장에 투입하는 등 강한 지도자의 인상을 남겼다. 반면 슈토이버는 수해현장을 돌아다니는 일이 전시행정이라며 별로 움직이지 않았다.

또 다른 변수는 이라크 전쟁이었다. 슈뢰더에게는 선거의 쟁점을 바꿀 수 있는 좋은 기회였다. 슈뢰더 총리는 선거 막판에 '전쟁이냐, 평화냐'를 이슈로 내걸었다. 미국의 이라크 전쟁 추진에 반대하겠다고 공언했다. 반미 민족주의 성향의 우파 지지표 일부가 슈뢰더 지지로 돌아섰다. 결국 총선에서 사민당은 기민당과 기사당을 합한 득표율 38.5%와 같은 수의 표를 얻었다. 사민당의 연정 파트너였던 녹색당의 선전으로 슈뢰더 총리는 수성(守城)에 성공했다.

선거에서 극적인 승리를 거둔 슈뢰더 총리는 그러나 그가 써온 경제정책들을 고수할 수가 없었다. 2001년 들어 다시 침체에 빠진 독일 경제가 되살아날 기미를 보이지 않았기 때문이다. 그 결과 총선 이듬해인 2003년 2월에 실시된 지방선거에서 사민당은 참패했다. 선거 당시의 실업률은 11.3%였고 실업자는 470만 명에 달했다. 사민당의 선거 패배는 경제실패의 당연한 귀결이었다. 슈뢰더 총리의 정치적 고향인 니더작센 주에서마저 사민당이 패배했다. 슈뢰더 총리도 더 이상 어쩔 수 없었다. 기존의 정책을 포기해서라도 경제를 살려야 했다. 그는 시장제도 확대를 골자로 한 '사회보장 및 노동 제도 개혁안(아젠다 2010)'을 2003년 3월 14일에 들고 나왔다.

아젠다 2010

개혁안의 골자는 다음과 같다.

"고용보호법을 개정해 5인 이하 노동자를 고용하는 소기업과 자영업자에는 해고할 수 있는 자유를 준다. 5인이 넘는 노동자를 고용한 기업주에게는 손실보전수당 등의 해고비용을 줄여준다. 신설기업에는 임시직 근로자를 4년까지 고용할 수 있도록 허용한다. 최장 32개월인 실업수당 지급기한을 12~18개월로 축소하고 실업보조금은 사회보조금으로 통합한다. 근로소득세를 인하하고 의료보험의 본인부담분을 늘린다. 병가보상금 보험료는 종업원이 부담하는 쪽으로 바꾼다. 65세부터 적용되고 있는 연금지급 시기는 2011년부터 매년 1개월씩 늦춰 2035년 67세로 늦춘다.”

개혁안은 노동자에게 불리하고 기업주에게는 유리한 것들로 채워져 있다. 그러나 기업인들은 이 정도의 개혁안에 만족하지 않았다. 독일의 경제계는 더 많은 개혁을 요구했다.

독일의 유력한 경제신문인 〈한델스발트〉는 2003년 5월 15일 독일 내 최고경영자들을 대상으로 “개혁안이 당신의 기업환경에 얼마나 영향을 줄 것인가”를 묻는 설문조사 결과를 발표했다. 응답자의 10%는 ‘상당히 개선될 것’으로, 67%는 ‘부분적으로 개선될 것’이라고 대답했다. 나머지 22%는 ‘전혀 영향이 없을 것’이라고 응답했다. 개혁안에 대해 대부분의 최고경영자들은 부분적으로 개선이 있을 것으로 기대하는 정도였다.

독일에서 자주 벌이는 흥미로운 설문조사의 하나는 “이번 일요일 연방의회 선거가 있다면 어느 당을 선택하겠는가”다. 2003년 5월 20일의 포르사(Forsa) 설문조사에 따르면 50%에 육박하는 사람들이 기민당·기사당을 꼽았다. 사민당은 25%에 그쳤다. 녹색당은 15%에도 못 미쳤다. 1주일 후 선거가 열린다면 정권을 기민당·기사당에 빼앗긴다는 얘기다.

슈뢰더 총리는 다급했다. 개혁안에 대한 당내 좌파와 노동자들의 반대가 심했기 때문에 이미 내놓은 개혁안마저 무산되지 않을까 우려했다. 그는 개혁안을 통과시켜 주지 않는다면 총리직과 총재직을 사퇴하겠다고 사민당을 협박(?)했다. 그가 사퇴하면 기민·기사당이 집권하고 슈뢰더가 제안한 개혁안보다 더 급진적인 개혁을 추진할 것이 뻔했다. 슈뢰더 총리는 6월 1일 특별 당대회에서 대의원의

| 독일 세제 개편안 주요 내용 |

항목	연도	2000	2001	2002	2004	2005
소 득 세	기초공제	13,499마르크	14,093마르크	7,235유로	7,426유로	7,664유로
	최저세율	22.9%	19.9%	19.9%	17%	15%
	최고세율	51%	48.5%	48.5%	47%	42%
	최고세율 적용구간	114,696마르크 이상	107,568마르크 이상	55,008유로 이상	52,293유로 이상	52,152유로 이상
법인세		배당이익 30% 유보이익 40%	단일 25%	25%	25%	25%

*2005년 세제 개편계획을 2004년으로 앞당겨 시행할 예정
자료 : 독일상공회의소

90% 이상으로부터 개혁안 지지를 받아냈다. 마침내 당이 개혁안을 승인한 것이다.

슈뢰더 총리는 개혁안과는 별도로 2001~05년까지 단계적으로 세율을 내리기로 했다. 법인의 유보소득에는 40%, 배당소득에는 30%의 세율을 적용했던 것을 일률적으로 25%로 인하했다. 법인세 이외에도 기업들이 부담해야 하는 세금이 있기 때문에 실제 세부담은 이보다 훨씬 높지만 과거에 비하면 많이 낮아진 것은 분명하다.

개인소득세는 1999년 23.9~53%의 누진세율이 적용됐으나 2004년에는 15~42%로 낮아진다. 슈뢰더는 2005년 예정된 세금 인하를 2004년으로 앞당겨 한꺼번에 세율을 인하하기로 했는데, 2004년과 2005년 세금 인하로 발생할 재정수입 감소액은 220억 유로에 이를 것으로 추정됐다.

사민당 정부가 세금 인하에 적극적인 것은 매우 이례적인 일이다. 좌파 정부는 전통적으로 소득재분배를 위해 가능한 한 많은 세금을 걷어왔고, 이 돈을 가난한 사람들에게 주로 쓰는 정책을 펴왔다. 독일의 세금 부담은 사민당 정부가 보기에도 지나치게 과도했다는 얘기다. 독일이 장기간 경기침체에 빠진 데에는 과도한 세금

이 한 원인이었다는 점에는 사민당 정부도 동의하고 있다.

문제는 갈수록 늘어나는 정부의 재정적자다. 슈뢰더 정부의 세제개편으로 독일 기업과 국민들은 세금 부담을 어느 정도 덜 수 있게 됐지만 세금 수입은 그만큼 감소해 재정적자는 더 늘어날 처지에 놓여 있다. 독일 정부는 각종 보조금을 폐지하고 부가가치세율을 높여 세수감소분을 만회한다는 계획이다. 그러나 GDP의 3%를 넘어선 재정적자는 2004년에도 더 늘어날 전망이다. 재정적자가 갈수록 확대돼온 과거의 흐름을 바꾸기에는 역부족이다.

야당인 기민당은 슈뢰더 총리의 개혁안보다 더 많은 개혁을 요구했다. 실업급여와 실업보조금을 줄이고 일자리를 거부하는 사람에게는 실업보조금을 감액해야 한다고 주장했다. 종업원 20인 이하의 기업에는 해고의 자유를 부여하고 신규 직원 채용시에는 고용보호를 받지 않는 조건으로 사람을 뽑을 수 있도록 법을 바꿔야 한다고 강조했다.

슈뢰더 총리가 내놓은 개혁안은 독일 내 좌파와 우파 양쪽으로부터 공격을 받고 있다. 시장경제로 가는 '소중한 첫발'이라는 평가를 받고 있지만 전반적으로 미흡하다는 비판도 많다. 노동계 강경파로부터는 배신자라는 비난을 듣고 있다. 슈뢰더 총리가 '제3의 길'을 선택한 이상 양쪽 모두를 만족시키는 것은 애당초 불가능한 일이다. 하기야 독일의 '사회적 시장경제'라는 제도 자체가 좌우 양쪽에 한발씩 걸쳐놓은 것이기 때문에 양쪽으로부터 비난을 받는 게 슈뢰더 총리의 잘못만은 아니다.

'위기에서 벗어나야 한다'

독일 중앙은행인 분데스방크는 2003년 3월 '위기에서 벗어나는 방법(Wege aus der Krise)' 이라는 특별보고서를 냈다. 중앙은행이 독일 경제의 위기를 공식 인정했다는 점에서 이 보고서는 특별한 관심을 끌었다.

보고서는 독일의 잠재 경제성장률이 연 1.5%로 유럽 평균에 비해 0.75%포인트 낮다고 지적했다. 이대로 가면 조만간 1% 수준으로 낮아질 것이라고 경고했다. 경제의 체질이 나빠진 이유로 세계 경기침체와 통일비용, 과도한 세금, 고령화사회 진전, 노동시장의 경직성, 과도한 규제와 관료주의를 꼽았다. 한 마디로 총체적인 위기에 빠져 있다는 진단이었다.

분데스방크는 해결책으로 경제성장이 분배보다 우선시돼야 한다고 제안했다. 정부의 사회보장 정책은 개인들이 스스로를 지키지 못할 때 보완해 주는 수준에 머물러야 한다고 지적했다. 사회보장 정책은 이 같은 관점에서 재검토돼야 한다는 것이다.

분데스방크는 또 경쟁 촉진과 규제완화를 해야 사회보장비용과 노동비용을 줄이고 고용의 걸림돌을 제거할 수 있다고 말했다. 실질임금 상승률은 노동생산성 증가율을 앞지르지 않아야 기업투자를 유도하고 일자리를 창출한다. 구조적인 재정적자와 인구고령화 대책도 시급하다. 주택소유보조금을 폐지하고 공공주택을 민영화해야 한다. 대학 간 경쟁을 늘리고 교육기회의 평등이 보장되는 범위 내에서 등록금을 받고 대학에 대한 정부 지원은 줄여야 한다고 분데스방크는 제안했다.

세금정책 권고안도 인상적이다. 독일 중앙은행은 직접세를 줄여 세금 부담을 줄여야 한다고 밝혔다. 세제 단순화도 권유했다. 2000년에 단행한 세제 개편으로 인하된 소득세율을 더 낮춰야 한다고 주장했다. 줄어든 세금을 보전하기 위한 방안으로는 간접세를 높이고 세원을 늘려야 한다고 명시했다. 근로자여행수당을 폐지하고 야근 및 휴일근무에 대한 세금감면도 없애야 한다고 밝혔다. 매출세 감면조치도 폐지하자고 제안했다.

실제로 독일의 사회보장 부담금은 이미 매우 높은 수준에 도달했는데도 장기적으로 계속 오르는 추세에 있다. 바로 이 대목이 노동의욕을 좌절시키는 요인이라는 것이다. 급여의 14%까지 올라와 있는 건강보험료도 계속 오르는 추세이고, 연금보험료는 2003년에 인상됐다. 노령화가 진전되고 있기 때문에 연금 지급률을 그대로 두면 또다시 연금 보험료를 인상할 수밖에 없을 것으로 예상했다. 과감하고 근본적인 대책이 필요하다는 것이 분데스방크의 지적이다.

독일 경제계도 변화를 요구하는 목소리를 높이기 시작했다. 이대로 가다가는 망할 수밖에 없다는 절박감이 독일 경제계를 개혁 주도세력의 선봉에 서게 만들었다.

앨런 그린스펀(Alan Greenspan) 미국 연방준비제도이사회(FRB) 의장과 함께 1990년대 국제 금융계를 이끌었던 티트마이어 전 독일 중앙은행(분데스방크) 총재. 유로화 출범의 산파 역할을 했던 그는 현자 시장경제를 외치는 시민운동가가 됐다. 그가 의장을 맡고 있는 '새로운 사회적 시장경제 주도모임(Initiative Neue Soziale Marktwirtschaft)'은 여야 정치권과 관계·학계·기업을 망라하는 전국적인 시민운동으로 독일에 변화의 바람을 불어넣고 있다.

그를 베를린에서 만난 것은 2003년 6월 25일 오후였다. 새로운 사회적 시장경제 주도모임이 주최한 세미나가 막 끝난 뒤였다. 그는 72세의 나이에도 불구하고 당당함을 전혀 잃지 않고 있었다. 시민운동가 티트마이어는 "독일이 과도한 사회복지와 세금, 관료주의에서 벗어나 시장경제로 돌아가야 한다"며, "독일 전역을 이제는 일터로 만들어야 한다"고 말했다. 그러면 독일이 10년 후 세계 최고가 될 것이라고 힘주어 강조했다.

"이제는 일하러 가자"

한스 티트마이어 전 분데스방크 총재

– 국제사회에서 독일 경제의 실패에 대해 우려하는 목소리가 많다. 국제 신용평가회사인 피치에서는 독일의 신용등급을 낮출 것인지 여부를 놓고 상당히 고심했다고 들었다.

"독일은 여전히 국가신용도가 AAA급 국가다. 여러 가지 어려움을 겪고 있는 것은 사실이지만 독일이 여전히 선진국이라는 것은 부인할 수 없는 사실이다."

– 독일 경제가 최근에 갑자기 나빠진 이유는 무엇인가.

"통일의 후유증이 컸기 때문이다. 옛 동독지역 주민들의 생활수준은 지금 서독지역 주민들의 90% 이상이다. 하지만 동독지역 기업들의 생산성은 서독지역의 65%에 불과하다. 이 격차를 정부의 재정자금과 사회보장금으로 메워왔다. 동독 지역에 많은 돈이 들어가다 보니 전체적으로 어려워졌다."

– 옛 서독지역은 문제가 없나.

"많은 문제들이 있다. 너무나 많은 복지제도가 남발됐다. 낮은 성장률과 높은 실업률, 급증하는 재정적자는 구조적인 해결책이 필요한 문제들이다. 독일은 유럽에서 가장 많은 노동비용을 지급하고 있지만 노동자들이 받는 수입은 상대적으로 적다. 과도한 복지비 부담과 세금 때문이다. 실제 임금과 기업이 지급하는 노동비용 사이의 격차가 너무 커졌다.”

– 독일의 사회복지제도는 1970년대와 1980년대에도 있었다. 경제가 최근에 나빠진 데에는 통일 후유증 이외에 다른 이유들은 없나.

“EU 출범과 유로 통합 이후에는 독일 마르크화(貨)의 장점이 사라졌다. 예전에는 독일 마르크화의 금리가 낮았기 때문에 독일에 투자하면 금융비용을 줄일 수 있었다. 그러나 유로화로 통합된 이후 기업들은 유로 지역 어디에 투자하든 동일한 금융비용으로 자금을 조달할 수 있게 됐다. 이 때문에 기업들은 노동비용과 기업규제가 상대적으로 적은 아일랜드나 핀란드로 투자처를 바꾸고 있다. 역내 국가 간 경쟁이 심화되면서 독일의 구조적인 문제들이 극명하게 드러났다.”

– 연금을 축소해야 한다는 논의가 일고 있는 것으로 알고 있는데.

“독일의 노인들은 결코 가난하지 않다. 우리는 솔직해야 한다. 독일 노인들은 다른 사람들과 비교해 부자다. 물론 그렇다고 해서 연금지급액을 줄여야 한다는 얘기는 아니다. 연금지급액 증가율을 낮춰야 한다.”

– 개혁에 대한 사회적 합의를 이끌어내기가 쉽지 않아 보인다.

“그래서 우리가 캠페인을 하고 있다. 독일을 일하는 곳으로 만들자는 것이다. 세금과 복지제도를 개혁하자는 얘기다. 관료주의도 없애고 규제도 완화해야 한다. 노동시장의 유연성도 확대해야 한다. 물론 이 문제들은 한번에 해결하거나 한두 달 안에 풀 수 있는 것들은 아니다. 그러나 지금부터 시작해야 한다. 실질적인 변화가 필요하다.”

– 게르하르트 슈뢰더 총리가 내건 개혁정책인 ‘아젠다 2010’을 어떻게 평가

하나.

"너무 늦었다. 그러나 개혁을 향한 첫발을 내디뎠다는 점에서는 의미가
크다. 2003년 9월부터 부분적으로 시행될 것으로 예상하고 있다. 독일
에서 개혁은 계속돼야 한다."

- **기독교민주당 등 야당에서는 더 많은 개혁을 요구하고 있는 것으로 알고
있다.**

"야당은 연금을 과감히 개편하고 사회 시스템을 시장경제로 바꿔야 한
다고 주장하고 있다. 인구 구조 변화에 따른 연금 조정과 건강보험에 대
해서도 강경한 입장이다. 야당은 더 많은 개혁을 위해 밀어붙이고 있다."

- **독일식 사회적 시장경제 제도에 의구심을 갖고 있는 사람들이 많아진 것
같은데.**

"시장경제를 근간으로 사회복지제도를 적절하게 운영했어야 했다. 그러
나 많은 사람들이 사회복지 확대와 관료주의, 세금 증대로 나아가는 것
으로 이해했다. 1970년대에 사회복지쪽으로 지나치게 나아갔고, 통일은
이 문제를 증폭시켰다. 독일은 이제 되돌아가야 한다. 지금은 기업이 어
느 나라에나 투자할 수 있는 무한경쟁 사회다. 처음부터 끝까지 같은 직
장에서 일을 할 수도 없다. 이제는 독일이 점프를 해야 할 때다."

- **독일 경제가 세계 최고 수준의 경쟁력을 회복할 수 있다고 보나.**

"독일은 여전히 세계적인 잠재경쟁력을 갖고 있다. 서비스 분야는 좋지
않지만 전통적인 제조업 분야에서는 세계 최고 수준이다. 특히 자동차
와 화학분야에서 잘 하고 있다. 독일은 숙련된 노동력과 교육훈련 제도
를 갖추고 있다. 그러나 독일 사회는 분명히 재구축돼야 한다. 과도한
사회복지와 세금, 관료주의에서 벗어나 시장경제로 돌아가야 한다. 독
일의 잠재력은 바로 그 곳에 있다. 새로운 사회와 새로운 경제, 새로운

전통을 만들면 10년 뒤에는 다시 톱(top)으로 올라설 수 있는 능력이 있다고 확신한다. 이를 위해서는 개혁을 서둘러야 한다."

"시장경제로 되돌아가야"

미카엘 로코프스키 독일 연방산업연합회장

한국의 전국경제인연합회(전경련)에 해당하는 독일 연방산업연합회(BDI)의 미카엘 로코프스키 회장은 각종 연설과 신문 기고 등을 통해 개혁의 필요성을 자주 역설한 독일 경제계의 '입' 이다. 로코프스키 회장은 "지난 30년 동안 복지제도를 계속 확충해 온 결과 구조적 위기의 골이 깊어졌다"며, "더 늦기 전에 시장 지향적인 제도들을 발전시키는 쪽으로 방향을 틀어야 한다"고 말했다. 로코프스키 회장은 "독일은 실업자로 머물러 있는 것이 일자리를 찾는 것보다 더 매력적인 나라가 됐다"며, "노동시장과 사회복지제도를 개혁해야 한다"고 강조했다.

– 라인 강의 기적을 일궈낸 독일 경제가 지금은 힘을 많이 잃은 것 같다.

"독일은 최근 20여 년 동안 경제성장률이 상대적으로 낮았다. 실업자가 계속 늘어나 이제는 450여만 명에 이르렀다. 세계 경기침체가 직접적인 원인이고 통일비용 부담도 컸다. 통일비용은 경제성장률을 1%포인트 정도 떨어뜨렸다. 그러나 근본적으로는 과도한 노동비용과 과보호된 노동시장, 지나친 사회보장비용 등 내부요인으로 인한 폐해가 컸다."

– 독일 경제가 회생하기 위해서는 어떤 조치가 필요한가.

"과도한 비용과 많은 규제, 세금정책의 불확실성이 기업 투자를 가로막는 요인들이다. 세금은 2001년 제도 개혁으로 낮아졌으나 아직도 실질 세금 부담률이 39%로 국제기준에 비춰볼 때 매우 높은 편이다. 경제를 부양하기 위해서는 기업의 세금부담이 35% 수준으로 낮아져야 한다. 사회보장 부담금도 상당 수준 낮춰져야 한다.”

– 노사 공동의사결정 제도에 대해서는 어떻게 생각하는가.

“대기업들은 이사회와 감독위원회를 둬야 한다. 이사회 이사들은 집행 임원으로 회사에서 일하고, 감독위원회의 통제를 받고 있다. 감독위원 회는 비효율적일 때가 많다. 감독위원회에 참석하는 노조대표 수를 줄 여야 한다. 독일 노조는 더 이상 많은 종업원들을 대표하는 조직이 아니 다. 감독위원회에 참여하는 노조대표들은 이해상충의 문제를 안고 있 다. 노조측 감독위원회 위원들이 파업을 요구할 때가 있는데 회사 이익 에 상충하는 행위다.”

– 기업들이 신규 채용을 꺼리는 사례가 많다고 들었다.

“과도한 세금과 사회복지비 부담은 노동비용 부담을 가중시킨다. 고용 기회도 줄이고 투자도 저해한다. 사회복지제도가 그릇된 인센티브를 제 공하고 있다. 독일은 이제 사람들에게 실업급여나 실업보조금에 의존하 는 것이 직장을 찾는 것보다 더 매력적인 나라가 됐다. 과도한 복지제도 는 성장률을 높이는 데 큰 장애물이다.”

– 학생들의 국제경쟁력도 떨어지고 있다는 비판이 제기되고 있다.

“독일은 질(質)과 양(量) 두 측면에서 교육성과를 높이기 위한 개혁을 해 야 한다. 독일은 경제성장률을 끌어올릴 수 있는 젊은이들이 필요하다. 대학 등 각급 학교에 대해 행정규제의 족쇄를 풀어줘야 한다. 경쟁을 통 해 효율을 증대시킬 수 있도록 더 많은 자율이 학교에 주어져야 한다. 교육에 대한 정부 지원금은 학교로 가서는 안 되고 학생들에게 장학금 등으로 쓰여져야 한다. 그래야만 교육의 경쟁을 촉진시키고 효율도 높일 수 있다."

– 독일 경제계는 무엇을 하고 있는가.

"게르하르트 슈뢰더 총리가 내놓은 개혁안(아젠다 2010)은 정부가 문제의 핵심을 파악했음을 보여준다. 실질적인 구조개혁을 하겠다는 것으로 볼 수 있다. 경제계는 이 개혁안이 제대로 실행될 수 있도록 지원할 것이다. 물론 이번 개혁안으로 모든 문제가 풀리는 것은 아니다. 계속적인 진전이 있어야 한다."

– 사회적 시장경제가 균형을 되찾아야 한다는 지적도 있다.

"시장경제 측면을 강화해야 한다. 지난 30여 년 동안 독일은 복지제도를 계속 확충시켜 왔다. 이 때문에 경제적인 자유와 시장지향적인 제도들은 위축됐다. 이제는 발전방향이 바뀌어야 한다."

– 한국 경제에 대해서는 어떻게 생각하는가.

"국제시장에서 경쟁력을 유지하려면 서로에게서 배워야 한다. 한국은 1990년대 말 위기를 지렛대로 삼아 어려운 개혁들을 성공적으로 진행했고 다시 성장하기 시작했다. 한국과 독일은 이제 노동시장을 새롭게 바꿔야 하는데, 미국식 모델을 살펴볼 필요가 있다. 한국이 재벌을 현대화하고 중소기업을 강화한다면 한 차원 높은 경제성장을 이룰 수 있을 것이다. 독일의 예에서 볼 수 있듯이 중소기업은 경제성장을 위해 매우 중요한 존재다. 독일 대기업들이 매우 높은 생산성으로 세계 시장에서 성공한 이면에는 중소기업들이 있었다. 그러나 외부의 성공사례를 참고해서 목표를 정하더라도 그 나라 고유의 문화와 전통에 어긋나서는 곤란하다."

"자기 책임 아래 스스로 일할 수 있어야"

베르너 파샤 뒤스부르크 대학 교수

베르너 파샤 뒤스부르크대학 동아시아경제연구소장(경제학 교수)은 "독일도 한국이나 중국과 마찬가지로 오래 된 관료조직을 갖고 있다"며, "규제가 많은데다 공무원들이 법규를 엄격하게 적용해 관료주의적이라는 비판을 받고 있다"고 말했다. 파샤 소장은 독일식 경제제도(사회적 시장경제)의 문제점을 극복하기 위해 "개인과 기업이 자기 책임 아래 스스로 일할 수 있도록 제도를 바꿔야 한다"고 주장했다.

– 많은 독일인들이 경제 부진의 요인으로 관료주의의 문제점을 꼽고 있는데.

"독일에서는 19세기에 이미 서열화된 공무원 조직이 확고하게 형성됐다. 정부는 거의 모든 분야에서 법과 규칙을 만들었고 공무원들은 이를 엄격히 적용하도록 훈련받았다. 악명 높은 규제들이 많다. 예컨대 주택의 경우 어디에다 집을 지을지, 어떤 환경조건을 충족시켜야 하는지, 주택 규모는 어느 정도로 해야 하는지 등에 대해 일일이 규제하고 있다."

– 공무원들은 자기가 맡고 있는 업무만 한다는 비판도 있다.

"대부분의 사람들이 종합적인 해답을 요구하는 데 반해 공무원들은 자기 업무에 대해서만 얘기한다. 예컨대 네덜란드 기업이 독일 투자를 검토하는 단계에서 세금과 각종 부담금을 얼마나 내야 할지 알기 어렵다. 국세·지방세·실업보험·연금 등 개별사안에 대해서는 대답해 줄 공무원이 있지만 종합적으로 얼마나 비용이 들어가는지에 대해 설명해 주는 공무원이 없다."

- **원인이 무엇이라고 보는가.**

"무엇이 필요한지를 스스로 판단하는 공무원이 드물다. 승진하기 위해 법을 더 엄격히 적용해야 한다고 생각하는 공무원들도 많다. 정책의 효과보다는 법규에 맞는지 여부만을 따진다. 장관이나 단체장 정도만 판단을 내릴 뿐 나머지 공무원들은 그들의 지시를 받으려고만 한다. 이를 바꾸려면 선출직과 개방직 공무원을 늘리고 위계질서를 바꿔야 한다."

- **독일에서는 '장인(Meister)' 자격증을 가진 사람들만 자영업을 할 수 있도록 규제하고 있다는데.**

"당장 폐지해야 하는 제도다. 젊은 기능공이 혼자서 영업하는 것이 위험하다는 이유로 장인제도를 존속시키고 있다. 그들이 일을 잘 할 것인지의 여부는 고객이 판단할 문제다. 그래야 창업도 늘어난다."

- **독일의 사회적 시장경제 제도를 어떻게 봐야 하나.**

"원래 의미는 사회발전과 양립하는 시장경제라는 뜻이었다. 제2차 세계대전 이후 첫 경제장관이 된 에르하르트는 경제정책에 대한 대중적 지지를 이끌어내기 위해 이 용어를 적극적으로 사용했다. 때마침 건설 붐과 고속성장으로 많은 사람들의 지지를 받을 수 있었다. 정치적인 효용 가치도 컸다. 그러나 구체적인 정책을 판단할 때에는 명확한 기준이 되지 못하는 한계가 있다."

- **대안은 없나.**

"개인의 책임과 영향력을 키우는 쪽으로 정책을 바꿔야 한다. 사람들이 스스로를 책임질 수 있을 만큼 독일 교육제도는 잘 갖춰져 있다. 근로자들도 스스로의 경쟁력을 갖춰야 한다는 사실을 알고 있다. 그들이 방향을 스스로 정하도록 해야 한다."

"세금과 사회보장비용 부담을 줄여야"

게르하르트 펠스 쾰른 독일경제연구원 연구실장

쾰른시(市) 구스타프 하이네만 우퍼 거리에 있는 독일경제연구원 건물 앞에서는 도로 공사가 한창 진행 중이었다. 기자가 "택시에서 내려 주소를 찾는 데 조금 혼란스러웠다"고 말하자 게르하르트 펠스 연구실장(부원장)은 "독일은 지금 (경제·사회 시스템 전반을) 공사 중"이라며, "해야 할 일이 참으로 많다"고 재치있게 받아넘겼다.

- 독일의 국가경쟁력이 1990년에는 세계 2위 수준이었으나 최근에는 15위로 떨어졌다는 평가가 있다.

"1970년대 과도한 사회복지제도를 도입하면서부터 싹튼 문제점들이 1990년 동·서독이 통일되면서 표면 위로 드러났다. 옛 동독지역의 기업 경쟁력을 높이는 데에도 실패했다. 그 결과 기업들이 부담해야 하는 세금과 준조세, 각종 사회부담금 비용이 눈덩이처럼 불어났다."

- 노동조합의 경영참여에 대해서는 어떻게 생각하나.

"노조대표가 참여하는 감독위원회를 통해 공개돼서는 안 될 주요 정보들이 빠져나가고 있다. 노조가 회사의 집행임원을 통제하려는 경향마저 나타나고 있다. 회사 차원의 투자나 공장 이전 같은 사안들에 대해서도 산별노조의 간섭을 받고 있다. 이 때문에 많은 외국인 투자자들이 독일에 투자하기를 꺼리고 있다."

- 기자가 만나본 몇몇 독일 기업인은 노사공동 의사결정제도에 큰 문제가 없다고 말하던데.

"기업인들에게 공개적으로 물어보면 대부분 별 문제가 없다고 대답한다. 노조의 눈치를 봐야 하기 때문이다. 감독위원회는 회사의 이익을 증대시키는 역할을 해야 하는데 노조 출신 부의장이 파업을 주도하는 사례까지 나타났다."

– 산업별 노사협상은 어떤가.

"경쟁력이 약한 기업들은 산업별 협약을 지키기가 어렵다. 회사의 임금 수준이 산업평균보다 낮더라도 퇴직할 때까지 직장이 보장되는 것을 원하는 노동자들도 많아지고 있다."

– 기업규제와 관료주의도 심각하다고 들었다.

"노동시장의 규제완화가 필요하다. 노동시장이 잘 작동되도록 하기 위해서는 일하는 사람들에게 더 많은 인센티브를 줘야 한다. 연금과 건강보험, 실업보험 제도를 개혁해야 한다. 중소기업과 소기업을 대상으로 설문조사를 했는데 많은 기업들이 투자허가 절차 등에서 관료주의가 팽배해 있다고 비판했다."

– 세금과 사회부담금을 정부가 덜 거두면 재정에 문제가 생기지 않겠는가.

"정부 부채는 현재 GDP의 60% 수준이다. 일본만큼 심각하지는 않지만 재정적자를 더 늘려서는 안 된다. 재정지출과 보조금을 축소하고 공기업을 민영화해야 한다. 도이체텔레콤(전화)과 도이체반(철도)의 정부 지분을 매각하는 것이 바람직하다."

– 독일의 지하경제 규모가 커지고 있다는 비판이 많다.

"규제나 벌칙으로는 지하경제를 막을 수 없다. 세금과 사회보장비용 부담을 줄여야 한다. 독일경제 시스템의 문제다."

박용성 대한상의 회장과 브라운 독일연방상의 회장

2003년 6월 27일 오후 독일 프랑크푸르트 소재 도이체방크 빌딩에서 '독일 경제, 무엇이 문제인가'를 주제로 박용성 대한상공회의소 회장과 루트비히 게오르크 브라운 독일 연방상공회의소 회장이 대담을 가졌다. 이 날 대담에서 박 회장은 독일식 사회·경제 시스템의 폐단을 지적하며 '시장경제로의 개혁' 필요성에 대해 강조했고, 브라운 회장은 "한국이 최근에 많은 문제점들을 드러낸 산별노조 시스템을 도입하는 것은 바람직하지 않다"고 권고했다. 대담 내용을 간추려 소개한다.

■ **박 회장** | 한국은 1997년 말 외환위기 이후 여러 분야에서 시장경제를 향한 구조개혁을 단행했다. 그러나 충분한 개혁이 이루어지지 못했다. 한국 경제는 2003년 5% 이상 성장할 것으로 예상됐으나 실제로는 3% 성장조차 기대하기 어려워졌다. 한국에 또다시 위기가 오는 것이 아니냐고 우려하는 사람들도 많다.

한국은 1995년 1인당 국민소득이 1만 달러를 넘었지만 외환위기 이후 7,000달러 수준까지 떨어졌고 2002년 1만 달러를 간신히 회복했다.

한국은 1960년대 경제개발을 추진할 당시 독일의 경제발전 모델에서 많이 배웠다. '라인 강의 기적'을 보면서 '한강의 기적'을 다짐했다. 그러나 한때 세계 최고를 자랑했던 독일은 지금 어려움을 겪고 있는 것으로 알고 있다.

■ **브라운 회장** | 2001년 9월 11일 미국에서 테러 사건이 발생한 이후 독일

경제가 심각한 어려움에 빠졌다. 아프가니스탄 전쟁과 이라크 전쟁이 단기간에 끝났지만 테러에 대한 우려는 해소되지 않았다. 세계경제가 침체된 가운데 국내 소비심리도 살아나지 않고 있다.

독일의 인구구조 변화도 심각한 문제다. 소비 활동이 왕성하고 생산성도 높은 40세 이상 60세 이하 사람들이 매년 40만 명씩 60세 이상인 노령 계층으로 바뀌고 있다. 지난 5년 간 200만 명의 독일인이 장년층에서 노인층으로 바뀌었다. 이에 따라 소비자의 행동양식도 급격하게 바뀌었다. 일자리에 대한 불안감도 커지고 있다. 지금은 우량한 회사에서 20~30년 간 일했다고 해서 퇴직할 때까지 일자리가 보장되는 상황이 아니다.

■ **박 회장** | 독일 기업들은 소비 침체와 기업의 투자부진으로 많은 어려움을 겪고 있다. 우량 대기업들뿐만 아니라 기술력을 갖고 있는 중소기업들도 수출과 내수 판매에서 부진하다.

■ **브라운 회장** | 독일의 자동차산업은 기술수준과 디자인이 우수하기 때문에 상대적으로 큰 어려움을 겪지 않고 있다. 문제는 기초 · 기계산업 분야다. 수출을 많이 하고 있지만 세계 경기침체로 시설이 남아돌고 있다. 기계 수주는 경기흐름에 6개월 정도 선행해서 움직이는데, 아직까지 첨단기계 분야에서 긍정적인 신호가 나타나지 않고 있다.

■ **박 회장** | 최근의 경제지표를 보면 독일 기업들이 국내에 투자하지 않는 것으로 나타났다. 공장을 해외로 이전하고 신규투자도 외국에서 하고 있다. 내가 아는 많은 독일 기업인들은 노동시장의 경직성 때문에 투자를 하지 않고 있다고 말했다. 종업원을 해고하는 것이 매우 어려워 신규 채용도 꺼리고 있다. 독일 기업들이 외국으로 빠져나가는 것이 보편화된 현상인가.

■ **브라운 회장** | 해외로 공장을 옮기거나 외국에 투자하는 기업들이 늘어나

고 있다. 예를 들어 체코와 폴란드의 인건비는 독일의 10~40% 수준이다. 반면 공장은 어느 지역에서나 최신 설비를 갖추고 있고 교역장벽도 없다.

독일의 기업들은 유럽의 지역통합과 세계화로 고통받고 있다. 독일의 노동조합들은 이 같은 변화를 깨달아야 한다. 노동조합이 바뀌지 않으면 독일 기업들은 모두 프라하나 바르샤바로 옮겨갈 것이다.

■ **박 회장** | 독일에서는 노동시장의 경직성이 문제가 되고 있다. 기업들은 높은 인건비와 세금, 연금, 의료보험 등 각종 부담금으로 공장을 옮기려 하고 있다. 그러나 옛 동독지역 기업들은 근로시간을 주당 38시간에서 35시간으로 줄여달라고 요구하면서 파업하고 있다. 생산성이 다른데도 동일한 임금과 동일한 근로시간을 요구하는 것은 문제가 아닌가.

■ **브라운 회장** | 동독지역의 실업률은 18%로 구조적인 문제를 안고 있다. 옛 서독지역의 많은 기업들이 지역통합 차원이나 정치적인 이유로 동독지역에 투자했다. 공장을 옮기는 대가로 많은 보조금을 받고 있지만 생산성이 낮아 어려움을 겪고 있다.

그러나 노조는 이를 인정하지 않으려 하고 있다. 동일한 수준의 월급과 근로시간을 요구하면서 파업을 하고 있다. 생산성이 다른데도 동일한 산업에 속해 있다는 이유로 동일한 임금을 요구하는 것은 문제다.

■ **박 회장** | 한국에서는 회사별로 단체협약과 임금협약을 체결하고 있다. 그러나 일부에서는 회사 차원이 아니라 산업별로 단체협상과 임금협상을 해야 한다고 주장하고 있다. 한국에서도 독일식 노사관계를 채택해야 한다는 목소리가 높아지고 있다.

■ **브라운 회장** | 독일방식을 채택해서는 안 된다. 특정 산업 분야에서 최고 수준의 기업들은 산업별 협상을 하더라도 아무런 문제가 없다. 그러나

중간 또는 하위 수준의 회사들은 생산성이 높지 않고 혁신적이지도 않다. 만약 한국이 산업별 노사협상 제도를 선택한다면 많은 기업들이 인건비를 감당하지 못하고 수출 기회를 상실할 것이다. 우리가 이미 경험했다. 독일에서도 최근 들어 많은 기업들이 기업별 임금협상을 하고 있다. 산업별 노사협상은 이제 비용이 너무 많이 들어가는 구조가 됐다.

■ 박 회장 | 독일의 국제경쟁력이 지난 10년 동안 많이 하락했다. 스위스 국제경영대학원(IMD) 보고서에 따르면 1990년대 초에는 세계 2위였던 독일의 국가경쟁력이 지난 해 15위로 떨어졌다.

■ 브라운 회장 | 제2차 세계대전 이후 독일은 줄곧 성장해 왔고 세계 최고였다고 자부해 왔다. 여러 해 동안 성공하면 사람들은 자만하게 된다. 지난 50년 동안 쌓은 부(富)는 평화적인 시기에 달성한 것이다. 경제재건에 성공했고 모두가 만족했다. 그러나 지금은 달라졌다. 우리도 변해야 한다.

■ 박 회장 | 변화가 너무 늦은 것 아니냐. 콜 총리가 정권 말기에 시장경제 제도를 도입하기 위한 여러 가지 경제개혁을 추진했으나 슈뢰더 정부가 들어선 이후 모든 것을 되돌려놓았다. 1999년과 2000년에는 세계 경기가 좋아져서 독일의 실업률도 낮아졌지만 그 때문에 독일이 시장경제 개혁을 시도할 수 있는 좋은 기회를 놓쳤다고 지적하는 사람들이 많다.

■ 브라운 회장 | 이 세상에 너무 늦은 것이란 없다. 지금부터라도 시작하면 된다. 슈뢰더 정부는 세계 경기호황에 따른 경기 호전을 자신들의 정책 덕분이라고 봤다. 그러나 경기가 침체되자 더욱 심각한 문제들이 드러났고 정부는 고통스러운 시간을 보내고 있다. 정부는 많은 교훈을 배웠다.

■ 박 회장 | 유럽 전역에서 연금제도 개혁에 대한 찬반논란이 거세지고 있다. 독일의 연금과 실업보험제도는 세계 최고 수준이다. 사회가 노령화

됨에 따라 현행 제도를 계속 유지하는 것은 불가능해진 것 같다. 독일 정부도 '아젠다 2010'에서 사회복지제도를 개선하겠다고 발표했다. 실업급여의 지급기간을 단축하고 실업보조금과 기초생활보장제도를 통합하는 안 등을 제시했다. '아젠다 2010'으로 만족할 수준의 개혁을 달성할 수 있을 것으로 보는가.

■ **브라운 회장** | 독일의 사회보장제도는 1880년대부터 시작됐다. 오랜 기간 동안 서서히 발전해 왔고 지금은 연금·실업보험·의료보험·기초생활보장제도 등 여러 가지 제도를 운영하고 있다.

지금에 와서는 사회복지비용 부담이 너무 커졌다. 젊은 사람들이 줄어들면서 짐은 더 무거워졌다. 개인의 책임을 늘리는 쪽으로 사회복지제도를 바꿔야 한다. 정부안보다 더 많은 개혁이 있어야 한다. 국민들도 변화를 수용해야 한다.

■ **박 회장** | 미국도 1980년대에 경제적인 어려움을 겪었다. 그러나 미국 기업들은 과감한 구조조정으로 개혁에 성공했고 1990년대 '신경제'라는 호황기를 누렸다. 반면 일본은 개혁에 실패했고 1990년대에는 '10년의 잃어버린 세월'을 보냈다. 독일은 지금 어떤 상황이라고 보는가.

■ **브라운 회장** | 미국이 시도했다고 해서 모든 것을 본받을 필요는 없다. 그러나 미국이 생존하기 위해 재빨리 변신한 사실은 우리도 배워야 한다. 미국은 기업 내 잉여인력을 과감히 해고했고 생산성을 높이는 데 힘썼다. 그 결과 1990년대의 경기호황을 누릴 수 있었다.

반면 독일은 평생고용을 중시한다는 점에서 일본과 비슷한 철학을 갖고 있다. 일본은 이해관계자들의 압력과 관료주의 때문에 개혁에 실패했다. 독일은 일본의 잘못된 경험에서 배워야 한다.

■ **박 회장** | 독일의 상당수 국민과 노동조합들은 슈뢰더 정부가 친노동자

적이라고 생각하고 있다. 시장경제 제도를 도입하는 데 어려움이 있을 것으로 생각된다.

■ 브라운 회장 | 독일의 노동조합들은 국가 내에서 또 다른 국가를 형성하려 하고 있다. 민주적인 통제 위에 존재하는 것처럼 행동하려 하고 있다. 매우 위험한 일이다. 노동조합은 일자리를 어떻게 만들 것이냐가 더 중요하다는 사실을 깨달아야 한다.

■ 박 회장 | 미국과 영국 등에는 좋은 경영대학원들이 많고 재질 있는 젊은 경영자들이 많이 발굴되고 있다. 반면 독일에는 세계적인 수준의 경영대학원이 없다.

■ 브라운 회장 | 독일의 교육제도는 학사와 석사제도를 구분해 운영하지 않기 때문에 직접 비교하기는 어렵다. 공학분야에서는 세계적인 수준의 대학들도 많다.

중요한 것은 미국·영국 등이 독일에 비해 좋은 비즈니스 교육을 할 수 있는 여건을 제공하고 있다는 사실이다. 최근 들어 독일의 많은 대학들도 영어로 수업을 하고 학사와 석사제도를 도입하고 있다.

■ 박 회장 | 독일 통일은 1990년에 이루어졌다. 지난 13년 간 통일비용이 예상했던 것보다 10배 정도 투입됐다는데도 아직까지 동독과 서독의 격차를 좁히지 못했다. 무엇이 문제였나.

■ 브라운 회장 | 지금은 통일 과정에 많은 잘못이 있었다는 것을 알고 있지만 당시에는 선택의 여지가 없었다. 옳고 그른 것을 생각할 틈도 없이 통일이 됐다.

독일은 당시 상황을 제대로 몰랐다. 서독은 자유세계에서 2위의 경제력을 갖고 있었고, 동독도 공산진영에서 2위였다는 사실을 우리는 과대평가했다. 교육수준도 양쪽 모두 높은 것으로 알고 있었다. 그러나 실제로는 동독이 2위가 아니었고 썩어 있었다. 교육수준도 평균 이하였다. 옛 동독과 서독의 기업문화에도 엄청난 차이가 있었다.

■ **박 회장** | 1970년대 말 대처 영국 수상이 등장했을 때 영국병에 대한 애기가 많았다. 일부에서는 지금 독일이 이와 유사한 '독일병' 을 겪고 있는 게 아니냐고 얘기하고 있다.

■ **브라운 회장** | 정치 리더십이 문제다. 영국 대처 수상은 38%의 득표만으로도 다수의 지지를 받으면서 강력한 개혁을 추진할 수 있었다. 그러나 독일은 정당들이 연합해야 정권을 잡을 수 있다. 독일은 영국과 같은 강력한 리더십을 갖기가 어렵다. 제2차 세계대전 후 집권한 아데나워 총리와 독일 통일을 달성한 콜 총리는 강력한 지도력을 행사했지만 외부 문제들에 국한됐다. 국가 내부의 개혁을 위한 리더십을 발휘했던 것은 아니었다.

나는 총리가 되고 싶은 생각이 전혀 없지만 만약 총리의 권한이 주어진다면 교육제도를 완전히 바꾸고, 사회복지에 대한 국가보조금 제도를 폐지하겠다.

영국의 신자유주의 혁명 

A라는 사회가 있었다. 주민의 90%는 법으로 보호받는 직장을 갖고 나머지 10%는 실업자로 생활하는 사회였다. 새로 생기는 직장이 드물어 실업자들은 일자리를 찾기가 어려웠다. 취업이 어려워질수록 직장을 갖고 있던 사람들은 똘똘 뭉쳤다. 실업자들은 실업보험 급여와 정부에서 지급하는 보조금으로 생계를 이어가고 있었다.

A라는 사회가 처음부터 취업자와 실업자라는 두 계층으로 구분돼 있었던 것은 아니다. 산업혁명과 근대화가 시작되면서 경제가 급속도로 발전했고 일하고 싶은 사람들은 모두 일했다. 심지어 어린애들까지 공장에 동원될 만큼 노동력이 부족한 때도 있었다. 일을 할 능력이 없는 장애인이나 노약자들에게는 일자리를 갖고 있던 사람들이 십시일반(十匙一飯)으로 생계비를 보조해 줬다. 부양을 받

아야 하는 사람들이 적어 취업자들의 부담도 크지 않았다.

　그러나 시간이 흐르면서 상황이 바뀌었다. 경제발전이 둔화돼 일을 하고 싶어도 직장을 구하지 못하는 사람들이 생겼다. 많은 사람들이 직장을 잃는 것에 두려움을 갖고 있었지만 사회복지제도가 잘돼 있어 직장을 잃더라도 살아가는 데에는 문제가 없었다. 주위의 시선이 따가웠지만 실업자 생활에 편한 것들도 있었다. 최소한의 문화생활은 실업자로서도 유지할 수 있었다. 시계추처럼, 톱니바퀴처럼 살아가는 것보다는 자유인의 생활을 만끽하려는 장기 실업자들도 나타나기 시작했다. 근로능력이 있는 사람들 중에서도 실업자가 생겼다.

　취업자들의 불만은 커져갔다. 먹여살려야 하는 실업자들이 늘어나 세금과 사회부담금이 눈덩이처럼 불어났다. 소득이 거의 늘지 않았기 때문에 손에 쥐는 소득은 늘어나는 세금과 강제납부 보험료 등을 내고 나면 오히려 줄었다.

　기업들은 과도한 세금부담과 생산성 하락으로 인력을 줄여야 했으나 취업자들이 똘똘 뭉쳐 해고 등의 구조조정은 엄두조차 내지 못했다.

　기업들은 취업자들의 늘어나는 요구를 수용할 수 없어 공장을 다른 사회로 옮기기도 했다. 남아 있는 기업들의 경쟁력은 떨어졌고 취업자들 중 상당수는 정부의 보조금 없이는 지탱될 수 없는 취약한 기업과 산업에 매달렸다. 정부는 외부에서 돈을 빌려 실업자들을 부양해야 했고 취업자들은 일자리를 잃지 않기 위해 보조금을 더 달라고 아우성쳤다. 상황은 계속 나빠졌고 실업자와 취업자 정부 모두 불만이 쌓여갔다.

이 때 B라는 정치인이 나타났다. "이제는 바꿔야 한다"며 "어떤 사람들은 평생 동안 일자리를 갖고, 나머지 사람들은 실직자로 일생을 살아가는 것은 너무나 불공평하다"고 말했다. "일자리가 돌고 도는 사회를 만들면 모든 사람이 돌아가면서 일할 수 있는 게 아니냐. 그러면 실업자들에게 많은 돈을 지급할 필요가 없고 기업들도 쉽게 구조조정을 할 수 있기 때문에 산업보조금을 주지 않아도 된다"고 사람들을 설득했다.

그러나 일자리를 갖고 있던 대부분의 사람들이 반대했다. 이들은 한발 더 나아가 정부가 임금을 올려주고 산업보조금을 계속 지급해야 한다고 주장했다. 외부에서 구제금융까지 지원받아야 할 정도로 사회가 취약해졌는데도 사람들은 마음을 바꾸지 않았다.

B정치인은 권력을 잡은 후 공권력으로 사회를 바꿔야겠다고 결심했다. 그러고는 주위 사람들을 끌어모으기 시작했다. 때마침 A사회의 최고권력자는 실수를 연발했고 민심을 잃었다. 최고권력자 역시 사회를 개혁해야 한다는 필요성에 공감했고 조금이라도 고쳐보려고 손을 댔지만 벌집만 쑤신 꼴이었다. 그는 주민들의 엄청난 분노를 샀고 결국 권좌에서 물러나야 했다.

마침내 최고권력자가 된 B정치인은 사회를 완전히 뒤바꾸기 위해 전쟁을 준비했다. 구체적인 실행계획을 짰고 필요한 장비들을 마련했다. 그러고는 전쟁을 치러야 할 공격대상을 정했다. 공격을 받은 사람들은 A사회에서 산업경쟁력이 매우 낮았지만 노동자들의 단결력은 어느 집단보다 강했던 광산노동자들이었다. A라는 사회는 영국이었고 B정치인은 바로 마거릿 대처였다.

석탄 광부들과의 전면전

대처는 1979년 보수당의 총선 승리로 총리가 된 이후 광산노동자들과의 일전(一戰)을 준비했다. 탄광 파업이 장기화될 경우에 대비하기 위해 석탄을 연료로 사용하는 발전소에는 석탄을 미리 비축하라고 지시했다. 정부 차원에서도 연간 소비량의 절반에 해당하는 5,700만 톤의 석탄을 미리 확보했고 프랑스·폴란드·호주로부터 석탄 수입선도 새로 열어놨다. 일부 발전소에는 연료를 아예 석유로 바꾸도록 독려했다. 파업이 장기화돼 석탄 공급이 끊길 경우를 대비한 조치들이었다. 석탄을 원활히 공급하기 위해 운송회사에는 노동조합에 가입하지 않은 화물트럭 운전사들을 모집하도록 지시까지 했다.

1984년 초 모든 준비가 끝나자 대처는 이안 맥그리거를 전국석탄위원회 위원장으로 임명했다. 맥그리거는 철강산업 회장으로 재직할 당시인 1979년 철강노조 파업 때 노동조합에 강경하게 대처해 '노조 파괴자'라는 악명을 얻은 인물로 노동조합과 전쟁을 치르는 데 적격이었다.

맥그리거 위원장은 대처의 지시에 따라 정부보조금을 받고 있던 석탄산업을 대대적으로 정리하겠다는 계획을 발표했다. 연간 400만 톤의 석탄생산을 감축하고 일자리를 2만 개 줄이겠다는 것이었다. 그는 요크셔와 코튼우드 탄광을 포함한 20여 개의 광산을 폐쇄하기로 결정했다. 발표에 앞서 대처 총리와 맥그리거 위원장은 노조와 아무런 사전 협의를 하지 않았다. 광산노동조합에 전면전을 선포한 것이나 다름 없는 행위였다.

1984년 3월 3일 전국광산노동조합 요크셔 지부가 파업을 결의했다. 3일 후인 6일 광산노조 전국집행위원회가 파업을 승인함으로써 전국적인 광산파업이 시작됐다. 파업은 요크셔를 시작으로 스코틀랜드와 남부웨일스 등으로 확산됐다.

파업이 전국으로 번져나가자 노동당은 파업지지 여부를 놓고 잇따라 회의를 열었다. 강경 좌파인 토니 벤(Tony Benn)과 데니스 스키너 등은 광산노동자들을 돕기 위한 정치 총파업을 촉구했다. 다른 산업의 노조들과 정치적인 진보세력이 연대해 싸워야만 대처 총리의 노조 파괴음모를 분쇄할 수 있다고 주장했다. 그러나 노동당 지도부와 노조 간부는 대부분 연대파업에 나서지 않기로 결정을 내렸다. 노동당조차 막대한 보조금이 투입되는 탄광산업을 더 이상 유지하는 것이 불가능하다는 사실을 알고 있었기 때문이다. 파업 대책을 놓고 노동당은 양분됐고 연대파업은 물건너갔다. 시간이 흐를수록 광산노동자들만의 외로운 싸움이 돼갔다.

대처 총리는 노조가 파업에 돌입하자 광산노조의 기금을 동결했다. 아서 스카길(Arthur Scargill) 노조위원장 등 파업주동자 3명에게는 20만 파운드의 벌금을 부과했다. 파업 광부들의 가족에 지급해온 사회보장비 지출도 보류시켰다. 피케팅(picketing)으로 구속된 노동자들을 석방하지 않기 위해 보석규정마저 제한적으로 적용했다. 동정파업이나 연대파업 등 2차적 쟁의행위도 일체 엄금했다. 광산노조에 대한 전면적인 압박작전이었다.

대처는 시위를 무력으로 진압했다. 폭동진압용 장비와 도로봉쇄용 장비로 무장한 8,000여 명의 경찰들을 어느 때라도 동원할 수 있도록 비상대기시켰고 진압비용으로 하루 평균 50만 파운드를 썼다.

싸움은 갈수록 격해졌다.

대처 총리는 공개석상에서 파업노동자들을 '내부의 적'으로 불렀다. 파업 노동자들은 "외부의 적이 없다면 대처 당신이 우리의 적인 것은 분명하다"며 맞받아쳤다. 정권과 광산노동자들 사이의 전쟁은 1년이 다 되도록 계속됐다.

파업기간 중에 3건의 살인이 파업과 관련해 발생했고 상해 사건은 468건, 방화 15건, 경찰관에 대한 폭행과 공무집행 방해는 2,000여 건에 달했다. GDP의 1%가 넘는 30억 파운드에 달하는 경제적 손실이 발생했다.

광산노조 파업은 경제에 심대한 타격을 줬지만 대처 총리는 물러서지 않았다. 충실하게 전쟁을 대비한 대처는 흔들림이 없었고 전세는 점차 대처 쪽으로 기울어갔다. 대규모 경찰력을 동원하고 언론의 지지를 받아가며 대처는 싸움을 계속해 나갔다. 시간은 노동자들의 편이 아니었다.

오랜 싸움과 굶주림, 외로움에 지친 노동자들은 파업에서 승리할 가능성을 회의적으로 보기 시작했다. 파업지도자인 스카길 노조위원장도 흔들렸다.

파업을 결정한 지 1년이 지난 1985년 3월 4일, 광산노조는 파업을 계속할 것인지 여부를 결정하기 위해 대의원 대회를 열었다. 투표 결과는 파업 중단이 98표, 파업 계속이 91표였다. 노조 대의원들은 아무런 조건없이 파업을 중단하고 작업장으로 돌아가는 쪽으로 결정한 것이다. 투표가 끝난 후 대의원들은 시위대원들을 뒤로 둔 채 뿔뿔이 흩어져갔다.

노동자들에게는 최악의 상황이었다. 363일의 파업으로 얻은 것은 절망밖에 없었다. 일자리는 사라졌고 싸움에서도 참패했다. 그들에게 남은 것은 아무것도 없었다.

영국의 일간지 〈가디언(The Guardian)〉은 1985년 3월 5일자 신문에 게재된 '충성스런 광산노동자의 절망'(패트릭 윈투어 기자)이라는 기사에서 당시 상황을 다음과 같이 묘사했다.

"파업 종료 소식을 전해들은 웨일스·스코틀랜드 요크셔에서 온 노동자들은 "아서, 당신은 배신자야", "사퇴하라", "우리는 돌아갈 수 없다"고 울부짖었다. 스카길 위원장은 "나는 이것을 말하고 싶다. 우리는 지금까지 존재했던 것들 중에서 가장 위대한 산업노동자들의 투쟁을 이끌어왔다. 동지들 모두에게 가슴 깊이 감사의 말씀을 전하고 싶다"는 말을 남기고 의사당으로 들어가버렸다. 분노에 찬 노동자들은 "우리는 당신에게 우리의 심장과 피를 내주었고 모든 것을 바쳤는데 당신은 우리를 팔아버렸어. 데이비 존스와 조 그린이 파업을 위해 싸우다 피켓 라인에서 죽음을 당했는데, 당신들은 우리 뒤통수를 치는 거 아니냔 말야. 우리는 결코 현장으로 복귀할 수 없어. 당신들, 파업을 이탈한 비열한 새끼들(scabby bastards) 하고 비오는 날 먼지나도록 얻어터지다가 죽고 싶어!" "왜 돌아가야 돼? 열두 달 동안 파업투쟁을 벌였는데 아무것도 얻은 것이 없다니. 이게 무슨 결정이라고 내리는 거야? 이런 악랄한 배반 행위가 어딨어!"

— 1980년대 영국, 광산노동자 파업과 노동자 영상운동, 〈프리즘 14호〉에서 재인용

1년 가까운 기간 동안의 싸움 끝에 노동자들은 허무하게 무너졌다. 대처의 완벽한 승리였다.

민주주의와 대의제

많은 사람들은 대처 총리가 집권한 이후 일련의 변화를 '개혁'이라고 말한다. 그러나 적어도 광산노동자들의 파업 시기만을 놓고 본다면 그것은 전쟁이었다. 이데올로기적인 의미를 담아 표현하면 계급 간 내전이었다. 다음의 언급은 사물을 바라보는 시각에 관계없이 음미해 볼 만한 대목이다.

"(광산노조의 1984년 파업은) 영국 노동조합 운동 내의 급진적 부위를 도려내려는 보수당 정권의 억압적이고 폭력적인 조치에 맞서 정치화되고 급진화된 노동운동이 일자리와 삶의 기회를 지키려는 필사적인 사회적 생존권 투쟁이었다고 평가할 수 있다. 노동자들의 대중적·물질적 힘을 동원하는 데에는 성공했으나 다른 산업부문의 노조나 사회의 진보적 정치세력과의 연대를 동원하지 못함으로써 결국 정치적으로 활동적이고 전투적이었던 광산노조 자체가 소멸되는 비참한 결과를 맞았다. 1984년 파업사태는 이른바 신자유주의적 경제구조조정 작업이 의미하는 바가 무엇인지를 상징적으로 보여준 대표적 사례다. 이 투쟁의 패배를 전환점으로 영국의 노동운동과 노동당은 쇠퇴일로를 거듭하게 됐다. 일련의 사태에 영국의 노동조합들은 백기를 들었고, 그 결과 노동조합 연맹(TUC)의 정치적 분화가 가속화돼 TUC 내 대다수가 대처 정부와의 협상에 찬성했다. 한 마디로 영국의 노동운동은 전략적 대응이고 자시고 할 것 없이 무참하게, 그리고 사정없이 깨져나갔다."

—최형익, 〈신자유주의 공세와 사민주의적 노동운동 : 영국과 스웨덴의 대응을 중심으로〉 중에서

영국의 대처는 왜 극단적인 방법을 선택하면서까지 노동자들과 전면전을 벌였을까. 다른 방법은 없었을까. 탄광노동자들 문제를 민주적인 의사결정으로 풀 수는 없었을까.

민주주의는 의사결정권을 갖고 있는 사람들이 다수결로 문제를 해결하는 제도다. 인류가 발견한 문명 중 가장 훌륭한 유산의 하나다. 표 대결에서 이긴 사람들은 공동체의 권위를 부여받고 사회 전체를 대표한다. 이들은 다음 투표에서도 과반수의 득표를 얻기 위해 애를 쓰게 된다. 패배한 측은 훗날 스스로가 더욱 매력적인 존재가 되도록 단련한다. 민주주의는 투표에서 승리한 사람들과 패배한 사람들이 선의의 경쟁을 하도록 유인하는 촉매다.

그러나 민주주의는 항상 올바른 결정을 유도하는 장치가 아니다. 사회정의나 공공의 이익에 반하는 결정을 내리는 사례가 허다하다. 제2차 세계대전을 일으키고 유태인을 대량학살한 히틀러도 선거를 통해 등장했다. 민주주의 자체의 결함은 분명 존재한다.

경제나 사회정의 측면에서 보면 실업자와 취업자가 영구히 분리된 사회보다는 고용시장이 유연한 사회가 바람직하다. 취업의 기회를 특정 계층이 독점하는 것보다는 평생의 근로기간 중 일부를 실업자 신세로 보내더라도 모든 사람이 공평한 혜택을 누릴 수 있는 사회가 낫다. 그러나 민주주의 선거로는 이 같은 사회를 바꾸는 것이 거의 불가능하다. 과반수를 차지하는 취업자들이 반대하기 때문이다. 평생 직장을 보장받은 사람들에게는 고용이 불안한 사회로 이행하는 것이 불만일 수밖에 없다. 예컨대 60%의 시민과 40%의 노예로 구성된 사회도 민주주의 투표 방식으로 노예와 시민이 한 표씩 행사한다면 노예제도에서 벗어나기가 어렵게 돼 있다. 사회의 혼란이 극에 달하거나 불가피한 이유가 발생하지 않는다면, 시민들은 노예제도를 폐지하려들지 않을 것이다.

이 같은 문제는 투표 행위 자체가 모든 것을 단순하게 만들어버리기 때문이다. 찬성이냐 반대냐, 1번이냐 2번이냐를 선택하도록 강요하는 투표는 중간지대의 모든 것을 없애버린다. 투표권자의 마음 속에 찬성하는 쪽으로 기운 생각이 51%, 반대하는 쪽으로 기운 생각이 49%라면 투표행위는 찬성으로 나타난다. 100% 찬성하는 사람과 아무런 차이가 없다. 노예들이 겪는 고통의 깊이가 노예제도로 시민들이 누리는 혜택의 크기를 몇 곱절 앞서더라도 투표에서는 한 표일 뿐이다. 찬성이나 반대의 강도를 투표에 반영시킬 수가 없다.

그러나 민주주의 제도에는 또 다른 매력이 있다. 대의(代議)제도다. 민주주의 선거에서 선출된 사람들은 사회 전체를 대신해 많은 사안들에 대해 의논하고 결정을 내린다. 특정한 기간 동안 포괄적으로 국민을 대신해 국정현안을 논의하고 결정할 수 있는 권한을 위임받기 때문이다. 선거로 선출된 공직자가 공동체 의사에 반하거나 잘못된 결정을 내릴 가능성도 있지만 민주주의 제도 자체의 한계를 극복하는 도구가 되기도 한다.

대처는 1979년과 1983년의 총선을 잇따라 승리로 이끌었다. 광산노동자들과 전쟁을 하라고 국민들이 대처에게 표를 몰아준 것은 아니었지만 그가 이끈 보수당은 국민을 대표해 정부를 구성하고 주요 사안을 결정하는 집권당이었다. 대처 총리는 선거로 위임받은 공권력을 충실히 활용했다. 광산노동자들을 포함한 이해관계자들 간의 사회적 합의를 도출하기보다는 자신에게 위임된 권한으로 광산노동자들과 정면으로 부딪쳐갔다.

철의 여인

영국에서 가장 강력한 노동운동을 해온 광산노동자들을 일거에 무너뜨린 '철(鐵)의 여인' 대처 총리의 불같은 에너지는 어디에서 나왔을까.

대처는 잡화상으로 시작해 랭커셔 주의 소도시인 그랜덤 시장에까지 오른 알프레드 로버츠(Alfred Roberts)의 둘째딸이었다. 감리교 집안에서 자라난 대처는 보수당의 사상적 기반이었던 프로테스탄티즘을 어렸을 때부터 익혔다. 시의회 의원 후보로 나선 아버지를 도우며 선거를 배웠다.

1943년 옥스퍼드 대학 소머빌 칼리지 화학과에 입학한 그는 보수주의학생연합회(OUCA)에 가입했고 1945년 총선에서는 보수당을 지원하는 선거운동을 벌였다. 1946년에는 OUCA 의장이 돼 보수당 연석회의에 참여하기도 했다.

마거릿은 23세의 젊은 나이로 보수당 공천을 받았다. 공업지대였던 다트포드 선거구에 출마했으나 낙선했다. 이후 그는 도료회사의 중역이었던 데니스 대처와 결혼했고 법률을 공부해 변호사 자격증을 땄다. 정치의 꿈을 접는 듯했다.

그러나 1959년 그에게 기회가 찾아왔다. 존 크라우더(J. Crowder) 의원이 은퇴해 치러진 런던 핀츨리 보궐선거에 나서 34세 나이로 국회의원에 당선된 것이다. 당시 그의 나이는 34세였다. 2년 후에는 연금사회보장부 정무차관으로 선임돼 정부에 들어갔다.

대처가 자신의 색깔을 본격적으로 드러낸 것은 1964년 보수당이 선거에서 패배한 이후부터였다. 원래 노동당 정책이었으나 보수당이 받아들였던 산업국유화 정책을 대처는 정면으로 비판했다. 그는 사회복지를 대폭 축소해야 한다고 주장했다.

대처는 1970년 에드워드 히스(Edward Heath) 보수당 총재가 집권하자 교육부 장관으로 입각했다. 그러나 보수당은 석유파동과 경기침체, 노동조합에 밀려 좌충우돌하다 1974년 정권을 노동당에 내줬다. 대처는 1975년 보수당 전당대회에 후보로 나서 히스 전 수상을 물리치고 당 총재로 선출됐다. 4년 후 총선에서 그는 영국의 첫 여성 총리가 됐다.

대처는 광산노동자들과의 전쟁을 치르기 2년 전인 1982년 국가 간 전쟁을 치른 경험이 있다. 아르헨티나가 그 해 4월 2일, 남미 대륙 부근의 영국령 군도(群島)인 포클랜드를 강점하자 대처는 아무런 외교적인 노력 없이 곧바로 해군 기동함대를 파견하는 전면전을 감행했다.

영국은 75일 간의 전쟁 동안 452명의 사상자와 항공기 25대, 함정 13척을 잃는 피해를 입었지만 6월 14일, 아르헨티나의 항복을 받아냈다. 영국은 전비로 15억 달러를 소비했다. 대처는 포클랜드 전쟁을 통해 경제적으로 많은 것을 잃었다. 그러나 여론의 반대를 무릅쓰고 전쟁을 감행한 대처의 용기와 의지는 패배주의로 가득 차 있던 영국의 분위기를 돌려놓았다. 대처에 대한 국민 지지율은 전쟁 후 80%까지 높아졌다. 1983년 재선에 성공한 대처는 국민의 지지를 안고 광산노동자들과의 싸움에 나선 것이다.

대처 이전의 영국 경제

영국은 1960년대 말까지만 해도 그럭저럭 먹고살 만했다. 대영제국(大英帝國)의 영화는 퇴색한 지 오래였으나 고용불안은 심각하지 않았다. 사회복지비용도 크게 문제가 되지 않았다.

영국의 복지정책은 제2차 세계대전이 한창이던 무렵에 설계됐다. 1942년 발표된 〈베버리지 보고서(Beveridge Report)〉와 1944년 〈고용정책 백서〉가 영국 복지정책의 토대가 됐다. 두 문건은 보수당 출신으로 1940~45년까지 전시 거국내각을 이끈 윈스턴 처칠(Winston Churchill) 총리가 집권했던 시절에 만들어졌다. 당시 영국은 독일과의 전면전에 돌입하면서 전국민의 지지가 절대적으로 필요한 시기였다.

노동당은 노동자들을 전쟁에 동원하는 대가로 처칠 총리에게 완전고용과 사회보장제도 개선을 요구했다. 독일과의 전쟁에서 승리하기 위해서는 노동자들을 배려하는 정책이 절실했다. 보수당과 노동당은 전후 복지국가 건설에 합의했고 좌우 동거의 대연립정부를 구성했다. 당시 노동당 총재였던 클레멘트 애틀리는 부총리로 지명됐고 전국운수노조 총서기 출신인 어네스트 베빈은 노동부 장관으로, 허버트 모리슨은 군수물자부 장관으로 각각 기용됐다.

전후 영국의 복지국가 정책

전쟁 직후인 1945년에 치러진 총선거에서 노동당이 대성공을 거뒀다. 복지국가에 대한 사회적 합의가 선거에서 노동당에 유리하게 작용했기 때문이다. 총리가 된 애틀리 노동당 총재는 사회주의자였다. 런던 주 푸트니에서 출생한 그는 변호사로 일하면서 런던 빈민가에 관심을 가졌고 영국의 사회주의자 단체인 페이비언협회에 가입했다.

애틀리 총리는 점진적 사회주의를 표방하면서 복지제도와 완전고용 정책을 본격적으로 시행했다. 최소한의 문화생활을 영위할 정도의 생계를 정부가 보장해야 한다는 복지국가 개념을 정립한 「베버리지 보고서」가 애틀리 정부의 이념적 토대였다. 애틀리 총리는 1945년에 가족수당법, 1946년에 국민보험법·국민의료법·산업재해법, 1948년에 국민부조법 등 분배를 강조한 법률들을 잇따라 제정했다. 이를 바탕으로 영국의 사회보장제도를 세계 최고 수준으로 만들었다.

애틀리 정부는 또 국가보건서비스법(NHS)을 만들어 전국민에게 완전 무료 의료서비스를 제공하는 혁명적인 조치를 단행했다. 광산노동자 출신의 노동운동가였던 애뉴린 베반 당시 보건부 장관은 이 법안을 만들면서 "영국 국영의료가 이룩한 커다란 공헌"이라며, "어떤 정당도 이를 파괴할 수 없다"고까지 말했다. 실체로 대처 총리조차 집권 초기인 1982년 "보수당 정권에서도 NHS는 안전하다"고 말할 정도로 영국에서는 완전 무료 의료서비스가 성역으로 여겨져왔다.

애틀리 정부는 이와 함께 상당수 산업을 국유화하는 조치도 단행했다. 전기·전화·철도 등 기간망 산업뿐만 아니라 석탄·가스 등 기초연료 분야, 전신·은행 등을 국유화하기로 결정했다. 심지어 설탕을 만드는 제조업체까지 국유화해야 한다고 주장했다.

버츠켈리즘

애틀리 총리는 1951년 선거에서 보수당의 처칠에게 졌다. 두번째로 총리 자리에 오른 보수당의 처칠 후보는 선거에서 "복지국가를 그대로 유지하겠다"고 공약했다. 그는 제조업을 제외한 분야에서는 노동당이 시행한 국유화 조치를 받아들이기로 결정했다.

실제로 보수당은 집권 이후에도 노동당 정부가 시행한 경제정책의 대부분을 이어받았다. 당시 추가 국유화 논란을 빚었던 육로운송업체와 철강업체를 더 이상 국유화하지는 않았으나, 이미 국유화된 기업들은 그대로 뒀다.

처칠 정부는 제2차 세계대전 이후의 경기호황으로 높은 수준의 복지정책을 수행하는 데 별 어려움이 없었다. 한국전쟁(1950~53년)과 이후 세계 경제의 급속한 성장은 영국 경제에 호재였고, 제2차 세계대전 이후 계속됐던 식량배급제를 1954년에 폐지할 수 있었다. 매년 30만 호의 주택을 건설해 무주택자들의 거주 문제를 해결했다. 일자리도 계속 늘어나 고등학교를 졸업한 사람들은 대부분 취업했다. 당시 의료기술은 지금에 비하면 매우 낮았기 때문에 의료비 부담도 상대적으로 적어 사회복지비용을 감당할 수 있었다.

영국의 경제주간지 〈이코노미스트(Economist)〉는 보수당 정부가 노동당의 경제정책을 거의 대부분 수용하자 버츠켈(Butskell)이라는 신조어를 만들었다. 처칠 보수당 정부의 재무장관인 버틀러(R. A. Butler)와 애틀리 노동당 정부 때 재무장관을 지낸 휴그 게이츠켈(Hugh Gaitskell)의 이름을 합성한 것이다. 케인스-베버리지의 복지국가론에 기초했던 전후 영국의 사회경제 체제는 1950년대 들어서도 변화가 없었고, 이후 버츠켈리즘(Butskellism)은 보수당과 노동당의 정책적 유사성을 강조하는 상투어가 됐다. 복지국가에 대한 높은 수준의 사회적인 합의는 이후에도 계속돼 계층, 연령, 정치적 성향, 출신지역에 무관하게 복지국가는 좋은 것으로 받아들여졌다.

노동조합에 진 보수당 정부

영국의 경제위기는 1960년대 후반부터 본격화됐다. 근본적인 문제는 내부에 있었다. 노동당과 보수당을 가릴 것 없이 영국 정부는 완전고용을 유지하기 위해 막대한 돈을 썼다. 경쟁력을 상실한 산업에도 보조금을 지급했다. 국유화된 기업들은 생산성 향상보다는 정부 정책인 고용 유지에 더 많은 신경을 썼다. 기업들은 과도한 세금과 경쟁력 저하로 수익성이 떨어졌지만 해고를 마음대로 하지 못했다. 노동력을 절감할 수 있는 업무개선은 엄두조차 내지 못했다. 기업의 생산성은 정체됐고, 그 결과 미국과 독일·일본 기업 들에 세계 시장을 빼앗겼다.

경제가 성장궤도에 있을 때에는 그나마 견딜 만했다. 결함이 크게 부각되지도 않았다. 그러나 세계 경제가 침체기로 접어들자 영국 경제의 병폐가 한꺼번에 드러났다. 1960년대부터 시작된 무역수지 적자는 1970년대 들어 더욱 심화됐고, 영국 제조업은 경쟁력을 잃었다. 1970년대 오일 쇼크와 세계 경제침체는 영국을 결정적으로 병들게 만들었다. 상황이 악화될수록 노동조합은 일자리 지키기에 더욱 집착했다. 노조는 더 많은 임금을 쟁취하기 위해 투쟁을 벌여나갔다.

1970년 집권한 히스 총리의 보수당 정부는 이 같은 상황에서 벗어나기 위해 개혁안을 마련했다. 노동자들이 파업할 때 사용하는 피켓 수를 제한하고 다른 업체의 파업을 지원하기 위한 동정파업을 불법으로 규정했다. 물가상승률에 연동해 임금인상을 억제하는 소득정책으로 기업의 노동비용을 덜어주려 했다. 히스 정부는 이와 함께 영국 기업들의 국제경쟁력을 강화하기 위한 공기업 민영화를 추진했고, 경쟁력이 떨어지는 산업에 대해서는 정부보조금을 줄이려 했다.

광산노조는 이 같은 정부정책에 강력히 반발했다. 노조는 1972년 파업에 돌입해 17~24%의 산업별 인금인상을 쟁취했다. 당황한 히스 정부는 이듬해 법정 임금을 강제하는 임금동결 정책을 발표했고, 이에 맞서 광산노동자들은 총파업을 선언했다. 히스 총리는 비상사태 선포로 맞대응했다. 보수당 정부와 노동조합은 브레이크 없는 열차가 마주달리듯 전면전으로 치달았다.

이 같은 와중에 총선거가 실시됐다. 히스 총리가 비상사태를 선포한 지 3개월 뒤인 1974년 2월이었다. 히스 총리는 "광산노동자들이 정부를 무너뜨리려 하고 있다"며, "누가 영국을 통치하는가"라는 구호를 내걸었다. 노동조합의 정치세력화를 문제삼은 슬로건이었다. 선거는 보수당과 노동당이 아니라, 보수당과 노동조합의 대결로 변질됐다.

투표함을 열어보니 보수당이 패배한 것으로 집계됐다. 노동조합의 승리였다. 집권 보수당이 의석 수에서 노동당에 4석 뒤진 것이다. 영국에서 노동조합이 생긴 이후 가장 극적인 승리였다는 평가를 받을 만큼 노조의 기세는 하늘을 찌를 듯했다. 노조의 파업이 정권을 붕괴시킨 역사적인 사건이었다.

영국 사회는 충격에 휩싸였다. 보수당과 노동당의 암묵적 합의로 유지됐던 영국의 사회·경제 체제는 노조가 보수당 정권을 무너뜨림으로써 종말을 고했다. 복지국가를 건설하고 불완전한 시장에 정부가 적극적으로 개입하는 버츠켈리즘도 끝났다.

보수당 내부에서는 선거 패배의 책임을 물어 당 총재인 히스를 몰아내야 한다는 여론이 비등했다. 당시 보수당 내에서는 히스 총재를 물리칠 유력한 후보로 신보수주의 성향의 케이스 조셉 의원이 거론됐다. 대처는 조셉 의원을 적극적으로 도왔다. 그러나 조셉 의원은 "하층 노동자 계급은 국가의 도움 없이 자녀들을 키울 능력이 없기 때문에 아이를 적게 낳도록 해야 한다"는 과거 발언이 문제가 돼 결국 출마를 포기했다. 조셉은 대처에게 총재 후보로 나설 것을 권유했고, 대처는 1975년 2월에 열린 전당대회에서 히스를 물리치고 새로운 보수당 총재로 선임됐다.

대처는 보수당 정부가 노동조합에 힘없이 무너진 것을 목격하고는 패배 원인을 분석했다. 당시 상황은 보수당 정부에 불리하게 돌아가고 있었는데도 아무런 준비없이 광산노동자들과의 싸움에 나선 것이 결정적인 패인이었다. 1973년 석유파동으로 기름값이 천정부지로 치솟는 와중에 광산노조 파업으로 석탄 공급마저 줄어들자 영국 경제는 치명적인 손상을 입었다. 경제가 실패하면 정권이 무너진다는 것은 상식인데도 히스 정부는 아무런 대책도 없이 싸움부터 한 꼴이었다. 파업노동자들을 꺾기 위해서는 경제적인 충격을 최대한 차단할 수 있어야 했다. 대처가 히스 정부로부터 배운 것은 바로 이것이었다.

노동당 집권과 경제위기

히스 보수당 정부에 이어 정권을 잡은 노동당의 해롤드 윌슨(Harold Wilson) 총리(1974~76년)와 제임스 캘러헌(James Callahan) 총리(1976~79년)는 경기침체와 노동조합의 공세로 임기 내내 고초를 겪었다. 노동당 정부는 히스 보수당 정부가 개정한 노사관계법을 원대복귀시키는 등 노동자들을 달래는 정책을 폈으나 경제가 최악으로 치닫던 상황에서 기대했던 효과를 거둘 수가 없었다. 여기에다 외환위기까지 겹치자 노동당 정부는 도저히 수습할 수 없는 수렁에 빠지고 말았다. 윌슨 총리와 캘러헌 총리는 결국 내각 불신임으로 총리직에서 물러나는 불명예를 남겼다.

1차 석유파동 직후 집권한 노동당 정부는 경제난을 타개하기 위한 대책으로 노동조합연맹(TUC)과 사회협약을 체결했다. 사회협약의 내용은 "정부가 물가상승을 최대한 억제하겠으니 노조는 임금인상을 자제해 달라"는 것이었다. 경제난을 극복하기 위해 정부와 노조가 고통을 분담하자는 사회적 합의였다. 히스 보수당 정부를 몰아낸 노동자 파업으로 1974년 임금은 올랐으나 이후부터 실제로 임금인상이 억제됐다. 어찌보면 친노동자 정당인 노동당 정부만이 할 수 있는 일이었다.

그러나 경제는 노동당을 외면했다. 1973년 7.9% 성장했던 국내총생산(GDP)은 노동당이 집권한 1974년에 −1.1%, 1975년에 −0.7%로 주저앉았고 실업률은 1974년 2.6%에서 1977년 6.2%로 두 배 이상 높아졌다. 반면 물가상승률은 1973년 9.2%에서 1974년 16%, 1975년 24.2%로 치솟았다. 물가상승과 실업률이 동시에 높아지는 전형적인 스태그플레이션이었다.

영국 경제는 1970년대 평균 성장률이 2.2%로 유럽공동체(EC) 국가들 중 가장 낮은 수준이었다. 강력한 노조는 신기술 도입이나 노동과정의 개혁을 가로막았고 영국 기업들은 생산시설을 해외로 이전하거나 기술을 팔아먹는 데 열을 올렸다. 그 결과 영국의 기술혁신은 더 이상 진행되지 않았고 생산성 증가율은 둔화됐다. 영국 제조업의 순이익률은 당시 선진국들 가운데 가장 낮은 수준으로 떨어졌다.

경제침체로 세금수입이 줄어드는데 실업자 급증으로 사회복지예산은 갈수록 늘어나 정부 재정에 구멍이 뚫렸다. 매년 엄청난 재정 적자가 발생했다. 노동당 정부조차 완전고용과 예산팽창 정책을 포기할 수밖에 없었다. 위기를 극복하기 위해서는 국민, 특히 노동자

들의 희생을 강요할 수밖에 없었다. 노동자들의 불만을 적극적으로
해결할 수 있는 상황이 아니었다.

외환위기와 IMF 구제금융 신청

만성적인 재정적자와 무역적자는 파운드화 가치마저 위협했다. 과
도한 임금상승과 빈번한 파업은 기업의 경쟁력을 떨어뜨렸고 정부
는 복지수요를 더 이상 감당할 수 없는 지경에 이르렀다. '영국병'
은 극도로 악화됐다. 투자 부진과 물가상승으로 저성장의 늪에 깊
숙이 빠져든 상황에서 파운드화 가치마저 폭락한다면 어떻게 될까.
  영국 정부는 두려움에 떨었다. 파운드화 가치가 떨어지면 수입
물가가 상승하게 된다. 이미 물가가 치솟고 있는 상황에서 환율변
동을 시장에 맡기는 것은 모험이었다. 노동당 정부로서는 선택의
여지가 없었다. 노동당 정부는 국민 생활을 안정시켜야 한다는 명
목으로 이미 고평가된 파운드화 환율을 고수하는 쪽을 선택했다.
근본적인 취약점을 안고 있었던 영국 경제는 기력을 더욱 상실해
갔다.
  1976년 여름부터 파운드를 평가절하해야 한다는 국제적인 압력
이 가중되기 시작했다. 눈치 빠른 국제금융 자본가들이 머니게임을
시작했다. 환(換)투기의 고수(高手)로 떠오르고 있던 미국의 조지 소
로스(George Soros)가 선두에 섰다. 그는 보유하고 있던 파운드화를
대거 처분했을 뿐만 아니라 금융시장에서 파운드화를 빌려서까지
매도공세를 펴는 등 파운드화를 집중 공격했다.
  영국 중앙은행은 파운드화 가치를 방어하기 위해 안간힘을 썼다.

외환시장에서 파운드화를 매입하기 위해 보유한 외화를 내다팔았다. 국제금융 자본가들과 영국 정부의 힘겨루기였다.

영국의 외환보유액이 바닥을 드러내기 시작했다. 어쩔 수 없이 영국 정부는 국제결제은행(BIS)과 유럽의 상업은행들로부터 차관을 도입하는 방안을 추진했다. 50억 달러를 빌리는 데 성공했지만 대외신인도는 회복되지 않았다. 자본은 계속 빠져나갔고 마침내 미국 정부마저 영국에 차관을 갚도록 압력을 넣기 시작했다. 당시 미국 정부는 긴축적인 재정 금융정책을 펴도록 영국 정부에 압박을 가했다.

마침내 영국 중앙은행이 두손을 들었다. 소로스를 포함한 국제금융 투기자본가들의 승리였다. 이들은 영국 정부의 헛된 환율방어 노력을 교묘하게 이용해 막대한 돈을 벌었다.

데니스 힐리(Denis Healey) 영국 재무장관은 1976년 9월 9일 국제통화기금(IMF)에 구제금융을 신청했다. 협상이 진행되는 도중에도 파운드화의 가치는 계속 떨어졌고 외환보유액은 고갈됐다.

IMF와 협상에 나선 영국 대표단은 그 해 11월 39억 달러의 구제금융을 받기로 합의했다. 구제금융의 대가는 재정과 금융긴축, 대출 억제 등이었다. 캘러헌 총리의 노동당 정부는 일부 각료들의 반대에도 불구하고 IMF 권고안을 받아들여야 했다. 1997년 말 한국이 겪었던 외환위기가 영국에서는 1976년에 나타났던 것이다.

불만의 겨울

IMF 권고안에 따라 시행된 영국 정부의 긴축재정은 노동자들의 불만을 폭발시키고 말았다. 1974년 이후 임금인상을 자제해 온 노동자들의 삶은 실업률 증가에다 물가상승까지 겹쳐 급속히 악화됐다. 노동자들은 자신의 편이라고 믿었던 노동당 정부에 배신당한 기분이었다. 영국의 'IMF 사태'는 불에 기름을 끼얹는 것이었다. 긴축재정으로 인해 정부의 사회보장성 예산지출마저 삭감되자 분노가 전국으로 확산됐다.

캘러헌 총리는 외환위기 이후 임금인상률을 5% 이내로 억제하려 했다. 물가를 안정시키고 노동조합의 권리를 보호할 테니 파업을 하지 말고 임금인상을 자제해 줄 것을 거듭 촉구했다. 그러나 노동자들은 더 이상 노동당 정부를 믿지 않았다. 강력한 노조는 20~40%의 임금인상을 밀어붙였다. 체불된 임금을 지급해 달라는 요구도 터져나왔다.

1977년부터 전국적인 노사분규가 터져나왔다. 공식적인 파업뿐만 아니라 비공식적인 파업도 빈발했다. 1977년 영국 노동자들 중 노동조합에 가입한 비율은 50%로 프랑스의 22%나 독일의 44%보다 훨씬 높았다. 파업으로 발생한 근로손실 누적일수는 1977년 한 햇동안 1,014만 일이었다. 연간 근로일수를 300일 기준으로 보면 매일 3만 3,800여 명이 파업에 참가했다는 계산이 나온다. 당시 프랑스의 파업손실 일수가 243만 일, 독일은 8만 6,000일에 불과했던 것과 비교하면 영국의 노조 파업이 얼마나 대단했는지를 알 수 있다.

이듬해인 1978년에는 집권당인 노동당마저 정부의 임금인상 억제정책에 공개적으로 반대하는 사태까지 발생했다. 노동당과 노동조합이 경제 안정을 목표로 합의했던 사회협약은 의미를 상실했다.

그 해 9월 영국 포드자동차 공장파업을 계기로 1926년 이후 최대 총파업이 영국에서 벌어졌다. 1979년 봄에는 150만 명의 공공부문 노동자들까지 가세해 24시간 파업을 벌였다.

영국의 노조는 원래 노동당의 정치적 후원자였다. 1913년 노동조합법 제정으로 정치자금 기부가 합법화된 이후 영국의 노조는 노동당에 많은 돈을 줬다. 1920년에는 노동당 운영비의 90%를 노조가 지원했고 선거자금마저 3분의 1 정도를 대줬다. 노동당은 자연스럽게 노동조합의 이해를 대변하는 정당으로 성장했고 완전고용과 복지 프로그램을 시행했다. 그러나 1970년대 말에는 노조가 노동당에서조차 '최악의 친구'라 불릴 정도로 부담스러운 존재가 됐다. 엉클어진 경제는 이처럼 과거의 질서를 무너뜨렸다.

1978~79년의 노동자 파업으로 촉발된 영국의 사회불안은 '불만의 겨울'로 불린다. 당시 상황을 〈가디언〉지는 다음과 같이 전했다.

"파업 확산으로 화재소방과 쓰레기 처리, 응급환자 수송, 시체 매장 등의 국가 주요 기능이 마비됐다. 쓰레기는 길거리에 쌓였고 응급환자는 방치된 채 내버려졌다. 심지어 시체 매장이 제때 이뤄지지 않아 시체 썩는 악취가 진동했다. 계속되는 공급제한 조치로 주유소에는 석유를 사려는 사람들로 장사진을 이루었다. 사무실 난방이 끊기는 등 단전 사태가 전국적으로 발생했다. 당시 영국 산업계는 경쟁력이 취약해 수출로 경기침체에서 벗어나려는 노력도 무산됐다."

-윤성훈, 〈미국과 영국의 경제구조조정 사례와 시사점〉 중에서 재인용

1970년대 말은 영국의 노동시장이 최고조로 경직된 때였다. 경

제성장이 둔화되고 경기가 침체되자 노동조합원들이 더욱 단결했고 노조는 강력한 힘을 발휘했다. 당시 유럽 최고 수준이었던 영국의 사회보장 제도를 유지하기 위해 기업이 무거운 짐을 짊어져야 했고, 그 결과 영국 기업들은 외국으로 빠져나가거나 국내 투자를 줄이는 부작용이 나타났다. 성장률은 더욱 둔화됐고 옛 대영제국의 영화를 완전히 상실했다. 여기에다 오일 쇼크라는 외부 충격까지 겹치자 영국은 더 이상 견딜 수 없는 지경에 이르렀다.

대처 보수당 총재는 이 같은 상황에서 등장했다. 대처가 선거에서 잘 싸웠다기보다는 노동당 정부가 무능한 탓이었다. 사실 영국의 당시 상황은 노동당 정부로서도 어찌할 수 없는 지경에 이른 상태였다. 노동당 정부는 한때 노조와 대립하면서까지 나라를 살릴 길을 모색하기도 했지만 상황은 계속 악화돼갔고, 개혁에도 실패하고 말았다. 대처는 1979년 노동당 내각 불신임안 통과로 치러진 총선에서 '영국병 치유'를 공약으로 내걸어 승리했다.

대처의 경제정책에 가장 큰 영향력을 끼친 인물은 오스트리아 경제학자인 프리드리히 폰 하이에크(Friedrich von Hayek)와 미국의 밀턴 프리드먼이었다.

하이에크는 영국의 경제주간지 〈이코노미스트〉가 20세기 경제적 자유주의의 가장 위대한 대변자로 평가한 인물이다. 유럽 자유주의 경제학계를 대표하는 오스트리아 학파의 거목이다. 그는 케인스의 정부개입 경기대응론을 정면으로 반박한 '화폐 및 경기순환이론'으로 노벨 경제학상을 받았다.

하이에크는 1999년 오스트리아 빈에서 태어났다. 1917년 오스트리아 포병장교로 근무하던 무렵에 레닌(Lenin)의 러시아 사회주의 혁명이 일어났다. 군대에서 질병과 허기로 고통받고 있는 사람들을 지켜본 하이에크는 새로운 역사를 쓰기 시작한 러시아에 매력을 느

껐다. 그가 처음으로 접한 경제학은 사회주의 정치경제학이었다.

초급 수준의 사회주의자였던 그가 군대를 마치고 들어간 학교는 엉뚱하게도 자유주의 학파의 근거지였던 오스트리아 빈 대학이었다. 칼 멩거(Carl Menger)에 이어 오스트리아 학파를 주도한 프리드리히 폰 비저(Friedrich von Wieser), 보편경제학의 창시자인 오트마 스판, 열정적인 성격을 갖고 있던 루트비히 폰 미제스(L. von Mises) 등 자유주의 학자들이 이 대학에 포진해 있었다. 하이에크는 사회주의가 경제 문제들을 풀 수 없음을 입증한 《사회주의》라는 책을 펴낸 미제스 교수와 깊은 토론을 하면서 사회주의 영향권에서 벗어났다. 입학 후 5년 만에 법학 박사와 경제학 박사학위를 따내는 천재적인 재능을 보였다.

케인스에 밀린 하이에크

하이에크는 세계 경제가 대공황의 충격에서 벗어나지 못하던 무렵에 현대 거시경제학의 창시자인 케인스에 맞선 논문들을 잇따라 발표했다. 그는 케인스의 경기조절 정책이 장기적으로 여러 가지 부작용을 초래할 것이라고 비판했다. 경기불황이 닥치더라도 시장의 조정기능을 믿고 그냥 놔둬야 한다는 게 그의 생각이었다.

그러나 당시 세상은 그의 편이 아니었다. 대공황이라는 엄청난 재앙에서 벗어나기 위해서는 정부가 직접 개입해야 한다고 주장한 케인스의 손을 들어줬다. 정부가 돈을 풀어 수요를 늘리면 생산이 늘어나고, 생산이 늘어나려면 사람을 더 고용해야 하기 때문에 실업을 줄일 수 있다는 것이 케인스의 주장이다.

대공황에 몸서리를 치고 있던 경제정책 입안자들은 실업과 대공황 문제를 해결할 수 있다는 케인스의 매혹적인 제안에 금방 넘어갔다. 시간이 걸리더라도 시장이 스스로 실업문제를 치유하도록 그냥 내버려두라는 하이에크 이론은 애초부터 상대가 되지 않았다.

"장기적으로는 우리 모두 죽는다"는 케인스의 명언은 자유시장주의자들을 압도하는 호소력을 갖고 있었다. 4~5년 주기로 반복되는 선거때마다 생사를 걸어야 하는 정치인들과 정부의 역할을 중요하게 생각해 온 경제관료들은 케인스 편에 섰다. 정부가 경제에 긍정적인 역할을 한다는 것도 정치인들에게는 매력적이었다. 케인스의 경제이론은 실제로 대공황 이후 불황을 해소하는 데 놀랄 만한 효능을 발휘했다.

경제에서 호황과 불황이 번갈아 찾아오는 것은 결코 반가운 일이 아니다. 거의 모든 사람들이 즐거워하는 경기호황에 대해 과열을 우려하는 것도 이후에 들이닥칠 침체의 골이 깊지 않을까 걱정하기 때문이다. 매일 세 끼의 식사를 하는 것이 3~4일 동안 굶고 나머지 날들은 네 끼 식사를 하는 것보다 훨씬 나은 것과 같은 이치다.

배가 너무 고프면 세상을 뒤엎겠다는 사람들이 나올 수도 있다. 케인스 경제이론은 경기순환의 진폭을 줄이는 데 혁혁한 공로를 세웠을 뿐만 아니라 자본주의의 안정성도 높였다. 자본주의 체제에 내재하는 근본적인 결함을 치유했다는 칭송까지 받았다. 1960년대 말까지 케인스 경제이론의 효용가치를 의심하는 사람은 거의 없었다. 경제학계 전체가 케인스 편으로 돌아섰다.

하이에크는 케인스와의 싸움에서 완전히 패배했다. 그는 이론경제학과 결별하고 1950년 미국 시카고 대학으로 건너갔다. 경제학

교수가 아니라 사회·도덕과학 교수로 변신했다. 사회철학을 주제로 다양한 논문을 쓰고 《자유헌정론》이라는 책도 펴냈다.

거대 복지국가의 병폐와 프리드먼의 등장

케인스에 밀려 은둔의 나날을 보내고 있던 하이에크를 햇볕 속으로 이끌어낸 사람이 바로 프리드먼이었다. 1912년에 태어난 그는 시카고 대학 경제학 교수로서 케인스 이후의 세계 경제학계에 큰 영향력을 행사한 인물이다.

프리드먼이 등장한 것은 선진 자본주의 국가들이 무거운 세금과 규제로 지쳐 있을 때였다. 거대한 정부의 등장으로 개인들의 창의력이 제한받고 있다는 비판이 커졌고, 과도한 세금과 규제의 굴레를 벗어던져야 한다는 주장이 제기됐다.

프리드먼은 통화주의를 대표하는 학자다. 그는 거대한 복지국가가 개인의 경제적 자유를 침해하고 사회의 번영을 저해한다고 믿었다. 그는 통화주의 이론으로 케인스 이론을 반박했다. 통화량을 관리해 인플레이션을 없애고 작은 정부를 지향해야 한다는 요지였다. 복지제도는 경제적 자유를 침해하기 때문에 축소돼야 한다고 주장했다.

당시 세계 경제는 실업률과 물가가 동시에 높아지는 스태그플레이션에 빠져 있었고 케인스의 처방이 효능을 제대로 발휘하지 못하던 때였다. 케인스 이후 새로운 경제학을 모색하던 학계에 프리드먼은 상당한 영향을 줬다. 정부의 과도한 시장개입이 각종 부작용을 초래한다는 하이에크의 주장이 옳았다는 것도 입증됐다.

하이에크와 프리드먼 사이에는 공통점들이 많다. 하이에크는 1944년에 펴낸 《노예의 길》에서 사회주의의 몰락을 예고하고 개인의 창의적인 활동을 적극적으로 지지했다. 프리드먼은 1962년에 《자본주의와 자유》를 썼고 1980년에는 《선택의 자유》를 펴냈다. 두 사람은 모두 자유주의 사상가였다. 사회복지국가 개념에도 둘 다 반대했다. 복지국가에 낭비적인 요소가 많기 때문에 재정지출은 계속 증대되는 경향이 있다는 이유에서였다.

정부 재정은 국민의 돈으로 운영된다. 공공의 돈이기 때문에 필요 이상으로 자금을 거두려는 경향이 있다. 돈을 쓸 때에도 반드시 필요한 곳에만 쓰는 것은 아니다.

가난한 사람들을 돕기 위해 정부가 재정을 지출하는 것은 복지수혜를 받는 사람들 입장에서는 일종의 불로소득이다. 적자생존의 경쟁을 통해 성장하는 시장의 기능을 저하시키는 부작용이 있다.

하이에크와 프리드먼은 시장경쟁의 결과로 나타난 불평등을 해소하는 것보다는 기회의 평등을 중시했다. 정부가 개입하지 않는 시장경제로 발전하는 것이 오히려 빈부격차를 완화할 수 있다는 것이다.

선진국 정부는 대부분 이미 지나치게 비대해져 있었다. 고용안정정책과 사회복지 지출로 많은 예산을 썼고 소련을 필두로 한 사회주의권과 체제경쟁을 하느라 막대한 군비를 쏟아 부었다. 그 결과 세금은 높아졌고 사회보장 부담금도 커져갔다. 이 같은 상황에서 석유파동이 터졌고 고실업과 물가상승이 동시에 발생하는 스태그플레이션이 세계를 휩쓸었다. 1950년대와 1960년대에 보여준 기업의 활력과 근로의욕도 눈에 띄게 저하됐다.

케인스 이론은 경제정책의 수단으로 여전히 논리적인 정합성과 현실적인 효용성을 갖추고 있다. 그러나 경제주체들의 행태를 이해하는 데에는 한계가 있었다. 경기불황 때 늘린 정부의 재정은 호황기에 줄어들어야 마땅한데도 실제로는 그렇지 못했다. 재정은 끊임없이 팽창하는 경향이 있다. 정부 조직의 자기확장적 행태는 경제에 큰 짐이 되고 기업의 사업의욕과 노동자들의 근로의욕에 부정적인 영향을 미친다.

대처 총리가 집권한 시기는 케인스 경제학의 독주 시대가 끝난 때였다. 영국의 신자유주의 혁명을 주도한 대처는 하이에크와 프리드먼을 정신적인 지주로 삼았다. 대처 총리는 하이에크가 90세 생일을 맞은 1989년에 보낸 편지에서 "당신의 작업과 사상이 우리에게 준 지도력과 영감은 절대적으로 결정적인 것이었습니다. 우리는 당신에게 큰 빚을 지고 있습니다"라고 말했다. 대처는 총리 시절 프리드먼을 초청해 간담회를 갖기도 했다.

대처 총리의 개혁은 과도한 복지를 줄이고 기업과 노동자 들의 자립정신과 근로의욕을 북돋우는 쪽으로 진행됐다. 영국 경제가 최악의 상태에 빠져들었던 것은 노조의 부당한 요구를 정부가 수용했기 때문이라고 대처는 생각했다.

대처는 집권하자마자 인플레이션을 억제하기 위한 긴축정책을 펴기 시작했다. 환율통제 제도를 폐지하고 이자율을 높였다. 그러나 1980년에 들이닥친 2차 석유파동은 영국의 경제위기를 더 악화시켰다. 실업이 늘어났고 재정적자도 줄어들지 않았다. 대처의 인기도 하락했다.

그러나 대처는 흔들리지 않았다. 주택보조금과 교육비, 환경관련 예산, 국유기업보조금 등을 삭감하기 시작했다. 기업의 투자의욕을 고취시키기 위해 감세도 단행했다. 노동당 정부가 추진하지 못했던 구조개혁에도 손을 댔다.

노동법 개정에 역점

대처 총리는 집권 이후 노동관련법을 바꾸는 데 많은 힘을 쏟아 부었다. 막강한 정치권력을 갖고 있던 노조가 영국병의 근원이라고 판단했기 때문이다. 취업하기 전에 노조 가입을 의무화한 클로즈드 숍(closed shop) 제도를 폐지했고 파업이탈자를 감시하는 수단으로 활용돼 온 피케팅의 면책범위도 축소했다. 다른 사업장에 영향을 미치는 단체행동이나 연대지원 파업 등 모든 종류의 2차 단체행동도 금지시켰다.

대처 총리는 파업에 참여하지 않은 조합원을 노조가 제재할 수

| 영국의 파업 및 쟁의 참가자 추이 |

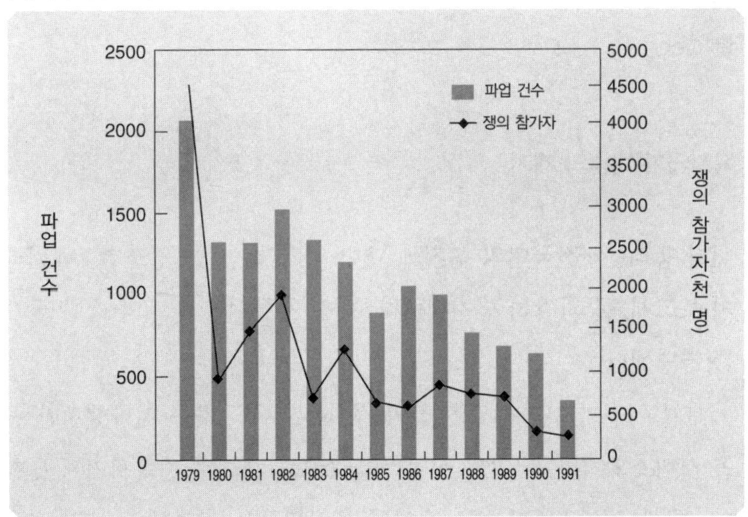

자료 : Office for National Statistics

없도록 하기 위해 조합원의 파업거부권도 법에 넣었다. 근로자 집단 간 분규나 정치적인 파업에는 노조 간부의 면책특권을 인정하지 않았다. 비공식적인 파업이 벌어지면 노동조합이 책임을 지도록 했다. 파업관련 투표는 비밀투표로 하도록 규제했다.

파업에 불참한 노조원들의 권리를 보호하기 위한 감독관 제도도 도입했다. 단체행동으로 피해를 입은 시민들이 노조를 상대로 소송을 제기할 수 있는 권리를 부여했다. 단체행동에 돌입하기 1주일 전에 사용자에게 단체행동 범위와 기간을 반드시 통보하도록 하는 규정도 신설했다. 노조비 원천공제 제도는 금지돼 노조는 조합비 징수에 어려움을 겪었다.

대처의 이 같은 정책들로 인해 영국 노동자들의 노조가입률은 대처가 집권한 1979년 51.1%에서 1988년 35.5%로 낮아졌다. 2000년대 들어서는 20%대로 더욱 낮아졌다. 1970년대 말에 2,000건을 넘었던 연간 파업발생 건수도 1990년대 들어서는 500여 건 수준으로 줄었다.

복지국가 개념의 폐기

대처 총리는 '전국민의 복지에 대한 국가 책임'을 강조한 〈베버리지 보고서〉를 과감히 던져버렸다. 대신 자유시장 경제와 강한 국가를 천명했다.

대처 이전까지만 해도 영국의 정치는 복지국가를 지향했지만 공공 서비스의 질은 낮았고 실질적인 수요도 제대로 충족시키지 못했다. 대처는 해결방안으로 개인의 책임원칙을 강조했다. 복지수혜

대상자를 선정하는 과정에서는 수혜자들이 모욕감을 느낄 정도로 선별주의 원칙을 엄격히 적용했다. 자산조사를 통해 복지수혜가 필요한 사람에게만 혜택이 돌아가도록 했다. 그 결과 일부 극빈층이 사회복지 급여를 신청하지 않아 빈부격차가 더 확대되는 부작용도 나타났다.

연금개혁은 두 단계로 진행됐다. 1980년에 있었던 연금개혁에서는 소득상승률을 기준으로 매년 인상해 왔던 연금 지급기준을 물가연동으로 바꾸었다. 소득상승률은 소비자물가 상승률뿐만 아니라 경제성장률까지 반영되기 때문에 과거에는 연금 지급액이 매년 큰 폭으로 올랐다. 소비자물가만 반영하는 지급기준의 변경으로 연금수혜자들이 손해를 보게 됐다. 연금에 대한 정부보조금도 줄였고 가입자가 매달 내야 하는 보험료도 인상했다. 국가의 개입을 줄이는 대신 가입자의 책임을 높이는 방향으로 연금제도를 수술한 것이다.

1986년에 단행된 대처 정부의 2차 연금개혁은 연금지급액 자체를 줄이는 대수술이었다. 우선 과거 20년 간의 최고소득을 기준으로 산출했던 평균소득 금액을 평생 평균소득으로 대체했다. 예컨대 40년 간 일한 사람의 퇴직 직전 20년 간 소득은 일반적으로 생애 평균소득보다 훨씬 많다. 오래 일할수록 경력이 쌓이고 직급이 높아가기 때문에 급여도 비례해 올라간다. 생애 평균소득이 퇴직 전 20년 간 평균소득의 절반에 못 미치는 경우도 허다하다. 2차 연금개혁으로 오래 일한 사람들은 많은 손해를 봤다. 배우자에 대한 지급액은 전액에서 반액으로 줄였다. 대신 개인연금에 조세감면 혜택을 줘 불만을 약간 달랬다.

대처가 집권하기 전해인 1978년 영국의 연금제도는 가입자가 월급여의 6%, 고용주가 10%, 정부가 18%를 분담하는 구조였다. 정부가 연금적립액의 절반 이상을 부담한 셈이다. 그러나 대처가 물러난 1989년에는 가입자 부담률이 9%로 올랐고 고용주 부담률도 10.2%로 미미하나마 인상됐다. 정부의 국고부담은 그만큼 줄었다.

무주택 노동자들을 위해 정부가 건설해 임대하던 주택사업도 축소했다. 대처 총리는 공공임대주택을 거주자들에게 매각해 재정부담을 줄이는 방식을 도입해 125만 채의 공공주택을 시장가격의 50% 수준으로 거주자에게 팔았다. 이에 따라 대처가 집권한 11년간 주택소유자 숫자는 100만 명 이상 늘어났다. 이들은 대처 총리의 튼튼한 정치적 기반으로 바뀌었다.

교육과 의료부문 개혁은 그리 크지 않았다. 국민 전반에 '무료교육·무료의료'라는 인식이 워낙 강해 손을 대기가 어려웠던 탓이다. 대처 총리는 대신 서비스 공급자들에게 시장원리를 적용하는 정책을 폈다. 고객들은 의료나 교육 서비스를 받는 대가로 돈을 내지 않았지만, 서비스를 공급하는 쪽은 일감을 따기 위해 경쟁을 벌여야 했다.

소득세와 법인세 대폭 인하

대처가 집권하던 해인 1979년에는 근로소득에 대한 최고세율이 83%였다. 11단계로 복잡하게 나뉘어진 누진세율 체계의 마지막 단계에만 적용되는 최고세율이기 때문에 고소득층의 소득 중 일부에만 적용되는 것이기는 하지만 지나치게 높았다. 최고세율을 적용받는 고소득자가 100만 원을 추가로 번다면 83만 원을 세금으로 내도록 했으니 고소득층의 근로의욕이 떨어질 수밖에 없었다.

부동산 소득과 금융 소득에 대한 최고세율은 무려 98%였다. 최고세율이 적용되는 소득구간에서 100만 원을 벌면 98만 원이 정부 몫이라는 얘기다. 부동산과 금융자산을 들고 외국으로 나가라고 독촉하는 것이나 마찬가지였다. 영국 자본이 높은 세금을 피하기 위해 외국으로 빠져나간 것은 당연한 귀결이었다.

대처 총리는 두 차례에 걸친 세제 개편으로 소득세율을 낮췄다. 1979년 근로소득에 대한 최고세율과 부동산 및 금융소득에 대한 최고세율을 동일하게 60%로 인하했다. 11단계의 누진세율 중 가장 낮은 기본세율은 33%에서 30%로 낮췄다. 대신 소득세 인하로 발생하는 세수감소분을 보전하기 위해 부가가치세율을 8%에서 15%로 올렸다. 소득세를 내리는 대신에 소비세를 인상한 것이다. 대처는 그 해 국민의 연금 부담금도 6.5%에서 9%로 대폭 인상했다.

두번째 소득세 개편은 1988년에 이뤄졌다. 11단계로 나눠져 있던 소득세율 적용구간을 2단계로 단순화했다. 최저세율은 30%에서 25%로, 최고세율은 60%에서 40%로 낮췄다. 지금까지도 이 같은 소득세율이 적용되고 있다.

대처 시절의 두 차례 세제개혁으로 영국은 최고세율 기준으로 벨기에(55%)·프랑스(53%)·네덜란드(52%)·오스트리아(50%)·이탈리아(45%)보다 소득세율이 낮은 국가가 됐다. 참고로 한국의 소득세율은 9~36%의 4단계 누진세율 체계로 돼 있다.

대처 총리는 기업활동을 장려하기 위해 1984년 52%였던 법인세율을 35%로 낮췄다.

공기업 민영화와 정부개혁

대처 총리는 공기업 구조조정도 강력하게 밀어붙였다. 1970년대 말 영국은 공기업 적자로 연간 30억 파운드 이상의 재정손실을 입었다. 공기업 민영화는 더 이상 미룰 수 없는 지경에 이르렀다. 세율 인하로 인한 세수감소분을 메우기 위해서도 공기업 민영화가 필요했다.

대처 총리는 임기 중 석탄·철도·우체국을 제외한 48개 공기업과 공공사업을 민영화했다. 집권 후 1983년까지 민영화는 주로 민간기업들과 경쟁이 가능한 공기업들을 처분하는 방식으로 진행됐다. 당시에 매각된 공기업의 규모는 상대적으로 작았다. 대처는 1982년에 항공기 제조업체(British Aerospace)와 유무선(Cable & Wireless) 기업의 주식을 매각했고 정유(Britoil)도 민영화했다. 1983년에는 항만관리업체(British Ports)를 처분했다.

1984년부터는 만성적인 재정적자를 개선하고 투자재원을 마련하기 위한 차원에서 대대적인 민영화에 착수했다. 대규모 공기업들이 이 기간 중 매각됐다. 롤스로이스(Rolls-Royce)와 재규어(Jaguar) 등 자동차 업체들이 민영화됐고 은행(Trustee Savings Bank)과 항공업체(British Airways)도 매각했다. 전화(British Telecom)와 가스(British Gas) 등 기간망 산업도 팔았다. 1986년에 민영화된 가스는 당시로는 기록적이었던 54억 파운드에 매각됐다.

대처 총리는 민영화되는 공기업 주식들의 상당량을 국민주 방식으로 매각했다. 이에 따라 영국 주식시장의 저변이 급속히 확대됐다. 주식을 보유한 국민은 1979년 300만 명에 불과했으나 1992년에는 1,100만 명으로 늘었다. 종업원지주제가 도입돼 직원들이 90% 이상 지분을 보유하는 기업도 생겼다. 공기업 분야에 민간기업의 신규 진출을 허용함으로써 경쟁을 촉진했다. 대처는 정부자산을 민간에 위탁하는 방식도 병행해 사용했다.

민영화에 대한 반대의 목소리도 많았다. 외국인에게 공기업을 매각하면 어김없이 국부유출론이 등장했다. 공기업 민영화가 소비자에게 불리한 조치라는 비판도 제기됐다. 그러나 대처는 민영화의 부작용을 줄이기 위해 일부 소유지분 한도를 제한하고 무의결권 주식을 도입했을 뿐 민영화의 기본 골격을 바꾸지는 않았다. 이에 따라 1980년 178만 5,000명에 달했던 공기업 직원 수는 1992년 47만명 수준으로 줄었다.

영국 정부는 공기업 매각으로 재정수입을 충당할 수 있었다. 공기업에서 발생하는 적자를 더 이상 세금으로 메워줄 필요도 없었다. 국영기업들은 민영화 이후 경쟁력이 높아졌다. 민영화 후 시내전화 요금이 오르고 가스공급 중단비율이 높아지는 등 서비스 품질이 하락하는 문제가 발생하기도 했지만 대체적으로 소비자들은 가격 인하와 질 좋은 서비스를 받게 됐다는 평가를 내렸다.

대처 총리는 정부부문도 대폭 축소했다. 인력을 줄이고 정부기구를 개편해 생산성을 높이는 방식을 채택했다. 1988년에는 정부의 행정기능 중 일부를 떼어내 사업소 체제로 바꿔 공무원들에게 경영책임을 부과했다. 중앙정부와 지방정부의 인력은 1980년 476만 명에서 1992년 444만 명으로 줄었다. 매년 공무원 수가 늘어나는 대부분의 국가들과 비교하면 32만 명이라는 공무원 숫자를 줄인 것은 상당한 성과다.

금융 빅뱅

대처 정부는 1979년 10월 외환거래 자유화를 단행했다. 개인이나 기업 모두 외국환은행을 경유하지 않고서도 해외예금이나 증권투자를 할 수 있도록 허용했다. 자본 유출이 심각했던 당시 상황에서는 상당한 모험이었다. 실제로 외환자유화 직후 자본이 영국에서 빠져나갔다. 자본공동화 우려가 나올 정도로 자본 유출이 심각했다. 사회불안과 경기침체, 주식시장의 고비용 구조는 자본 탈출을 가속화시켰다.

그럼에도 대처는 외환자유화를 계속 밀어붙였다. 보수당의 히스 전 총리조차 국부유출 문제를 제기하며 외환통제의 필요성을 제기했지만 대처는 들은 체도 하지 않았다. 거꾸로 1986년 금융 빅뱅이라는 획기적인 주식 및 금융시장 자유화 정책을 단행했다.

영국의 증권시장은 1773년 뉴 조너선스(New Jonathan's)라는 조그마한 커피점에서 시작됐다. 별도의 자치규정을 두고 은행주식과 정부발행 채권 등을 거래했다. 1802년 런던증권거래소가 설립되면서 본격적인 증권시장이 형성됐고 1821년 증권거래 규칙이 만들어졌다.

영국은 20세기 초까지만 해도 세계 금융시장의 중심지였다. 대영제국의 후광에 힘입어 전세계를 상대로 한 투자와 기업거래 활동을 뒷받침하는 역할을 했다. 그러나 1·2차 세계대전을 거치면서 영국의 국력은 급속도로 약해졌고 금융시장의 중심축도 뉴욕으로 옮겨갔다.

과거 영국의 금융제도는 업무영역이 명백히 구분돼 있는 것이 특징이었다. 일반 은행업무를 취급하는 상업은행과 기업의 장기금융 및 증권인수 투자자문 등을 전문적으로 맡는 투자은행(merchant bank)을 따로 뒀다. 증권 유통은 매매업무만 할 수 있는 자버(jobber)와 중개만 전담하는 브로커(broker)로 나뉘어져 있었다. 투자은행은 증권중개업을 할 수가 없었다. 오늘날 한국의 증권회사들이 주식매매와 중개, 증권인수 등을 모두 할 수 있는 것과 비교하면 영국 금융회사의 업무영역이 얼마나 세분화돼 있었는지 알 수 있다.

금융 빅뱅은 영국의 금융질서를 근본적으로 바꿨다. 가격통제를 받아온 증권매매 수수료가 자유화돼 기관투자가의 대량거래 비용이 급격히 떨어졌다. 자버와 브로커 간 겸업이 허용됐고 증권회사의 전문화와 대형화의 길이 열렸다. 투자은행과 외국계 금융회사들도 증권거래소 회원이 될 수 있도록 허용됐다. 과거에는 개인이나 합자회사들만 증권거래소 회원으로 가입할 수 있는 자격이 주어졌다. 증권거래소 가입 요건이 완화돼 신규회원이 늘어나면서 주식시장 규모가 커지고 거래소 위상도 높아졌다.

경쟁적인 시장조성자 제도가 도입되면서 투자자들은 유리한 조건으로 매매주문을 할 수 있게 됐다. 증권거래도 전산화됐다. 특정 브로커가 전담해 온 정부채권 시장도 개방됐다. 금융서비스법 제정으로 투자자 보호도 강화됐다. 이 같은 개혁의 결과로 영국에도 종합증권회사가 탄생하고 증권거래 비용이 크게 감소했다.

때마침 대처 정부가 들어선 이후 단행된 세금인하와 규제완화의 효과가 나타나기 시작했다. 기업들의 수익력이 회복돼 국민들이 보유한 주식의 가격이 상승했다. 민간기업의 주식과 채권발행 규모는 1984년 30억 파운드에 불과했으나 3년 후인 1987년에는 180억 파운드로 늘어났다. 3년 만에 무려 6배로 성장한 것이다.

증권시장도 다양해졌다. 1980년에는 2부시장인 USM이 개설됐고 금융 빅뱅 이듬해인 1987년에는 3부시장이 열렸다. 보험회사, 연금, 투자은행 등 기관투자가들은 주식투자를 계속 늘려갔다. 영국이 세계 금융의 중심지로 재도약할 수 있는 발판이 마련됐다.

교육에도 시장원리 도입

영국 교육개혁의 가장 큰 걸림돌은 옥스퍼드나 케임브리지 같은 역사와 전통을 자랑하는 대학들이었다. 순수학문에서 뿌리깊은 전통을 확립했고 사회지도층을 형성하는 엘리트들을 교육해 온 이들 명문대학은 국가경쟁력을 이끌어가는 것은 자기네가 할 일이 아니라고 생각했다.

1980년대 초 영국은 17세 청소년의 절반 이상이 중등교육을 받지 못할 만큼 교육수준이 낮았다. 노동자들은 전반적으로 숙련도와 생산성이 떨어졌다. 영국의 교육제도는 산업혁명 이후 큰 변화가 없었기 때문이다. 급박하게 돌아가는 시대의 변화를 교육이 따라가지 못했다.

"일반적인 교양을 중시하고 기술교육은 경시하는 기존 영국의 교육풍토는 숙련된 공업노동자들을 육성해야 한다는 사회적 · 경제적 당면과제와는 아무런 관계가 없는 것이었다. 교과과정의 기준을 정하는 데 주도적인 역할을 해야 할 교육부가 전국적인 새 제도를 창출하지 못했기 때문이다. 첨단기술을 위한 대학이 한두 군데 창설되기도 했으나 생산부문 저변에 적절히 배치될 기술훈련을 쌓을 수 있는 (교육)제도는 크게 진전되지 못했다. 영국의 교육제도가 생산부문이 필요로 하는 노동인력을 육성하지 못하는 결함에 관해 몇 가지 중요한 연구가 거듭됐다. 그것은 단순히 기술부족이라는 차원의 문제만이 아니고 근본적인 학교제도의 문제점까지 거론해야 한다는 것이었다."

－고승제, 《마거릿 대처》 중에서

대처는 1984년 4월 '청년훈련계획'과 '기능 및 직업교육사업'을 담은 교육개혁을 단행했다. 취업자와 실업자, 개인사업자, 기업주 등의 전문기능을 높이기 위한 사업들도 벌여나갔다.

국가 단위의 통합된 교육제도가 도입된 것은 1988년이었다. 이때부터 초·중등 의무교육과정을 4단계로 나누어 단계별로 교육내용을 정했다. 지역교육청(LEA)으로부터 평가와 관리를 받도록 했다.

대처의 교육개혁은 존 메이저(John Major) 총리(보수당)가 집권한 이후에도 계속됐다. 기술전문대학(폴리테크닉)이 일반대학으로 편입됐고 대학 평가결과에 따라 재정배분을 결정하는 고등교육재정위원회(HEFC)가 설치됐다. 1995년에는 교육부가 고용부(한국의 노동부에 해당)와 통합돼 교육고용부로 바뀌었다. 인성 중심의 교육전통을 기술훈련 위주의 새로운 직업교육으로 바꾸고 학교가 기업에 필요한 인적 자원을 길러내도록 하겠다는 의지를 담은 조직개편이었다. 교육고용부는 노동당이 집권한 2001년 6월 교육기술부로 조직이 개편돼 기술훈련과 평생교육을 주업무로 하고 있다.

대처 총리가 집권할 무렵 대학들은 예산의 95%까지 정부로부터 지원받았으나 지금은 산업계와의 연구용역 계약이나 대학 등록금, 외국 유학생들의 학비 등으로 대부분의 재정을 충당하고 있다. 대학교수들에 대해서도 생산성을 평가했고 대학에 대한 평가 결과도 공개했다. 영국의 대학은 이제 경쟁사회에서 더 이상 성역이 아니다.

5 | 쓸쓸한 퇴장

대처는 영국 역사에 극적으로 등장했으나 퇴장은 쓸쓸했다. 대처의 장기 집권에 사람들이 염증을 느끼기 시작했고 유럽 통합에 반대해 온 대처의 정책에 대한 반대여론도 높아졌다. 결정적으로는 인두세를 부과한 것이 실책이었다.

대처 총리는 1990년부터 주민세(community charge)를 부과하기 시작했다. 재산이나 소득에 관계없이 전국민에게 동일한 세금을 물리는 인두세(head tax)의 일종이었다.

세금을 부과한 대상이 성인들에 한정되긴 했으나 식구가 많은 가정일수록 더 많은 세금을 내야 하는 구조라는 점에서 저소득층의 반발이 클 수밖에 없었다.

대처 총리가 저소득층의 반발을 예상치 못한 것은 아니었다. 그는 일부 국민의 반대에 부딪치더라도 해야 할 일은 반드시 해야 한다고 생각하는 그런 사람이었다.

인두세 도입

대처 총리가 인두세를 도입하게 된 배경은 지방의 재정을 개혁하기 위해서였다. 지방정부의 대규모 재정적자는 통화를 팽창시켰고 물가상승을 초래했다는 것이 대처의 판단이었다. 당시 영국에서는 경기침체와 함께 인플레이션이 나타나는 조짐이 뚜렷했다. 1601년 이후 400년 가까이 지속된 지방세 제도를 전면 개편하기로 결정한 데에는 지방정부에 대한 중앙정부의 통제력을 강화하겠다는 의도도 담겨 있었다.

당시 영국의 지방정부는 레이트(rate)라 불리는 재산세 수입에 재정의 상당 부분을 의존하고 있었다. 레이트는 부동산 소유주가 아니라 이를 빌려쓰는 임차인이 내는 일종의 부동산소비세였다. 경기가 좋을 때에는 세금이 많이 걷혔지만, 반대로 경기가 나빠지면 세금수입이 줄어드는 근본적인 한계를 안고 있었다. 게다가 지역별로 세금수입의 격차가 너무 컸다. 일부 지방정부는 돈이 남아돌았으나 대부분의 지방정부들은 기본적인 재정수요조차 메우기 어려웠다.

대처는 각 지방정부의 재정을 모든 주민이 공평하게 나누어 부담하면 지방정부의 재정 불균형을 어느 정도 해소할 수 있을 것이라고 생각했다. 임대료가 비싼 지역의 지방정부들이 돈을 흥청망청 쓰는 일도 없어질 것이라고 봤다. 재정자립도가 떨어지는 일부 지방정부에 대한 중앙정부의 지원 필요성도 줄어들기 때문에 중앙정부의 재정부담을 더는 부수효과도 기대했다. 대처는 레이트를 폐지하는 대신 지역주민이 동일한 세금을 납부하는 주민세를 도입하기로 결정했던 것이다.

이 같은 대처의 지방세 개편방안에 저소득층과 젊은이들이 거세게 반발했다. 1989년에 시범적으로 주민세를 도입한 스코틀랜드에서 조직적인 납세거부 운동이 벌어졌다. 1990년에 주민세를 도입하기로 예정돼 있던 잉글랜드와 웨일스 지방에서는 연초부터 대규모 시위가 발생했다. 런던과 브리스톨에서는 폭력사태로까지 번졌다. 런던 트라팔가 광장에서는 30여만 명의 사람들이 모여 "인두세를 내지 않겠다"고 연호하며 저항했다. 세금불복종 운동은 정부의 공권력으로 진압됐다. 그러나 대처 총리의 정치 생명에 결정적인 악영향을 미쳤다.

지나친 자신감이 실패의 원인

대처 총리가 지방세를 개편하면서 인두세를 선택한 것은 대처의 경제철학과 연관돼 있다 'lump sum tax' 라고도 불리는 인두세는 효율을 중시하는 경제학자들이 가장 바람직한 것으로 평가하는 세금제도다. 경제주체들의 행태에 관계없이 정액의 세금을 부과하므로 시장 왜곡이 없다는 뛰어난 장점이 있다. 인두세로 정액의 세금을 내고 나면 1,000원을 벌든 1만 원을 빌든 관계없이 소득의 전액을 집으로 가져갈 수 있다. 경제학에서 말하는 한계소득(marginal income)이 한계비용(marginal cost)과 같아지는 수준까지 일을 하고 기업활동을 하기 때문에 세금부과로 인한 사회적인 손실(deadweight loss)이 없다. 소득이나 소비에 비례해 세금이 부과되는 일반적인 세금제도는 세금부과액만큼 비용을 증가시키기 때문에 경제행위에 왜곡이 일어나지만 인두세에는 이 같은 문제가 발생하지 않는다.

세금을 부과하는 데 들어가는 비용이 획기적으로 절감되는 것도 인두세의 장점이다. 개인과 기업을 대상으로 과세대상 소득을 파악하기 위해 세무조사를 할 필요도 없다. 주민등록 제도만 갖추면 세무공무원을 따로 둘 이유도 없다.

그러나 인두세는 조세형평성에 치명적인 결함이 있다. 세금이란 부담할 능력에 따라 공평하게 배분돼야 한다는 것이 조세원칙의 한 축이다. 돈을 많이 버는 사람이 상대적으로 많은 세금을 내도록 해야 부의 불평등을 어느 정도 해소할 수 있다. 그러나 인두세는 절대적으로 가난한 사람이나 최고의 갑부가 동일한 세금을 내는 제도다. 사회의 형평성 측면에서 보면 인두세는 '빵점'이다.

인두세는 시장경제를 통한 효율적인 사회체제를 건설하려 했던 대처 총리가 빠질 수 있는 함정이었다. "국부의 원천은 개인이 확보하는 부(富)에 있다. 국가는 이를 적극 장려해야지 형평이라는 미명하에 부를 축적하려는 개인의 동기를 짓밟아서는 안 된다"는 대처의 철학이 스스로를 궁지로 몰아넣었다. 조세형평성과 사회효율성 중에서 한쪽에 더 많은 무게를 싣는 것은 가능하지만 한쪽을 완전히 배제하는 극단적인 선택은 성공할 수 없다.

대처의 보수당은 인두세 파동 이후 국민 지지율에서 노동당에 20% 이상 뒤졌다. 대처가 물가상승을 억제하기 위해 폈던 고금리 정책, 유럽공동체(EC) 편입 반대 등은 대중적인 지지를 잃는 것들이었다. 그러나 대처 총리는 대중적인 반발에 굴복하지 않고 계속 밀고나갔다.

대처는 그 해 11월 보수당 총재선거 1차투표에서 242표를 얻어 경쟁자였던 마이클 헤젤타인(M. Heseltine)을 52표 차이로 제쳤다. 그러나 1차투표에서 승리를 거두는 데 필요한 득표율 65%를 얻는 데에는 실패했다. 2차투표에서 총재로 재선임될 가능성은 높았으나 대처의 대중적인 지지도는 여전히 낮았다. 자신을 지지하는 당원들 중 상당수가 반대편으로 돌아설 것이라는 정보가 입수됐다. 대처의 당내 기반이 흔들렸다. 스스로도 2차투표에서 당선될 것이라는 확신이 서지 않았다. 대처는 결단을 내렸다. 자신이 임명한 47세의 존 메이저 당시 재무장관을 2차투표 총재후보로 추천하면서 전격적으로 사임을 발표했다. 1979년 총리에 오른 지 10년 6개월 만이었다.

대처의 뒤를 이은 보수당의 메이저 총리는 1991년 인두세를 폐지했다.

대처 이후의 영국  04

1 | 유연한 사회

대처 총리가 주도한 사회개조 작업을 통해 영국은 '돌고 도는 사회'가 됐다. 노동조합을 중심으로 뭉쳐 있던 영국의 노동자들은 단결력이 약해졌고 50%대에 이르렀던 노동조합 조직률은 20%대로 하락했다. 파업으로 인한 노동손실 일수는 1970년대 말의 경우 1,300만 일이었으나 1980년대에는 650만 일 수준으로 절반가량 감소했다. 해고비용도 줄어들었다. 노동자들은 기업경영이 악화되면 수시로 해고를 당했다.

실업자들은 정부지원금과 사회보장성 급여로 생계를 이어가는 것이 곤란해졌다. 일자리를 찾아야 했다. 대처가 퇴장한 이후 영국은 취업자가 실업자로 되고, 실업자는 취업자가 되는 사회로 바뀌었다. 유럽에서 가장 경직돼 있던 노동시장이 지금은 유럽에서 가장 유연한 시장으로 변했다.

순위	국가	점수
1	미국	122.4
2	영국	117.7
3	룩셈부르크	101.1
4	아일랜드	96.1
5	스페인	95.2
6	핀란드	95.0
7	오스트리아	94.5
8	네덜란드	93.5
9	이탈리아	92.7
10	포르투갈	88.8
11	벨기에	99.7
12	독일	84.7
13	프랑스	84.4

자료 : 세계경제포럼(WEF)

어떤 사회가 나을까. 실업자들을 사회보험과 정부 예산으로 먹여 살리고 취업자들은 안정된 일자리가 보장되는 사회가 나을까, 아니면 실업자와 취업자가 돌고 도는 그런 사회가 나을까.

경제 측면에서 본다면 고용시장이 보다 유연한 사회가 그렇지 못한 사회보다 여러 가지 면에서 나은 것은 분명하다. 능력이 떨어지는 취업자들이 해고되고, 실업자들 중에서 능력 있는 사람들이 직장을 찾아가기 때문에 사회의 효율이 그만큼 높아진다. 해고된 사람들은 재교육이나 훈련을 통해 노동시장에 진입할 수 있는 기회를 얻는다. 기업들은 신규 고용과 해고가 자유로워진 만큼 경기변동에 순발력 있게 대응할 수 있다. 경기침체기에는 해고를 마음대로 할 수 있다는 바로 그 이유 때문에 기업들은 경기확장기에 신규 인력을 마음놓고 뽑는다. 개개인의 고용 안정성이 불안하지만 사회 전체적으로 보면 채용이 늘어난다. 그만큼 사회 전체의 부가가치가 늘어나고 시간이 흐를수록 자본과 기술이 축적되는 사회로 가게 된다. 경기가 최악의 국면으로 치달으면 고용 안정이 위협받고 실업자가 늘어나는 병폐가 발생하지만, 바로 그 이유 때문에 기업들이 투자하고 외국자본이 들어온다. 노동자들이 당장 느끼는 고통의 크기에 비례해 기업들의 자유는 늘어나기 때문이다.

급격한 사회 변동의 부담

취업자들이 끊임없이 해고당할 위험에 시달린다는 것은 심각한 사회문제다. 여론조사 업체인 ISR의 2002년 조사에 따르면, 대처 이후 급격한 사회변화를 겪은 영국에서는 근로자들의 59%만이 현 직장에 소속감을 느끼고 있었다. 스페인·독일·캐나다 근로자들의 70% 이상이 소속감을 느끼고 있다고 응답한 것과 비교하면 매우 낮은 수치다. 언제든지 '팽(烹)' 당할 수 있다는 위기감이 반영된 것으로 볼 수 있다.

노조연맹 중앙회는 영국의 노동자들이 스트레스로 약 25%가 심장발작을 일으킬 수 있고, 그 중 50%는 죽을 수도 있다는 보고서를 내놓아 충격을 주기도 했다.

이 같은 문제들은 급격한 사회 변동기에 나타나는 현상들이다. 자주 다니는 길거리의 신호등 위치가 바뀌어도 스트레스를 받는 마당에 안정된 직장이 위태로워졌을 때의 충격은 말로 표현하기가 어렵다. 영국 광산노조 파업 실패 이후 사람들이 느끼는 충격과 상실감 등은 〈풀몬티〉〈브래스트 오프〉 등의 영화에서도 잘 보여준다.

이 같은 문제들을 최소화하기 위해서는 고용시장뿐만 아니라 사회 자체가 바뀌어야 한다. 이력서에 여러 회사 이름을 써넣는 것이 화려한 경력이 돼야 한다. 고급 전문인력을 양성하는 대학원들은 대학 졸업 후 곧바로 들어가는 곳이 아니라 직장생활을 어느 정도 경험한 사람들이 자신의 능력을 높이는 교육장으로 활용돼야 한다. 직장을 옮기는 데 필요한 기간만큼은 별 어려움이 없이 생계를 유지할 수 있도록 실업보험 등 최소한의 사회안전망(social safety network)이 갖추어져야 한다.

실제로 노동시장이 가장 유연한 곳으로 평가받는 미국에서는 순수학문을 하는 곳을 제외하고는 대부분의 대학원들이 입학 조건의 하나로 최소한 2~3년 이상의 직장경험을 요구하고 있다. 연봉 조건이 맞지 않아 퇴사하거나 새로운 직급으로 올라가는 데 필요한 자격을 갖추려는 사람들이 경영대학원 등에 입학한다. 기업이 노동자를 해고하는 자유뿐만 아니라 노동자들이 회사를 그만둘 수 있는 자유를 넓히기 위해서는 사회 인식과 교육제도 등이 바뀌어야 한다.

유럽 국가들에 비해서는 못 미치지만 미국에서도 퇴직 후 6개월(26주) 동안 실업자들은 실업급여를 받는다. 주제에서 약간 벗어난 얘기지만 미국 실업자들은 대부분 직장을 그만둔 지 5개월째나 6개월째 가서 새로운 직장을 얻는다. 좋게 해석하면 일자리를 잃은 후 5~6개월 정도 지나야 새로운 일자리를 얻을 기회가 온다고 볼 수 있지만 실업급여를 충분히 타먹고 난 뒤에 일하겠다는 사람이 그만큼 많기 때문이기도 하다.

유연한 노동시장에 사회가 적응하면 당장의 일자리가 있고 없음을 그리 겁낼 이유는 없다. 사회 전반의 제도가 유연한 노동시장에 맞춰 돌아가기 때문에 언제든지 일자리를 얻을 수 있고 재교육을 받을 기회도 늘어난다. 회사를 그만둔 이력이 결함이 아니기 때문에 실직의 공포감도 그리 크지는 않을 것이다. 자신에게 꼭 맞는 직장을 찾는 일이란 언제나 어렵지만 고용 자체가 막히는 것은 아니다. 직장을 다니다가 해고된 사람들이 영원한 '백수'가 되거나 자영업을 하는 외에 재취직을 하기가 어려운 사회보다는 더 안정될 수도 있다.

유럽 최대의 자본유치국

유연한 노동시장을 갖고 있는 사회가 그렇지 못한 사회보다 더 많은 고용을 창출한다는 것은 수학적으로 증명된 명제라기보다는 역사에서 나온 경험의 산물이다. 노동시장이 유연한 곳일수록 신규투자가 많고 외국자본 유입이 늘어났기 때문이다.

영국에서는 외국인 투자가 1987년부터 본격적으로 늘어났다. 1986년까지만 해도 외국으로 자본유출이 더 많았던 영국은 이후 1992년까지 5년 간 연평균 220억 달러의 외자가 순(純)유입됐다. 영국이 외자유치에 성공할 수 있었던 데에는 여러 가지 요인들이 있었다. 금융 빅뱅으로 외환규제가 풀리고 자본시장이 개방됐다. 정부는 투자에 대한 내외국인 차별을 철폐하고 법인세도 낮췄다. 도로와 통신을 포함한 사회간접자본 시설이 잘 갖춰져 있는데다 국민들은 외국인 투자를 배척하지 않았다. 외국인 투자가 경제성장과 고용 창출에 매우 긍정적이라는 인식이 국민들 사이에서 확산됐다. 통상산업부 내에 투자국(IBB)을 만들어 공무원들이 외국기업들의

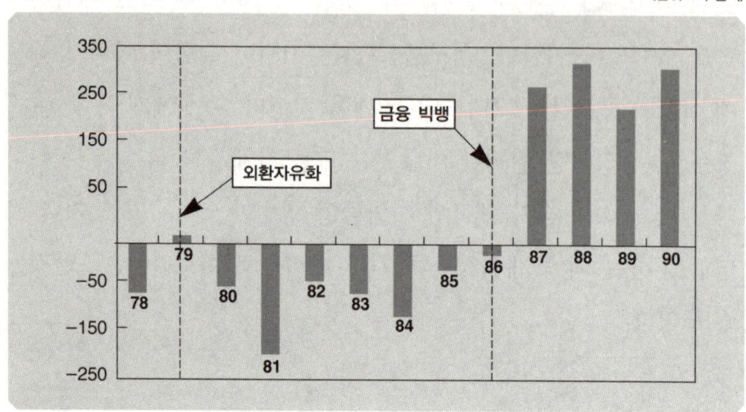

자료 : The Institute for Fiscal Studies

애로사항들을 발벗고 해결토록 했다. 이 같은 여러 가지 노력들이 병행돼 외국인 투자가 늘어났지만 노동시장이 유연해지고 적대적인 노사관계가 완화된 것이 영국을 매력적인 투자처로 만드는 데 결정적으로 기여했다는 분석이 많다.

영국의 외국인 투자유치는 경기침체로 증가폭이 잠시 주춤한 적도 있지만 1998년에는 631억 달러가 유입될 만큼 전반적으로 활성화돼 있다. 1997년 기준으로 외국인 투자 기업은 전체 제조업 노동자의 18.2%를 고용하고 부가가치의 23.6%를 생산할 정도로 비중이 커졌다. 외국인 투자는 영국 경제의 상당 부분을 떠받치는 중요한 기둥으로 자리잡았다. 영국은 이제 유럽 내 최대 자본유치국이다.

생산성 향상

영국 제조업의 노동생산성은 대처가 집권한 이후부터 높아졌다.

OECD에 따르면 영국의 노동생산성은 오일 쇼크가 발생한 1973년부터 대처가 집권한 1979년까지 연평균 0.6% 높아지는 데 그쳤다. 이 기간 중 미국의 노동생산성이 매년 0.9%씩 상승했고 일본은 무려 5%씩 향상됐다. 일본과 비교하면 영국의 노동생산성 증가율은 5분의 1에도 못 미친다.

그러나 1979~87년까지 비교하면 얘기가 확 달라진다. 영국의 노동생산성 상승률은 연평균 4.2%로 미국(3.3%)을 앞질렀다. 일본(5.1%)에 거의 근접한 수준이다. 1980년대 최고의 호황을 구가했던 일본에 버금갈 만큼 영국의 노동생산성이 증가했다는 것은 놀라운 사실이다.

대처 정부 시절의 획기적인 노동생산성 향상은 과격한 구조조정으로 공장 내 노동자 수가 줄어들었기 때문에 가능했다는 평가도 있다. "(영국) 제조업의 생산성 신장은 타율이 가장 나쁜 타자들을 방출함으로써 팀의 규모를 줄여버린 크리켓 팀과 유사하다. 결과적으로 팀의 타율은 상승했지만 이 팀이 기록한 총 점수는 오히려 감소했다"(Pfaller, Gough and Therbone, 1991)는 것이다. 근로자 수 감소로 인한 성장 없는 생산성 증가일 뿐이라는 비판이다.

이 같은 지적을 액면 그대로 받아들이더라도 그 의미가 퇴색되는 것은 아니다. 독일이나 일본 등지에서 이미 나타났던 노동생산성 상승이 영국에서는 1979년 이전까지 억눌려왔다는 비판이 가능하기 때문이다. 노동생산성 상승이란 동일한 수량의 물건을 예전보다 적은 노동량으로 생산하는 것을 의미한다. 단기적으로는 팀원 수가 줄어든 크리켓 팀이 동일한 점수를 내는 것과 같다. 그러나 장기적으로는 동일한 인원으로 보다 많은 크리켓 팀들을 만들 수 있기 때

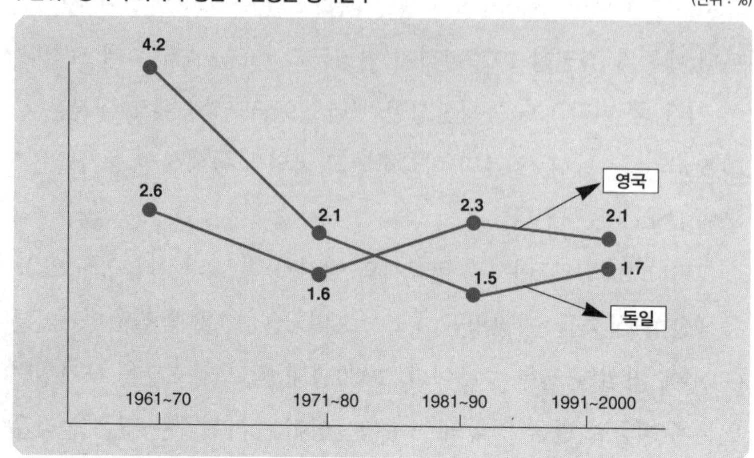

자료 : AMECO database, IMF Country Report UK 2002

문에 모든 팀을 합치면 예전보다 훨씬 많은 득점을 올리게 된다. 대처 이전에는 하나의 크리켓 팀에 너무나 많은 선수들이 있었다는 얘기다.

독일과 일본 역시 노동시장이 경직된 편이다. 그런데도 노동생산성이 높아진 것은 1950년대와 1960년대에 비약적인 경제성장을 했기 때문이다. 제2차 세계대전을 주도했을 만큼 독일과 일본의 기술력이 축적됐기 때문에 이후 고도성장이 가능했다. 이들 나라의 제품 수요가 급증함에 따라 기업들은 생산을 늘려야 했고, 감원을 하지 않고서도 얼마든지 노동생산성을 높일 수 있는 여유가 있었다.

불행히도 영국은 그런 성장기가 아니었다. 독일의 경제기적이 마무리 단계로 접어든 1967~79년까지만 비교해도 독일은 연평균 4%씩 성장했으나 영국은 2.5% 성장하는 데 그쳤다.

이 같은 낮은 성장으로 인해 당연히 왔어야 할 노동과정의 구조 변화가 영국에는 오지 않았고, 그 결과 1979년 이전의 저성장을 초래했다. 경제성장이 뒷받침됐다면 제조업체들이 해고 없이도 노동자들을 효율적으로 재배치하고 수익성도 회복할 수 있었는데 영국은 그럴 수 있는 처지가 아니었다. 다른 나라 기업들은 5명으로 크리켓 팀을 구성해 게임을 훌륭히 치러왔는데, 영국에서는 10명으로 팀을 꾸려가고 있었던 셈이다.

대처 집권 이후 영국의 변화를 따져보자. 대처 이전의 영국은 경제성장률이 경쟁국들에 비해 낮았다. 한국전쟁이 끝난 이듬해인 1954년부터 영국 노동자들의 시위가 봇물처럼 터진 '불만의 겨울'이 있었던 1977년까지 영국의 GDP는 두 배로 증가했다. 이 기간 중 프랑스와 독일은 세 배로 늘어났다. 영국의 경제성장률이 그만큼 낮았다는 얘기다. 국민의 생활수준도 독일이나 프랑스에 비해 떨어졌다.

대처 총리가 집권한 이듬해인 1980년에는 경제성장률이 −2.3%였다. 1981년에도 −1.2%로 뒷걸음질쳤다. 오일 쇼크에다 개혁 쇼크까지 겹친 탓이다. 그러나 1983년부터 영국 경제는 본격적인 상승세에 접어든 이후 상승폭이 계속 높아졌고, 1986년 금융 빅뱅 이후에는 외국 자본들까지 몰려들었다. 마침내 1988년 5%대 성장을 달성했다. 세계 경제가 본격적인 회복기로 진입한데다 기업의 고비용 구조가 어느 정도 해소됐고, 규제완화로 외국자본이 유입된 덕분이었다.

실업률 하락

영국의 제조업 고용인구는 1979년 700만 명이었으나 11년이 지난 1990년에는 400여만 명으로 줄었다. 대처 정부가 생산성 없는 공장을 폐쇄하도록 유도하고 고용유지 명목으로 정부보조금을 지급했던 취약 산업에 더 이상 돈을 주지 않았기 때문이다.

제조업 노동자는 급격히 줄어들었지만 실업률은 오히려 유럽 최저수준으로 낮아졌다. 제조업에서 나온 사람들이 비제조업 분야에서 고용되고 있다는 얘기다.

영국에서는 1990년대 말 이후 낮은 실업률 때문에 사람 구하기가 힘들어 임금이 올라가는 현상이 나타나고 있다. 소득통계서비스(IDS)에 따르면, 대부분의 기업들은 비정규직 근로자들에 대해서도 최저임금보다는 높은 임금을 지급하면서 고용하고 있다. 블레어 총리의 노동당 정부가 2000년에 정한 21세 이상 노동자의 시간당 최저임금은 3.7파운드였다. 그러나 민간기업은 물론 공공근로에서조차 시간당 4~4.6파운드를 지급하고 있다.

2002년의 실질임금 상승률은 2.5%로 노동생산성을 웃돌았다. 낮은 실업률이 임금을 끌어올린 원동력이었다.

영국의 실업문제는 단기간에 해결된 것이 아니었다. 상당한 진통을 겪어야 했다. 1979년 100만 명을 조금 넘었던 실업자는 1981

년에 200만 명을 넘어섰다. 1985년에는 300만 명을 돌파했다. 1990년대 후반에 가서야 영국의 실업자 수는 200만 명 밑으로 떨어졌다. 2000년 실업률이 5%대로 안정되기까지 무려 20년의 세월이 흘렀다.

대처 총리는 늘어나는 실업자 문제로 인해 자신에 대한 지지율이 한때 15%까지 내려갈 만큼 정치적인 위기를 겪기도 했다. 1983년 선거에서는 거의 질 뻔하기도 했다. 대처에게는 다행스럽게도 포클랜드 전쟁이 호재로 작용했다. 당시 전쟁에 대한 비관적인 여론을 무릅쓰고 항공모함을 아르헨티나로 보내는 모험을 감행했고 결국 성공했다. 국가 위신을 건 전쟁에서 승리한 대처는 여세를 몰아 선거에서도 이길 수 있었다. 포클랜드 전쟁이 없었고 대처가 1983년 선거에서 패배했다면 영국은 지금 어떤 모습일까. 아무튼 대처는 재선길에 오르면서 경제개혁을 계속 추진할 수 있었고 10년이 넘는 통치기간 동안 영국병을 치유할 수 있었다.

유럽 내 2위 경제대국으로 부상

영국은 1999년 프랑스를 제치고 유럽 내 2위의 경제대국으로 올라섰다. 실업률은 유럽 국가 중에서 가장 낮은 수준이 됐다. 저렴한 노동비용과 유연한 노동시장으로 기업비용도 그만큼 줄었다.

미국 회계법인인 KPMG의 보고서에 따르면, 영국 제조업의 비용은 2002년 기준으로 미국보다 10.3%, 독일보다 12.8% 낮았다. OECD가 발간한 보고서에서는 외국인 직접 투자에 대한 영국의 규제가 OECD 회원국들 가운데 가장 낮았다. 미국 · 일본 · 독일은 물론 아일랜드보다도 외국인 투자에 대해 제한하지 않고 있는 것으로 조사됐다.

영국 통산부에 따르면 영국 600대 기업의 1인당 부가가치 생산액은 2001~02년 기준으로 4만 4,300파운드였다. 기업규모가 같은 유럽 경쟁기업들의 1인당 부가가치 생산액 4만 7,600파운드보다는 낮은 수준이다. 영국 기업의 노동생산성이 상대적으로 떨어진다는 얘기다. 그러나 영국 기업들의 고용비용을 감안하면 얘기가 달라진다. 인건비와 감가상각비를 합친 금액을 부가가치액과 대비시킨 배율(부가가치액/인건비+감가상각비)은 1.52로 유럽 경쟁기업들의 평균치 1.41보다 높다. 부가가치 생산액이 적은 것을 감당하고도 남을 만큼 인건비가 상대적으로 저렴하다.

영국 정부는 국내 기업이든 외국 기업이든 관계없이 신규 투자로 일자리를 창출하면 실업수당에 해당하는 만큼의 예산을 보조금으로 주고 있다. 낙후된 지역에 기업을 설립하면 고용인원에 따라 더 많은 보조금을 받을 수 있다. 예컨대 종업원 25명 이하의 중소기업이 폐광지역이나 개발지역에 투자하면 최대 1만 5,000파운드 한도 내에서 고정투자비의 15%를 되돌려받을 수 있다. 종업원 50인 이하 기업들이 신제품 개발이나 신기술 개발 투자를 하면 2만 5,000파운드 한도 내에서 50%를 지원받는다.

실제로 많은 한국 기업들이 영국에 투자하면서 영국 정부의 지원을 받았다. LG필립스디스플레이가 웨일스에 투자했을 때 6,800만 파운드의 보조금을 받은 것으로 알려졌다. 북잉글랜드에 투자한 삼성전자는 1,650만 파운드, LG전자는 400만 파운드를 되돌려받았다. 영국 정부는 어차피 기업이 들어오지 않는다면 실업수당으로 나갈 돈을 기업에 줌으로써 투자를 유치해 경제 발전을 꾀한다는 전략을 펴고 있다. 영국이 유럽 제1의 투자유치국이 된 것은 어찌 보면 당연한 결과다.

금융·물류 중심지

영국은 유럽의 물류 중심지로 부상했다. 유럽 내 20대 물류기업들 가운데 6개 기업이 영국에 본사를 두고 있고, 2만여 개 물류기업들이 영국에서 창고업과 운송업을 하고 있을 정도다. 영국 연안에서 100km 이내에는 반드시 컨테이너 항구가 한 개 이상 있을 만큼 물류시설이 발달했다. 런던의 화물처리 능력은 프랑크푸르트에 이어 유럽 2위를 차지하고 있다.

런던의 금융시장은 미국 뉴욕에 맞서는 금융시장으로 자리잡았다. 금융업의 GDP 기여율은 1990년 19% 수준이었으나 2000년에는 25%선으로 높아졌다. 금융부문에서 고용된 인원은 2000년 168만여 명이었다. 영국의 금융업은 2001년 경상수지를 156억 달러 개선하는 효과를 내기도 했다.

런던의 증권거래소에서 거래되는 외국기업 주식은 2000년 기준으로 세계 총거래량의 48%를 차지했다. 2001년 4월 기준 외환거래액은 하루 평균 5,040억 달러로 압도적인 1등이었다. 런던에 있는 외국은행 수는 2001년 9월 468개로 프랑크푸르트(267개)·파리(266개)·뉴욕(253개)보다 많았다.

영국의 금융산업이 이 같이 탄탄하게 발전한 것은 적잖은 진통과 각고(刻苦)의 산물이다. 우선 1986년 금융 빅뱅 이후 영국의 10대

증권사 중 9개가 외국 금융회사로 넘어갔다. 파생금융상품으로 엄청난 손실을 낸 베어링(Bearing)도 예외는 아니었다. 지금은 네덜란드 국적의 ING베어링으로 바뀌었다.

아파트 가격이 유럽 내의 또다른 금융중심지인 프랑크푸르트보다 4~5배 정도 비싼데도 런던은 유럽에서 기업하기가 가장 좋은 도시로 꼽힌다. 부동산 컨설팅회사인 힐리&베이커(Healey & Baker)가 2002년 500개 유럽 지역 회사들을 상대로 설문조사한 결과, 교통연결·통신 등에서 런던은 압도적으로 앞섰다.

1979년 정권을 보수당에 넘겨준 영국 노동당은 네 차례 선거에서 고배를 마신 끝에 1997년 토니 블레어를 앞세워 정권 탈환에 나섰다.

대처 이후 보수당의 장기 집권은 18년 동안 노동당을 야당에 머물러야 했다. 노동당은 절치부심 끝에 선거 승리를 위해 신(新)자유주의적인 정책들을 수용하기로 결정했다. 과거의 방식으로는 정권을 잡을 수 없었기 때문이다.

노동당은 1997년 5월 총선에서 659석의 하원의석 중 418석을 차지하는 압승을 거뒀다. 보수당은 165석을 얻는 데 그쳤다. 보수당의 장기집권과 유로화 가입 여부를 둘러싼 내분 등으로 노동당이 대승을 거둘 수 있었다.

제3의 길

블레어 총리는 앤소니 기든스(Anthony Giddens) 케임브리지 대학 교수가 1988년 발간한 저서에서 밝힌 '제3의 길'을 선택했다. 기든스는 "자본주의의 세계화 추세 속에서 케인스주의적 복지국가를 더 이상 유지하기가 어렵다"고 말했다. 그는 노동당을 포함한 사회민주주의자들이 세계화를 신자유주의자들의 속임수로 생각하는 경향에 대해서도 경계했다.

기든스는 "세계화는 적어도 경제적 차원에서 현실"임을 강조했다. 국가의 상의하달식 의사전달이나 전통에 대한 호소만으로 사회의 응집력을 끌어모을 수는 없고, 개인 책임의 중요성을 받아들여야 한다는 것이 기든스의 주장이다. 그는 시민운동단체와 이익집단들이 정부가 실패한 영역을 인수하거나 대체할 수 없다고 비판했다. 복지제도를 개혁해야 하는 과제에 대해서도 "좌우를 초월하는 문제"라고 단언했다.

기든스는 사회주의자들도 시장경제 요소를 받아들이고 좌 · 우익 이데올로기에서 탈피해야 한다고 주장했다. 평등과 약자보호 같은 사회적 연대나 사회정의 정신을 추구하기 위해서도 이념적 틀에 구애받지 말아야 한다는 것이다. 소득재분배와 같은 직접적인 혜택을 국민에게 주는 것보다는 고용을 통한 소득분배와 교육 취업훈련 등을 통한 '기회의 분배'를 더 중시했다. 국가가 사회복지에 대한 모든 의무와 책임을 떠맡는 것이 아니라 개인과 가족, 지역공동체와 같은 사적 영역과 협조해야 한다고 지적했다. 사회복지는 생계보존이 아닌 사회투자 개념으로 바꿔야 한다고 언급했다.

과거 노동조합으로부터 많은 지원을 받았고 노조의 이익을 대변해 온 노동당은 고민했다. 그러나 과거와 같은 좌파정책으로 되돌아갈 수는 없었다. 그렇다고 우파 정책을 그대로 수용하기도 난감했다. 노동당은 결국 제3의 길을 받아들였다. 1995년 4월 특별전당대회에서 국유화와 산업민주주의 개념을 폐기했다. 블레어는 경제 분야 선거공약에서 "세금을 올리지 않겠다", "경제계를 소외시키지 않겠다"는 약속을 내걸었다.

노동당은 블레어 총리 집권 이후 대처가 추진했던 정책들을 거의 그대로 받아들였다. 1950년대와 1960년대의 버츠켈리즘이 좌파의 주도권을 우파가 인정했던 것이라면, 1990년대 말 떠오른 제3의 길은 우파의 주도권을 좌파가 받아들인 것이다.

노동당은 부자들의 부(富)를 가난한 사람들에게 재분배해야 한다는 복지개념을 거의 폐기했다. 복지는 국민이 당연히 청구할 수 있는 권리가 아니고 일을 통해 자활하려는 노력이 먼저 이뤄져야 한다는 점을 강조했다.

1998년에 발표된 영국 〈사회복지부 보고서(New Ambitions for our country : A new contract for Welfare)〉는 "일을 할 수 있는 사람에게는 직장을, 그렇지 못한 사람에게는 사회보장 혜택을 준다"고 명시했다. 일할 능력이 없는 사람들만 국가가 보호하겠다는 뜻이다. 정부가 일방적으로 사회보장 혜택을 제공하던 방식에서 벗어나 자립할 수 있도록 지원하는 수준에서 복지가 이뤄져야 한다는 원칙은 노동당 정부에서도 계속되고 있다. 새로운 복지국가는 근로연령에 있는 국민들이 일할 수 있도록 지원하고 격려하는 제도여야 한다는 것이다.

고용창출에 최우선

블레어 노동당 정부는 고용 지원을 골자로 하는 뉴딜(New Deal) 프로그램을 1998년부터 시행했다. 18~24세의 젊은이들 가운데 6개월 이상 실직한 사람들을 대상으로 취업준비를 지원하는 프로그램이다. 정부는 기업이 한 사람을 채용하면 매주 60파운드씩 최대 26주까지 보조금을 주고 있다. 일하는 복지(welfare to work)제도다. 블레어는 이 제도를 도입해 18~24세의 장기실업자를 절반으로 줄였다.

블레어 총리는 이와 함께 중앙은행의 독립성도 보장했다. 실업구제나 성장보다는 통화가치를 유지하는 것을 더 중시하겠다는 것이었다. 중앙은행 독립으로 경제에 개입할 수 있는 정부의 정책수단은 제한되지만 과도한 개입으로 인한 정부의 실패를 막아야 한다는 원칙에 따른 것이다.

블레어 총리는 1998년 "교육은 최고의 경제정책"이라며 '산업을 위한 대학(University for Industry)' 계획을 내놓았다. 단순히 학위를 수여하는 대학이 아니라 평생교육기관으로서 기술훈련에 필요한 정보가 소비자들에게 효율적으로 유통되도록 각 지역별로 교육센터를 설립하겠다는 구상이다. 고용시장이 유연해짐에 따라 교육제도도 유연하게 바뀔 필요가 있었다.

노동자를 위한 정책 도입

그러나 노동당은 역시 노동당이었다. 대처가 추진한 개혁의 골간은 그대로 남겨뒀지만 노동자들을 위한 정책들도 시행하고 있다. 블레어 총리는 2003년 4월 자녀를 둔 근로자들을 보호하기 위한 조치로 변형 근로시간제도를 도입했다. 6세 미만의 자녀를 둔 부모는 1주일에 하루를 집에서 근무하고, 나머지 근무시간은 동료와 조정할 수 있도록 허용했다. 주부들이 노동시장으로 복귀할 수 있도록 여건을 만들어주기 위한 정책이다.

노동당 정부는 육아수당도 인상했다. 2000년부터 시간당 3.7파운드의 최저임금제를 도입했고, 저임금 노동자에게는 탁아보조금과 세금공제 혜택을 줬다.

블레어 총리는 이와 함께 종업원 수가 150명 이상인 기업에는 2005년부터 새로운 노사권리규정을 적용할 방침이다. 작업조직에 중대한 변화를 초래하는 사안에 대해서는 노사협의를 거치도록 했고, 종업원이 경영진을 만날 수 있는 권리도 보장하기로 했다. 기업연금의 골격을 바꾸는 사안에 대해서는 반드시 노조와 토의하도록 규정했다.

세금 인상도 검토

노동당 정부 일각에서는 세금 인상의 필요성을 주장하고 있다. 노동당 소속의 피터 하인(Peter Hain) 하원 의원은 2003년 고소득층에 부과하는 소득세를 높여야 한다고 말했다. 중산 서민층을 지원하기 위해 고소득층의 세금 부담을 늘릴 필요가 있다는 것이다. 보건·교육 등 공공부문 서비스 질을 높이기 위해서는 더 많은 세금이 필요하다는 논리다. 블레어 총리도 세금 인상에 대한 국민의 지원이 필요하다는 요지의 언급을 했다.

영국의 조세부담은 2003년 GDP의 35.6%로 예상되나 2008년에는 38%대로 높아질 전망이다. 1985년 수준(38.9%)에 육박할 것이라는 얘기다. 야당인 보수당 예비(그림자) 내각의 재무장관 역을 맡고 있는 하워드 의원은 "4년 뒤 조세부담이 1,178억 파운드 늘어날 것"이라며, "이렇게 풀린 돈이 공공서비스 부문의 개선으로 이어지지 않는다는 것이 과거의 경험"이라고 비판했다.

세금이란 세율을 그대로 두더라도 과세표준 소득구간을 조정하지 않으면 부담이 늘어나는 구조적인 문제점을 안고 있다. 누진세율 체계 때문이다. 물가상승분을 포함한 명목소득에 세금이 부과되기 때문에 매년 고율의 세금을 부과받는 부분이 늘어나게 된다. 조세부담률을 일정하게 유지하기 위해서는 과세구간을 경상성장률만큼 늘리거나 아니면 세율을 내려야 한다. 각종 세금공제로 조세부담률을 일정한 비율로 묶는 방법도 있다.

실제로 영국 경제인연합회(CBI)는 노동당이 1997년 집권한 이후 세금부담액이 매년 60억 파운드씩 늘어났다고 주장하고 있다. 세율은 올리지 않았으나 실제 조세부담은 꾸준히 늘어왔다는 얘기다. CBI는 이 때문에 기업이윤이 최근 들어 낮아지고 기업 투자가 부진해졌다고 말했다. 이에 대해 영국 정부는 "지출이 어떤 분야에 쓰여지느냐가 중요한 문제일 뿐 세금 자체가 늘어나는 것은 큰 문제가 아니다"는 태도다.

세금은 항상 이런 식으로 늘어난다. 처음부터 불필요한 곳에 쓰기 위해 늘리는 세금이란 없다. 나중에는 효과가 미미하거나 부작용이 있는 것으로 판명나도 잘 고쳐지지가 않는 것이 세금이다. 블레어 총리의 노동당 정부가 복지국가를 지향했던 과거로 돌아갈 조짐이 있다는 비판이 나오는 것도 그래서다.

노동당 정부가 지난 6년 동안 금과옥조로 지켜온 세금동결 약속을 깨뜨리려는 것은 교육·보건 등 공공서비스의 질이 악화되고 빈부격차가 심화됐다고 보기 때문이다. 패트리샤 휴이트(Patricia Hewitt) 통산장관은 2003년 5월 영국의 빈부격차에 대해 언급하면서 "1930년대 사회주의자들까지 놀랄 정도로 영국 내 빈곤과 불평등이 충격적이다"라고 말했다. 구체적인 사례로 중등교육수료 자격시험인 GCSE 테스트에서 5개 과목을 통과할 수 있는 확률이 빈곤지역 학생들 중에서는 10~15%에 불과하다고 지적했다. 빈곤층 자녀들이 좋은 교육을 받도록 하기 위해서는 교육에 대한 정부의 재정지원을 늘려야 하고, 이를 위해서는 세금을 더 거둬야 한다는 암시다.

4 | 남은 문제들

영국은 대처 이후 실업률이 낮아지는 등 거시경제 지표가 뚜렷이 개선됐다. 그러나 저임금 노동자들의 근로여건은 주변 국가들에 비해 좋지 않은 편이다. 영국은 현재 EU 국가들 중 유일하게 노동시간 관련 규정을 적용받지 않고 있는 나라다. EU는 회원국 노동자들이 주당 48시간 이내에서 일하도록 훈령으로 정했으나 영국은 훈령의 시행여부를 고용주에게 맡겨놨다. 영국에서는 약 300만 명의 노동자들이 48시간 이상 근무하고 있는 것으로 추정되고 있다. 다른 회원국들은 영국의 노동여건이 공정하지 못하다고 불만을 터뜨리고 있다.

영국 경제계는 근로시간을 단축할 경우 2년 간 70억 파운드의 추가 부담이 발생할 것으로 우려하고 있다. 장시간 노동은 기업의 경쟁력을 높이고 수익을 늘리는 데 도움이 되지만 취업 노동자의 삶의 질은 상대적으로 떨어질 수밖에 없다.

2002년 기준으로 영국 여성의 임금은 주당 145파운드로 남성 평균임금(287파운드)의 절반에 불과하다. 다른 EU 회원국들에 비하면 영국 여성들의 임금 수준은 상대적으로 낮은 편이다. 이 문제를 개선하기 위해 휴이트 통산장관은 출산수당과 휴가를 늘리고 탄력적 노동제와 같은 종합대책을 마련해야 한다고 강조했다.

유로화 편입 문제

2002년의 영국 경제지표를 들여다봐도 복지병의 상징으로 언급됐던 영국병은 치유됐다는 것을 알 수 있다. GDP 성장률은 1.5%로 1997년 이후 5년 동안의 평균성장률 2.8%에 미치지 못했으나 EU 회원국들의 평균성장률(0.9%)을 앞질렀다. 세계 경제가 침체된 가운데 1% 이상 성장한 것은 상당한 성과였다. 주택가격이 올라 물가가 2.6% 상승했으나 인플레이션을 우려할 수준은 아니다. 영국 통계청이 발표한 2002년 실업률은 3.2%로 1983년의 11.7%와 비교하면 3분의 1에도 못 미칠 정도로 내려갔다. 독일이나 프랑스보다 전반적으로 훨씬 나은 성과를 냈다.

그러나 영국 경제의 장래를 낙관하기에는 변수들이 많다. 우선 유로화 편입 문제다. 유로 지역의 기업들은 국가 간 경제장벽이 완전히 철폐되면서 여러 가지 혜택을 누리고 있다. 유로화의 저금리로 자본을 빌리고, 임금이 낮은 국가의 노동력을 결합시킬 수 있는 길이 열렸다. 예전에 비해 유로 지역 내 기업환경이 크게 개선됐다.

영국의 외국인 투자유치 비중이 EU 역내 단일통화(通貨)인 유로

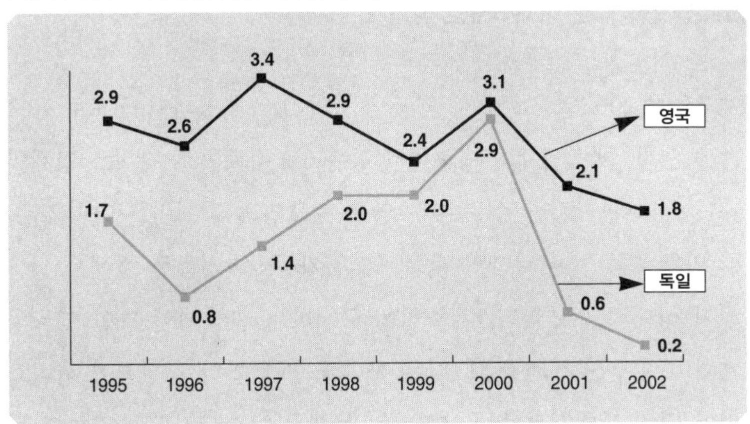

자료 : OECD

화가 출범한 1999년 이후 감소한 것도 우연이 아니다. 1998년에는 EU 역외 국가들이 영국에 투자한 금액은 EU 지역 전체에 투자한 금액의 27%를 차지했으나 2002년에는 7%로 급락해 프랑스·독일·네덜란드에도 뒤졌다.

유엔무역개발회의(UNCTAD) 보고서에 따르면, 2002년 영국의 해외투자 유치액은 250억 달러로 2000년 1,300억 달러의 5분의 1에 불과했다. 영국이 유로화에 가입하지 않아 금융과 노동시장의 투자 매력도가 상대적으로 떨어졌기 때문이다.

반면 동구권 등 저임금 국가들은 유로화 시장에 편입됨으로써 기업들의 자금조달 비용이 예전보다 낮아졌다. 이들 국가는 기존의 저임금에다 저금리의 이점까지 동시에 활용할 수 있는 길이 열린 것이다.

파운드화의 자존심을 지키느냐, 아니면 유로화에 가입할 것이냐. 영국은 유로화 편입 문제를 놓고 2003년 대논란을 벌였다.

제조업 경쟁력은 상대적으로 취약

제조업은 2002년 기준으로 영국 경제의 18%에 불과할 정도로 규모가 줄었다. 제조업체의 평균 이익률은 6% 수준으로 서비스 업체의 13%에 비하면 절반 수준이다. 영국 제조업의 경쟁력은 그리 만족할 만한 수준이 아니다. 자동차·식품가공·가정용품 등에서 생산성이 상대적으로 낮다. 제조업을 중시하는 관점에서 보면 영국의 개혁이 눈부신 성과를 낸 것은 아니다. 제조업의 경쟁력이 서비스업에 비해 상대적으로 취약하다는 문제를 아직까지도 해결하지 못하고 있다. 실제로 2002년 영국 제품의 수출은 1991년 이후 처음으로 마이너스를 기록하는 등 해외시장에서 고전하고 있다. 그 결과 영국의 무역적자는 2002년 344억 파운드로 사상 최대를 기록했다.

OECD는 2000년 영국 보고서에서 "다른 선진국들과의 상당한 생산성 격차를 아직까지도 극복하지 못하고 있다"며, "몇몇 산업에서는 경쟁이 취약하고 기업가정신이 미국에 비해 뒤진다"고 평가했다. 1998년 경쟁법이 시행된 이후 반경쟁적인 규정이나 독점적 지위의 남용은 많이 줄어들었지만 소매업이나 호텔업의 토지이용 규제 같은 것들은 개선돼야 한다고 지적했다.

미국 컨설팅회사인 맥킨지는 1998년 발간한 보고서에서 "자동차 업체들의 낮은 생산성이 판매망에도 부정적인 영향을 미치는 것처럼 특정 부문의 낮은 생산성이 문제가 될 수 있다"고 경고했다. 경쟁의 강도를 높이는 쪽으로 기업규제의 틀을 바꿔야 전체 산업의 생산성을 높일 수 있다는 것이다.

노동력의 질(質)에도 문제가 있다는 지적이 많다. 영국은 대처 이후의 교육개혁에도 불구하고 기업이 활용할 수 있는 인적 자원의 수준이 낮다는 비판을 받고 있다. 영국 취업전문회사인 리드(Reed) 사가 영국 내 550개 기업들을 대상으로 2000년에 조사한 결과에 따르면 기업의 72%가 숙련노동자 부족으로 어려움을 겪고 있었다. 특히 종업원 5,000명 이상 대기업들 중에는 80%가 숙련노동자 채용에 어려움이 많다고 호소했다. 영국 통계청에 따르면, 노동자 한 명당 GDP를 기준으로 측정한 영국의 생산성은 2001년 미국에 28.9% 뒤졌고 2002년에는 그 격차가 30.8%로 확대됐다. 서방 선진 7개국(G7)의 평균생산성과 비교해도 영국의 생산성은 15% 이상 낮다. "생산성이 경제실적의 지표"라고 말해 온 블레어 정부는 난처한 처지가 됐다. EU 집행위원회는 영국의 생산성이 낮은 이유로 "(노동자들에 대한) 기술훈련이 빈약하기 때문"이라고 지적했다.

반면 서비스 분야에서는 생산성이 우수하다는 평가를 받는다. 영국은 은행, 건설, 전기서비스, 석유 및 가스 분야의 생산성이 다른 나라들에 비해 앞서 있다. 영국의 제품수출 실적은 2002년 2,759억 달러로 중국에 이어 6위였지만 서비스 교역에서는 1,210억 달러어치를 수출해 미국에 이어 세계 2위를 고수했다. 제조업이냐 서비스업이냐를 따지지 않는다면 영국의 경제는 성장궤도에 올라선 것이 분명하다.

기로에 선 한국 05

복지국가의 운명

　유럽식 사회복지 국가들은 사회주의와 자본주의의 공생을 시도했다. 노동자와 빈민층을 위한 복지정책으로 두 체제를 수렴시키는 정책을 폈다.

　독일은 제2차 세계대전 이전에 확보한 기술력을 토대로 라인 강의 기적을 이뤄냈지만 지금은 복지병을 앓고 있는 거대한 노쇠국가로 전락했다. 독일의 산업경쟁력은 여전히 우리가 넘보기에 벅찬 고봉준령(高峰峻嶺)인 것은 틀림없지만 세계를 호령하던 위상은 이제 찾아보기 힘들 정도가 됐다.

　대영제국의 영화를 마음 속에 간직하고 있는 영국은 1970년대 국제통화기금(IMF)의 구제금융을 받아야 할 정도로 국력이 쇠퇴했다. 요람에서 무덤까지 국가가 책임지는 복지국가는 대처 시대로 접어들면서 종말을 고했다. 영국은 대처의 대대적인 개혁을 통해 자유주의 국가로 변신했다.

복지국가의 수명은 35년?

두 나라의 경험을 보면 유럽식 복지국가가 지속될 가능성은 높아보이지 않는다. 영국이 복지제도를 본격적으로 도입한 것은 애틀리 총리가 집권한 1945년부터였다. 대처 총리가 등장해 대대적인 개혁에 착수하기까지 34년이라는 세월이 흘렀다. 한 세대를 조금 넘긴 수명이었다.

독일은 브란트 총리가 정권을 잡은 1968년부터 사회복지와 노동시장 보호제도를 본격적으로 도입하기 시작했다. 사회민주당의 슈뢰더 총리가 "분배적 사회정책은 종말을 고했다"고 말한 것은 2003년 8월이었다. 브란트가 집권한 시점으로부터 35년이 지나서다.

이처럼 두 나라는 복지제도를 시행한 지 35년 정도 지난 다음 수술대에 오르는 공통점을 갖고 있다. 두 나라만의 경험을 놓고 복지국가의 수명을 30~40년 정도라고 단정하는 것은 무리일 것이다. 산업혁명의 발상지인 영국과 후발 제국주의 국가였던 독일은 역사적인 경험이 달랐고 경제발전의 수준에서도 차이가 많았기 때문에 두 나라의 복지제도의 문제점들을 일률적으로 말하기는 어렵다. 유럽의 다른 국가들 중 상당수는 여전히 높은 수준의 사회복지제도를 유지하고 있는 것 또한 사실이다.

그러나 영국과 독일은 복지국가라는 집합의 대표성을 갖고 있는 훌륭한 표본이다. 경제규모가 매우 크기 때문에 예외적인 변수들이 커다란 영향력을 발휘하기가 어렵다. GDP 기준으로 보면 독일은

국가명	1998	1999	2000	2001	2002	순위	1인당 GDP (2002, 달러)
미국	87,815	92,743	98,246	100,822	104,556	1	35,891
일본	39,464	44,699	47,623	41,766	39,905	2	31,302
독일	21,438	21,094	18,710	18,543	19,870	3	24,110
영국	14,233	14,601	14,381	14,296	15,637	4	26,473
프랑스	14,526	14,447	13,088	13,210	14,338	5	23,957
한국	3,177	4,058	4,617	4,273	4,766	12	10,004

자료 : 한국은행, IMF, OECD

세계 3위, 영국은 세계 4위의 경제대국이다. 5위인 프랑스마저 복지병을 심하게 앓고 있다는 사실을 감안하면 복지국가 제도 자체에 근본적인 결함이 있는 것은 분명해 보인다.

영국과 독일이 세계시장 의존도가 매우 높은 나라들이라는 점에도 주목할 필요가 있다. 수출과 수입을 합친 금액을 GDP로 나눠 산출한 무역의존도는 2002년 독일이 55.4%, 영국이 39.1%였다. 한국의 무역의존도(66%)보다는 낮지만 일본(18.9%)이나 미국(18.2%)보다는 훨씬 높다. 세계시장에서 치열한 경쟁을 해야 하는 나라들이라는 얘기다. 이들이 과도한 복지제도를 유지하면서 국제경쟁력을 높이는 것은 쉽지 않은 일이다.

독일은 사회복지제도를 본격적으로 도입한 1970년대에 국가경쟁력이 세계 최고 수준으로 올라 있었다. 1945년 무렵에 쇠퇴기로 접어든 영국보다 더 오랫동안 복지제도를 유지할 수 있는 능력이 있었다. 그러나 독일에는 통일이라는 변수가 작용했다. 동독을 떠맡아야 하는 부담은 옛 서독의 높았던 국가경쟁력을 떨어뜨렸다.

세계 최고 수준이었던 독일의 산업경쟁력과 통일부담을 상쇄할 수 있다면 독일과 영국의 조건이 비슷해진다. 두 나라의 복지제도가 35년 정도밖에 지속되지 않은 것은 참으로 묘한 인연인 것 같다. 세계시장에서 치열하게 싸워야 하는 영국과 독일 같은 선진국들이 높은 수준의 복지제도를 유지할 수 있는 기간은 길게 봐도 50년 안쪽이라고 여기는 것이 그다지 무리한 추론은 아닐 것이다.

경제규모가 작거나 다른 변수들의 영향을 크게 받는 국가들은 논외로 하자. 예컨대 중동의 산유국들이 높은 수준의 복지제도를 시행했다면 지속기간은 전적으로 석유매장량에 달려 있다. 천연자원이 많거나, 아니면 천혜의 관광자원을 갖춘 소국에서는 과도한 수준의 복지를 계속 유지할 수도 있을 것이다.

복지제도의 문제

세계시장은 끊임없이 경쟁해야만 살아남을 수 있는 체제다. 총성없는 전쟁터나 마찬가지다. 경쟁력이 없는 기업이나 제품은 시장에서 도태당한다. 끊임없이 혁신하지 않으면 현상유지조차 어렵다. 각국의 기업들이 전쟁터에 나서는 단위 부대들이라면 노동자들은 병사들이다.

전쟁은 전사자뿐만 아니라 부상자들을 낳게 마련이다. 후방으로 이송되는 부상자들은 군병원 등에서 보살핌을 받아야 한다. 군병원의 시설을 어느 정도 수준으로 유지해야 할까.

마음씨 좋은 어떤 사령관이 부상자와 낙오자들이 군병원에서 아무런 불편함을 느끼지 않도록 좋은 침대와 소파·냉장고·TV 등을 설치했다고 생각해 보자. 처음에는 진짜로 부상을 당하고 전투를 더 이상 치를 수 없는 사람들만 병원으로 후송된다. 이들은 안락한

시설에서 따뜻한 보호를 받는다. 시간이 지날수록 병원의 좋은 시설들이 알려지면서 꾀병 환자들이 병원으로 온다. 넘치는 환자들로 병원 시설이 부족해진다. 군대는 전비 중의 일부를 병원 짓는 데 써야할 지경에 이른다. 전쟁터에서 생사를 걸고 전투를 치르는 사람들은 자신들에게 돌아와야 할 전비의 상당 부분이 군병원을 유지하는 데 들어가는 것에 부담을 느낀다. 갈수록 치열해지는 전쟁을 계속해야 하는 것에도 염증을 느낀다. 군대의 사기는 떨어지고 병원으로 가려는 사람들이 계속 늘어난다. 군대의 전투력은 갈수록 약화된다. 전쟁에서 패배하지 않으려면 제도를 바꿔야 하는 시점에까지 이르게 된다.

그러나 군병원을 완전히 없애는 것은 해결 방법이 아니다. 부상병들을 치유하는 것은 국가와 군대의 의무다. 전비를 아끼기 위해 부상병들을 맨땅에 방치하고 적절하게 치료하지 않는다면 부상병들뿐만 아니라 참전병사들의 사기마저 떨어뜨린다. 병사들은 부상을 당하지 않기 위해 전쟁에서 몸을 사릴 수밖에 없다. 문제는 군병원의 시설을 어느 정도 수준으로 갖춰야 전쟁터에 있는 병사들의 사기를 떨어뜨리지 않는 동시에 부상병들을 효과적으로 보살필 수 있을 것인가 하는 점이다.

1970년대의 영국과 최근의 독일은 군병원이 너무나 잘 갖춰진 군대와 같았다. 세월이 흐를수록 실업자들이 넘쳐났고 취업자들과 기업들의 사기는 떨어졌다. 영국의 복지제도는 일찍이 수술을 끝냈고 독일은 막 수술대로 올라갔다. 한국은 어떤가. 영국과 독일이 그렸던 궤적을 따라갈 것인가, 아니면 지속적으로 전투력을 향상시키는 군대를 유지할 것인가.

통상적으로 혼용되기도 하지만 개념이 명백하게 다른 두 단어가 있다. 소득분배와 소득재분배다.

소득분배는 벌어들인 소득을 기여도에 따라 어떻게 나눠줄 것인가를 다루는 경제문제다. 자본·노동·서비스 등 소득을 발생시킨 요소들에 대한 보상을 결정하는 문제다. 노동자는 일한 만큼 임금을 받고 기업가는 자본을 조달하거나 경영활동을 하는 대가로 이익을 얻는다. 기업에 기술을 제공하거나 법률자문을 하는 것에 대해서도 일정한 소득이 배분된다. 생산되는 모든 것들은 분배과정을 거치게 된다. 분배가 어떤 방식으로 이뤄지느냐에 따라 사회체제가 결정된다. 자본의 요소를 중시하는 제도가 있는가 하면 노동을 가장 중요시했던 제도도 있었다.

자본주의 사회에서 노동조합이 임금인상 투쟁을 하는 것은 소득

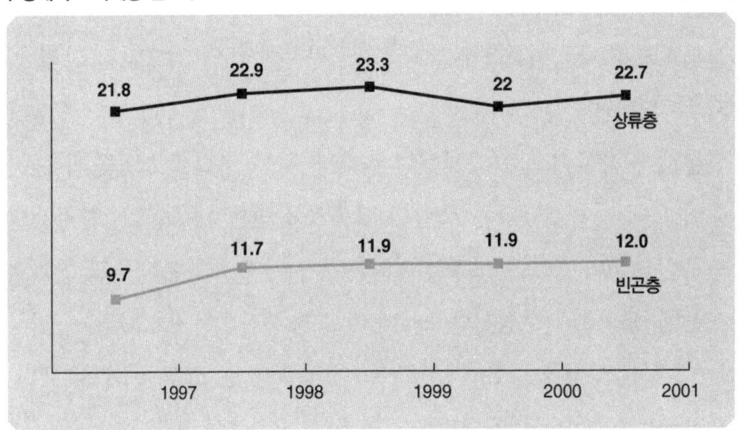

자료 : 〈외환위기 이후 소득분배구조 변화와 재분배 정책효과 분석〉(유경준 · 김대일, 2003)

분배를 자신들에게 유리한 쪽으로 바꾸기 위해서다. 1980년대 말 이후 한국 노동조합의 파업 투쟁은 임금을 큰 폭으로 올려놓았다. 반대로 경영자총연합회 등 경제계는 매년 임금인상 가이드라인을 제시해 왔다. 과도한 임금인상은 자본이나 기술제공에 대한 소득분배를 악화시키기 때문에 경제에 부정적인 영향을 미친다는 이유다. 소득분배를 둘러싼 갈등은 자본주의 사회 내에서 필연적으로 나타날 수밖에 없는 현상이다.

소득분배는 정부가 인위적으로 개입한다고 해결될 문제가 아니다. 생산된 부가가치를 어떻게 나눌 것이냐는 생산에 참여한 사람들의 기여도를 평가하는 방법과 경제주체들의 역학관계에 따라 결정된다. 경제이론으로 해결할 문제라기보다는 역사적이고 사회적인 결과물로 봐야 한다. 물론 정부가 소득분배에 개입할 수는 있다. 최저임금제 시행이나 부동산임대료 가격통제, 이자 제한과 같은 각종 정책들은 소득분배에 의도적으로 영향을 미치려는 것들이다. 그러나 이 같은 정책들은 시장에서 형성되는 가격을 왜곡하기 때문에 결과적으로 사회비효율을 초래한다. 정부의 개입 의도와는 달리 여러 부작용들이 발생한다.

분배를 상대적으로 중시했던 김대중 정부 시절 고소득층과 빈곤층이 오히려 늘어났다는 사실은 되새겨볼 만한 대목이다. 한국개발연구원(KDI)이 2003년 발표한 〈외환위기 이후 소득분배구조 변화와 재분배 정책효과 분석〉 보고서에 따르면 중간소득자보다 50% 이상을 더 버는 상류층은 1997년 21.8%에서 2002년 22.7%로 확대됐다. 중간소득자의 50%에도 미치지 못하는 빈곤층도 9.7%에서 12%로 늘어났다. 1997년에 비해 2002년의 소득분배가 더 불균등해졌다는 얘기다. 수십억 원의 연봉을 받는 최고경영자가 나오는 반면 최저임금에도 못 미치는 비정규직 근로자들도 늘어났기 때문이다. 외환위기 이후 소득양극화 현상은 더욱 뚜렷해지고 있다. 소득분배는 기본적으로 정부가 어찌할 수 있는 문제가 아니다.

반면 소득재분배는 각 경제주체들이 가진 소득의 격차를 어떤 방식으로 완화할 것인지를 다루는 문제다. 공동체 내 부(富)의 편차를 줄이기 위한 정부의 정책이 소득재분배다. 국방이나 사회안전, 복지 등에 필요한 재원을 누구에게 더 많이 부담시킬 것인지, 정부가 예산을 집행할 때 어느 계층에 주로 지출할 것인지 등을 결정해야 한다.

대부분의 정부는 개인 또는 가구 간 재산이나 소득 격차로 인해 나타나는 사회문제를 해소하기 위해 고소득층에 고율의 세금을 부과하고, 저소득층에 상대적으로 낮은 세금을 물리고 있다. 세금을 빼고 난 이후의 소득은 세전 소득과 다르다. 소득이 높은 사람일수록 세후 소득과 세전소득의 격차가 커진다. 빈곤층에 대한 재정지출을 늘리는 사회복지정책들도 소득재분배의 핵심정책으로 볼 수 있다.

김대중 정부에서 본격적인 복지제도 도입

한국에서 소득재분배 정책은 김대중 정부 들어 본격적으로 시작됐다. 이전에도 고소득층에 세금을 더 물리는 누진세율을 적용해 왔으나 정부 예산이 특정 계층의 기초생활을 보장하기 위해 쓰이는 적극적인 의미의 소득재분배 정책은 2000년 시행된 국민기초생활보장법이 처음이라고 봐도 큰 무리는 없을 것 같다. 국민기초생활보장법은 1998년 45개 시민단체가 법제정 추진 연대회의를 구성해 청원했고 여야 합의로 1999년 9월에 법이 제정됐다.

국민기초생활보장법이 시행되기 전인 1999년 한국의 사회복지비 지출은 GDP의 9.77%였다. 당시 기준으로 보면 OECD의 30개 회원국들 가운데 멕시코(8.22%) 다음으로 사회복지 지출비중이 적었다. 꼴찌에서 두번째였다는 얘기다. 유럽의 복지국가인 스웨덴·덴마크·프랑스·독일 등과 비교하면 3분의 1 수준에도 못 미쳤다. 미국이나 일본보다는 50%가량 적었다.

1999년까지의 사회복지비 지출은 생활보호법에 따라 집행됐다. 국민생활보호제도는 국가에 의한 시혜 차원에서 이뤄졌다. 1999년에는 1인당 월소득이 23만 원 이하이고 가구당 재산이 2,900만 원 이하인 사람들을 대상으로 생계지원 자금을 정부가 지급했다. 지원 대상자는 54만 명이었고 4인가족 기준으로는 월 53만 원을 지급했다. 의료비의 대부분을 정부가 대신 내줬고 중·고등학생 자녀의

구분 \ 시기	1999년 (생활보호법)	2002년 10월 (국민기초생활보장법)	증가율
생계비지원 대상자	54만 명	139만 명	157%
현금급여수준(4인가족) (현금+현물)	53만 1,000원	87만 1,000원	64%
정부예산	1조 8,479억 원	3조 3,819억 원	83%
선정기준	소득 1인당 23만 원, 가구당 재산 2,900만 원 이하	2003년부터 소득인정액이 최저생계비 이하	-

자료 : 보건복지부

학비를 전액 지원했다. 이 같은 현물급여(21만 원 상당)를 포함하면 한 달에 평균 74만 원을 정부가 지원했다. 당시 기초생활보장과 관련된 예산은 약 1조 8,500억 원이었다.

2000년 시행된 국민기초생활 보장법은 과거와는 차원이 다른 개념에서 출발했다. 국민이 기초생활을 보장받는 것은 국가의 시혜가 아니라 저소득층의 권리로 바뀌었다. 국민 개개인의 최저한 생계는 정부가 보장하도록 법을 제정한 것이다. 2003년부터 기초생활보장 대상자 선정기준이 바뀌어 재산을 소득으로 환산한 금액과 월소득액을 합친 돈이 최저생계비에 미치지 못하는 사람들을 정부가 지원하도록 했다. 2003년 기준 최저생계비는 1인 가구 기준으로 35만 5,000원이고, 2인 가구의 최저생계비는 58만 9,000원, 3인 가구는 81만 원, 4인 가구는 101만 9,000원, 5인 가구는 115만 9,000원이다. 가구 소득이 이 기준에 미치지 못하면 정부로부터 지원을 받도록 법으로 정했다.

국민기초생활보장법이 시행된 이후 정부의 예산지출은 3년 만에 83%나 늘어났다. 기초생활보장 관련예산은 2002년 3조 3,800여억 원으로 1999년 1조 8,500억 원보다 1조 5,300억 원 늘어났다.

　기초생활보장제도는 기본적인 생계조차 유지하기 힘든 국민을 보호해야 한다는 정부의 역할을 당연한 것으로 규정했다. 사회정책 측면에서 보면 기초생활보장제도가 도입된 것은 커다란 진보였다. 그러나 심각한 몇 가지 결함을 안고 있다. 영국과 독일에서 나타난 복지병의 징후가 우리에게도 보인다.

근로의욕을 잃게 만드는 제도

기초생활보장 대상자들로 하여금 근로의욕을 잃게 만드는 제도라는 점을 우선 꼽을 수 있다. 기초생활급여는 보충적 급여로 규정돼 있다. 최저생계비에 미치지 못하면 부족액만큼 정부가 예산으로 채워주는 방식이다. 예컨대 월소득이 60만 원인 A씨(4인가족)는 현금 급여 지급 기준액인 89만 원에서 60만 원을 뺀 나머지 29만 원을 정부로부터 받는다. 의료비·교육비 등 현물도 지원받는다.

　만약 A씨가 열심히 일해서 월소득을 60만 원에서 70만 원으로 늘리면 어떻게 될까. 정부의 지원금은 29만 원에서 19만 원으로 줄어든다. 정부지원금을 합쳐 A씨의 소득을 89만 원으로 맞춰주는 방식으로 지원금액이 정해지기 때문이다. A씨가 더 일해서 벌어들인 10만 원은 개인소득이 아니라 정부의 지출예산을 줄이는 재원일 뿐이다. 열심히 일해서 정부에 다 갖다바치는 꼴이다. 추가소득액 10만 원을 세금으로 모두 추징한 것과 마찬가지다. A씨의 추가 소득에 대한 실효세율(effective tax rate)은 100%라는 얘기다.

　A씨가 정말로 열심히 일을 해서 월소득이 102만 원이 된다면 어

떻게 될까. 4인가족 기준 최저생계비인 101만 원을 넘어섰기 때문에 기초생활보장 대상에서 제외된다. 정부로부터 아무런 지원을 받을 수 없다는 얘기다. 이뿐만이 아니다. 의료비 지원을 받지 못하는 등 각종 현물혜택도 대폭 줄어든다. 102만 원을 받을 때의 실질소득은 기초생활보장 대상자였을 때의 실질소득(현금 89만 원에 현물평균 35만 원을 합친 124만 원)에 비해 오히려 줄어든다. 일을 많이 한 사람에게 정부가 벌을 주는 것이나 마찬가지다.

A씨가 일을 덜해 소득이 60만 원에서 50만 원으로 줄어들면 어떻게 될까. 정부 지원금은 29만 원에서 39만 원으로 늘어난다. 놀아도 실제 소득에는 변화가 없도록 만든 보충적 급여방식 때문이다.

A씨는 이 같은 제도 아래서 일을 할 하등의 이유가 없다. 한국의 기초생활보장제도는 근본적으로 빈곤층에 일할 의욕을 상실하도록 유도하는 제도나 다름없다.

정부도 이 같은 문제점들을 알고 있다. 정부는 기초생활보장 대상자 중 근로능력이 있는 사람들에게는 자활사업 참가를 조건으로 급여를 제공하고 있다. 그러나 정부가 이들을 일터로 끌어다 놓는 데 성공하더라도 일할 의욕을 갖도록 만드는 것은 불가능하다. 정해진 근로시간만 채우면 기초생활급여를 받을 수 있기 때문에 열심히 일할 이유가 없다. 공공근로를 열심히 하더라도 현금기준 소득은 여전히 89만 원이다. 근로 유무에 관계없는 소득불변의 원칙이 기초생활보장제도에서 작동하고 있다. 기초생활보장 대상자들 사이에 도덕적 해이(모럴 해저드)가 만연해질 수밖에 없다.

보건복지부는 이 같은 문제를 해결하기 위해 장애인 등 일부 계층에 대해서는 소득공제제도를 시행하고 있다. 예컨대 장애인이 열심히 일해 소득을 60만 원에서 70만 원으로 늘린다면 소득증가분 10만 원 중 30%에 해당하는 3만 원을 더 주고 있다. 월 현금 급여 89만 원에다 3만 원을 합친 92만 원을 받을 수 있게 된다. 그러나 이 정책의 효과는 미미하다. 10만 원어치의 일을 더하면 이 중 7만 원을 정부가 가져가는 셈이니 일을 하고 싶은 의욕이 거의 생기지 않는다. 추가 소득에 대해 70%의 세율을 적용하는 것과 마찬가지다.

기초생활보장제도는 극빈층의 사람들을 사회복지에 전적으로 의존하도록 만들었다. 이들은 살아남기 위해 뭔가를 해야 한다는 압박을 더 이상 받지 않는다. 사회복지에 의지한 사람들의 행복지수는 높아졌지만 사회 전체로 보면 비생산적이고 재정에도 부담이 된다.

차상위 빈곤층이 최하위 계층으로 전락

다음 문제로 꼽을 수 있는 것은 '차(次)상위 계층' 문제다. 차상위 계층이란 기초생활보장 대상자는 아니지만 소득이 최저생계비의 120%를 넘지 못하는 빈곤층이다. 정부가 2003년 기준으로 정한 최저생계비 월 101만 원(4인가족 기준)보다는 소득이 많지만 여기에 20%를 더한 121만 원보다는 소득이 적은 사람들이다.

예컨대 소득이 110만 원인 4인가족 가구를 보자. 소득이 최저생계비를 넘기 때문에 기초생활보장 혜택을 받을 수가 없다. 의료비 등도 스스로 부담해야 한다. 반면 최하위 계층인 기초생활보장 대상자들은 89만 원의 현금에다 평균 35만 원이 넘는 현물을 지원받는다. 기초생활보장 대상자가 차상위 계층보다 실제 소득이 더 많다. 최하위 빈곤층에 대한 기초생활보장제도가 차상위 계층을 최하위 계층으로 밀어넣어버렸다!

한국은 이제 차상위 계층에 속하는 빈곤층이 일을 덜 해서라도 최하위 계층으로 전락하는 것이 더 나은 세상이 됐다. 기초생활보장제도는 2000년 처음으로 시행됐기 때문에 복지혜택을 받기 위한 목적으로 차상위 계층 사람들이 의도적으로 소득을 줄여 최하위 계층으로 떨어지는 사례는 아직까지 없을 것이다. 기초생활보장 대상자들 대부분이 근로능력을 상실한 노인이나 장애인, 소년·소녀가장 등 사회의 도움을 필요로 하는 사람들이다. 그러나 시간은 제도의 순수성을 혼탁하게 만든다. 세월이 흐를수록 복지혜택을 누리려는 사람들이 많아질 것이다. 이 핑계 저 핑계로 소득을 줄이거나 적게 신고하는 사람이 생겨날 것이다. 이와 비례해 정부의 재정 부담은 계속 늘어난다.

어느 정도 시간이 지나면 기초생활보장 대상자들 중에서는 실제 소득을 숨기고 정부의 지원을 받으려는 사람들이 나타나게 된다. 사회복지제도에 편승하는 기초생활보장 대상자들의 도덕적 해이는 탈세·불법노동으로 발전해 간다. 그 결과 건설현장이나 일용직 시장에서 일해 벌어들인 돈을 제대로 신고하지 않는 기초생활보장 대상자들의 실제 생활은 차상위계층뿐만 아니라 차차상위 계층보다도 높아질 수 있다. 정부의 보호를 받지 않고 성실하게 일해 온 저소득층의 근로의욕은 더 꺾일 수밖에 없다.

확대 지향적인 사회복지정책

사회복지제도에는 스스로를 끊임없이 확장해 나가는 내재적인 경향성이 있다. '제3의 길'을 주창한 앤서니 기든스마저 "도덕적 해이에 의한 행동변화는 시간이 흐를수록 관습화되기 때문에 점점 심화되는 경향이 있다. 이익집단들이 자신의 이해관계를 추구함에 따라 복지제도가 고정화되는 경향이 나타난다"고 말했다.

실제로 우리 사회에서 그런 일들이 벌어지고 있다. 복지 수혜자와 비수혜자를 가르는 불공평한 기준 때문에 불만을 갖는 사람들이 생겨나고 있다. "나보다 몇만 원 소득이 적은 저 친구는 정부로부터 30만 원 이상의 혜택을 받는데, 나는 101만 원 이상을 번다는 이유로 한푼도 지원받지 못하고 있다"고 아우성을 치는 사람들이다. 이들은 시위를 해서라도 지원을 받으려 할 것이다.

정부는 2003년 8월 기준으로 차상위 계층에 속하는 빈곤층이 약 320만 명인 것으로 추산하고 있다. 정부의 지원을 받는 기초생활보장 대상자 149만 명의 두 배를 넘는다. 이들 차상위 계층은 보건복지부로부터 의료비·교육비 지원을 받지 못하고 있다. 교육비의 경우 교육인적자원부가 최저생계비의 123% 범위 내에 있는 저소득층에게 수업료 또는 학교운영지원비 등을 지원하기 때문에 차상위계층 문제가 해소됐으나 이 경우 차차(次次)상위 계층과의 형평성 문제가 새로 발생한다.

보건복지부는 2003년 8월 기초생활보장 대상자가 아닌 차상위 빈곤층에 대한 일제 조사를 실시한 적이 있다. 이웃주민이나 민간 사회복지사 등이 빈곤층의 인적 사항을 읍·면·동사무소에 알리면 4인가족 기준으로 41만 5,000원의 긴급 생계급여를 지급하겠다는 것이다. 2003년 6월 말 기준으로 건강보험료를 내지 않은 장기 체납자 152만 세대 가운데 저소득층에게는 건강보험 혜택을 계속 받을 수 있도록 조치하고 경로연금이나 보육료 등을 지급하는 방안도 검토하겠다고 밝혔다. 차상위 계층에 대한 의료비 지원은 빠르면 2004년부터 시행될 예정이다. 차상위 계층에 대한 보호방안 등 종합적인 빈곤대책을 관계부처와 협의해 마련하겠다는 것이 보건복지부의 계획이다.

이를 위해서는 정부가 더 많은 예산을 배정해야 한다. 기획예산처는 2004년 정부 일반회계 예산을 2003년에 비해 2.1%만 증액하는 초긴축 재정을 편성하는 와중에서도 차상위 계층에 대한 지원방안을 마련했다. 2004년부터 6개월 이상 치료해야 하는 만성 희귀난치성 질환자에 대해서는 의료비를 지원하고 의료급여 2급 수급자에게는 진료비 본인 부담률을 20%에서 15%로 내리기로 했다. 기초생활보장제도의 구조적인 결함을 극복하기 위해서는 불가피한 선택이라는 것이 정부 관계자들의 얘기다.

결국 정부는 기초생활보장제도라는 복지정책을 도입함으로써 차상위 계층에 속해 있던 빈곤층을 최하위 빈곤층으로 떨어뜨렸고 지금은 차상위 계층에 대한 지원책을 논의하고 있다. 차상위 계층에 대한 복지제도가 완결되면 차차상위 계층은 어떻게 될까.

갈수록 비대해질 복지행정

과도한 복지제도는 사람들의 행동을 왜곡한다. 복지 수혜자가 계속 늘어나고 정부부담도 커진다. 복지제도를 보완할수록 정부 재정의 구멍은 커진다. 일해야 할 사람들이 복지 수혜자로 전락하고 생산활동은 줄어든다. 정부의 세금수입도 비례해서 감소한다. 저임금 노동자들이 복지수혜자가 되면서 더럽고 어렵고 위험한 3D 업종 중소기업들은 사람 구하기가 갈수록 어려워진다. 불법 외국인노동자들은 더 늘어난다. 정부는 갈수록 늘어나는 재정 수요를 충당하기 위해 세율을 인상한다. 그 결과 기업과 취업자들의 부담은 갈수록 커진다. 복지제도의 폐해가 사회 전반으로 확산된다.

기초생활보장제도를 처음 도입했을 당시의 정치인이나 관료들은 최저생계비에 미치지 못하는 사람들에 대해서만 일정한 급여를 보장하고 교육비·의료비 등 각종 현물을 지원하면 차상위 계층이 극빈층으로 전락할 것이라는 사실을 알고 있었을 것이다. 중앙부처 핵심 공무원들이 이 같은 사실을 몰랐을 것이라고 보기는 어렵다. 당시 기초생활보장제도를 기안하고 정책으로 도입한 관료들 사이에서는 다음과 같은 대화가 오갔을 것으로 추측해 보는 것도 가능할 것이다.

A씨 : "의료비와 교육비를 포함해 100만 원이 넘는 돈을 기초생활보장 대상자에게만 주는 것은 아무리 생각해도 문제가 있는 것 같아. 기초생활보장을 받을 수 없는 차상위 빈곤층이 소외될 텐데…. 이 문제를 짚고 넘어가야 하는 거 아닌가."

B씨 : "그 문제는 나도 알아. 하지만 너무 복잡하게 생각하지 말자구. 일단 시작하는 것이 중요하잖아."

A씨 : "아무리 생각해도 최저생계비를 정부가 무조건 채워주는 방식으로 돈을 주면 다른 사람들과 형평성에 문제가 있어. 여론에서도 차상위 빈곤층 문제를 제기하지 않을까?"

B씨 : "그거야 그 때 가서 문제를 해결하면 되잖아."

A씨 : "그러면 정부 재정은 어떡하지?돈이 계속 들어갈 텐데."

B씨 : "걱정도 참 많다. 세금으로 돈을 더 거두면 되잖아. 돈 걷는 것은 우리 일도 아니고, 복지재정이 많아지면 우리 조직도 커지잖아. 차상위 빈곤층 문제는 언론과 정치권에서 문제를 제기하면 그 때 가서 못 이기는 척하고 들어주자구. 그러면 우리 부담도 없잖아? 일단 법을 만들고 기초생활보장제도를 시행하는 것이 중요해. 사회복지정책이란 다 그렇게 시작하는 거야."

A씨 : "…."

기초생활보장제도가 시행된 지 3년 만에 차상위 계층 문제가 우리 사회에 본격적으로 제기된 것은 우연이 아니다. 정치권과 언론, 그리고 정부는 이구동성으로 복지 사각지대를 말하고 있다. 차상위 빈곤층에 대한 지원 문제는 오랫동안 정치권 등에서 논란거리가 될 것이다. 차상위 계층을 최하위 빈곤층으로 전락시킨 기초생활보장제도를 바꾸지 않는 한 제도개선의 필요성이 있는 것도 사실이기 때문이다.

1999년 기준으로 사회복지 예산이 GDP 비율로 독일이나 영국의 3분의 1 수준에 불과한 한국이 머잖아 이들 수준으로 근접해 갈 수 있다. 이미 만들어놓은 제도는 손대지 않고 나머지를 보완해 가는 쪽으로 복지제도를 계속 개선하면 사회복지 지출예산을 3배로 늘리는 일은 아무것도 아니다. 복지예산이 하늘에서 떨어지는 것이 아니라면 국민이 내야 하는 세금과 각종 부담금은 갈수록 늘어날 수밖에 없다.

정부의 사회복지 예산은 1997년 4조 3,000여억 원이었으나 2004

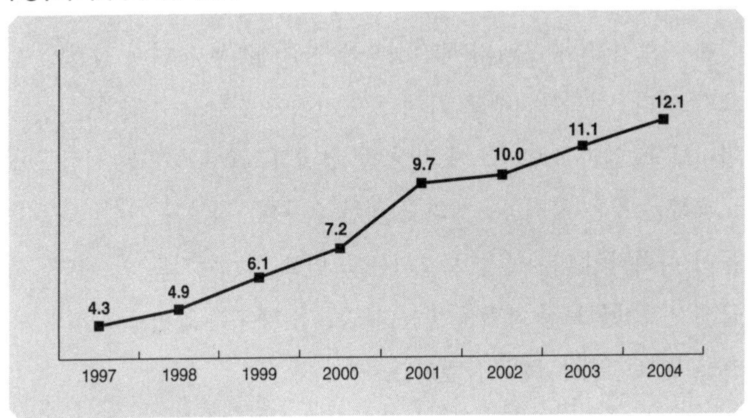

자료 : 기획예산처

년 예산안에는 12조 1,000억 원으로 늘었다. 불과 7년 만에 세 배가까이 증가되는 셈이다. 국민이 부담하는 국민연금·건강보험·고용보험·산재보험 등 사회보장 기여금도 1997년 14조 6,000여억 원에서 2002년 31조 4,000여억 원으로 늘었다. 물론 아직은 한국의 사회복지 예산이 우려할 만한 수준에 도달한 것은 아니다. 그러나 우리가 과도한 복지제도를 향해 한 걸음씩 가고 있는 것도 사실이다. 유럽의 거대한 복지국가들이 처음부터 공룡같은 복지정책을 계획한 것은 아니었다. 처음에는 복지수혜 대상자가 소수였다. 시간이 흐르면서 늘어났을 뿐이다.

분배 중심의 사회정책은 끝났다

슈뢰더 독일 총리가 2003년 8월 "정부가 더 이상 고액 연금을 지급할 수 없는 상황에 이르렀다"며, "분배 중심의 사회정책은 이제 명백히 종말에 이르렀다"고 말한 대목을 주목할 필요가 있다. 그런 지경에 이르기 전에 우리의 복지정책을 원점에서부터 다시 점검할 필요가 있다. 사회복지제도 자체를 폐기해야 한다고 주장하는 것은 아니다. 노인과 소년·소녀 가장 등 경제적으로 무능력한 사람들을 보호하는 것은 사회공동체의 신성한 의무다. 정부와 기업, 노동자들이 사회적인 약자들을 보호하는 노력을 팽개쳐서도 안 된다. 지금의 기초생활보장 혜택을 받는 사람들은 대부분 진짜로 사회의 보호를 필요로 하는 것도 사실이다.

그러나 시간이 흐를수록 이 같은 순수성은 퇴색된다. 경제적 인간은 주어진 상황에서 최대의 이익을 추구하기 때문이다. 독일은 복지제도의 이 같은 폐해를 줄이기 위해 사회복지 혜택 자체를 줄이려 하고 있다. 영국은 대처 정부 시절에 복지수혜자들을 매우 까다롭게 심사해서 복지예산 지출을 최대한 억제했다. 그러나 2002년 발간된 영국 재무부의 보고서에 따르면, 영국에서는 12만 명이 부정한 방법으로 사회복지 혜택을 요구한 것으로 추산됐다. 대처의 신자유주의 혁명이 있었던 영국에서도 이익을 추구하는 인간의 본성만큼은 어찌할 수 없다는 얘기다. 우리가 사회복지제도에서 후발주자의 유리함을 살리려면 이들의 경험을 반면교사로 삼을 필요가 있다.

3 | 적대적 노사갈등

한국은 영국이나 독일과는 근본적으로 처지가 다르다. 19세기 와 20세기 초 세계를 지배했던 대영제국의 영화도 없고, 독일처럼 세계 최고 수준의 제조업 경쟁력을 가져본 적도 없다. 일본의 식민지를 거쳐야 했고 민족상잔의 비극까지 겪었다. 본격적인 근대화가 진행된 것은 1960년대 이후였다.

우리는 1995년 처음으로 국민소득 1만 달러를 돌파했으나 외환위기로 주저앉았다. 1만 달러로 다시 올라서는 데 5년이나 걸렸다. 2만 달러를 이미 넘어선 독일과 영국을 우리와 수평비교할 수는 없다.

그러나 독일과 영국이 이미 겪었거나 지금 겪고 있는 문제들이 우리에게도 나타나고 있는 것은 분명하다. 성장과 분배를 둘러싼 갈등은 수준과 강도 면에서 차이가 있지만 우리도 비슷한 홍역을 치르고 있다.

현대자동차가 47일 간의 파업 끝에 2003년 8월 노사 협상을 타결했다. 골자는 상여금을 포함한 임금 인상과 58세까지 정년 보장, 노조 동의 없이는 국내 생산 라인 축소 및 폐쇄 불가 등이었다.

한 회사의 노사협상 내용에 경제계 전체가 민감하게 반응한 것은 매우 이례적인 일이다. 전국경제인연합회는 '현대자동차 노사 합의에 대하여' 라는 제목의 보도자료를 냈다.

"현대자동차 노조는 47일 간의 장기파업이라는 실력행사를 통해 회사의 막대한 손실을 담보로 한 파업 만능주의와 해외공장 가동의 중단을 볼모로 회사를 벼랑끝까지 몰고가면서 합의를 얻어냈다. 사실상 경영 주요사항에 관하여 노조의 거부권을 인정한 금번 합의는 헌법의 재산권 보장의 취지와 민·상법상의 주식회사 제도가 보장하는 주주의 경영권을 본질적으로 침해하고 있다. 금번 합의는 현대자동차의 경쟁력뿐만 아니라 타기업에도 영향을 미치고, 나아가 외국인 투자유치에 부정적인 영향을 미쳐 총체적인 경제위기를 가속화시킬 수 있다."(2003. 8. 6)

대한상공회의소도 현대자동차 협상이 타결된 직후 226개 사를 대상으로 설문조사한 결과를 발표했다. 응답기업의 88.1%가 현대차 노사협상 결과가 다른 기업이나 국가경제에 부정적인 영향을 미칠 것이라고 답했다. 현대자동차와 같은 대기업의 비용 상승이 중소기업으로 전가되고, 끝까지 버티면 된다는 잘못된 교섭관행이 확산되고, 노사관계에 대한 해외 신인도가 저하될 것으로 우려했다.

현대차 파업이 타결된 이후 노조에 적대감을 보이는 사람들이 적지 않다. 국가경제는 도외시한 채 자신들의 이익만을 추구하는 집단이라는 비판이었다. 정부가 파업을 방치한다고 비난하는 사람들도 많았다.

파업은 노동자들이 뭉쳐 공장 가동을 멈추는 집단행위다. 공정 거래 측면에서 본다면 일종의 담합행위다. 시장경제를 도입한 대부분 국가들이 담합을 허용하고 있는 유일한 분야가 바로 노동이다. 개인으로 보면 노동자가 기업에 비해 사회적 약자이기 때문에 노조의 단결권과 단체행동권을 인정하고 있다.

파업권을 단체행동권의 하나로 인정하는 이상 파업에 따른 손실은 사회적으로 받아들여야 한다. 파업 자체가 생산을 중단하는 행위이기 때문에 파업을 하면 사회가 손실을 입을 수밖에 없다. 국민경제에 악영향을 주지 않는 파업이란 없다. 우리는 그런 사실을 다 알고 있으면서 노동자들의 단결권과 단체행동권을 인정해 줬다.

파업손실은 누가 부담해야 하나

파업으로 인한 손실을 당연한 것으로 받아들이고 나면 다음 숙제가 남는다. 누가 파업으로 인한 손실을 부담할 것인가.

파업손실에는 여러 가지 종류가 있다. 생산중단으로 인한 파업회사의 직접적인 손실이 있을 테고, 그 회사의 앞뒤에 있는 회사들의

| 현대차 노조 2003년 노사합의 내용 |

- 국내외 경기변동으로 인한 판매부진을 이유로 정리해고 · 희망퇴직 등을 노사공동 결정 없이 할 수 없다.
- 58세 정년보장
- 경기부진에도 노사공동 결정 없이 국내 생산라인 축소 및 폐쇄 불가
- 부득이한 경우 해외공장 폐쇄 우선
- 이사회 개최시 조합에 통보 및 설명
- 경영상 중요 사항은 조합요청시 즉시 설명회 개최
- 생산차종과 공장이전 등에 대해 90일 전 조합에 통보
- 생산 및 정비직에 대해 인사고과 없는 자동호봉승급제 도입

자료 : 대한상공회의소

연쇄손실이 있을 수 있다. 부품업체가 파업을 하면 완성품 생산업체가 공장 가동을 중단해야 하는 처지로 몰릴 수 있다. 사내 노사관계가 매우 좋더라도 다른 회사의 파업 때문에 기계를 돌릴 수 없다면 막대한 손실이 발생하게 된다. 거래선이 끊길 수도 있다. 소비자들도 파업으로 불편을 겪는 사태가 발생한다. 파업 공장에 납품해야 하는 하청업체는 부도가 날 수도 있다. 분업으로 꼬리에 꼬리를 무는 현대 경제사회에서는 파업으로 인한 손실을 측정하기조차 어렵다. 누가 이 손실을 떠맡을 것인가.

정부는 이 문제를 사실상 방치하고 있다. 파업 공장에서는 무노동 무임금이라는 원칙이 있지만 이것마저도 제대로 지켜지지 않고 있다. 파업이 끝날 무렵에는 파업기간 중 발생한 파업노동자들의 임금손실을 어떻게 할 것이냐가 새로운 쟁점이 된다. 현대자동차에서는 생산성향상 격려금을 지급하는 방식으로 파업기간 중의 임금손실을 보전해 줬다. 대부분의 대기업들이 이런 방식으로 임금협상을 타결한다. 파업이 성공하면 노동자들은 상당한 이득을 보는 반면 기업들은 생산차질에 따른 손실과 파업기간 중 임금을 편법으로 떠맡는 부담을 진다. 이 비용은 노조와의 싸움에서 진 기업들이 짊어져야 하는 전쟁보상금으로 볼 수도 있다.

부품업체를 포함한 다른 업체들의 피해와 고객의 불편과 손실은 누가 책임져야 하나. 우리 사회에서는 어느 누구도 이 문제에 신경 쓰지 않는다. 그러다 보니 파업을 자제해 달라는 공허한 메아리만 난무할 뿐이다. 시민을 볼모로 한다느니, 국가경제를 생각해 달라느니 하는 추상적인 설득과 문제 제기만 오가고 있다.

노동조합은 소속 조합원들의 이익을 극대화하는 쪽으로 단체행

동을 하게 마련이다. 파업으로 다른 업체들이나 국민이 손실을 입
는 것은 그들에게는 2차적인 관심사일 뿐이다. 당연한 일이다. 시
장경제를 받아들인다면 경제주체들이 충실하게 이기적으로 행동하
는 것을 막을 수는 없다. 문제로 삼아야 할 것은 왜 노동조합이 파
업으로 발생하는 사회적 손실을 분담하지 않느냐는 것이다. 공해를
배출한 업체에 환경세를 물리거나 정화비용을 부담시키는 것과 마
찬가지로 노동조합에도 최소한 사회적 손실의 일정 부분은 책임을
지워야 하는 게 아닌가.

사회적 손실의 상당 부분을 떠맡는 독일 노동조합

독일은 파업으로 인한 손실을 분담하는 체제가 잘 갖춰져 있다. 독일
의 파업손실 분담 체제는 1986년 이전과 이후가 확연히 구분된다.

1986년 이전의 독일을 살펴보자. 파업이 시작되면 독일의 산별
노조는 파업참가 노동자에게 대체임금을 줬다. 노동조합으로서는
파업기간이 길어질수록 재정부담이 커진다. 노조 지도부는 웬만하
면 파업결정을 내리지 않는다. 노조원 급여의 1%를 조합비로 받는
노조가 전임자 임금뿐만 아니라 파업참여 노동자들에게 대체임금
을 줘야 하기 때문에 파업 부담이 클 수밖에 없다.

파업에까지 이르게 된 사태에 대해서는 회사측도 책임을 진다.
공장시설을 가동하지 못한 손실과 거래업체와의 신뢰 저하 등은 회
사가 떠맡아야 하는 몫이다. 기업주 입장에서도 파업을 계속 끌고
나갈 이유가 없다.

독일 정부는 특정 회사의 파업으로 부득이하게 공장 가동을 중단

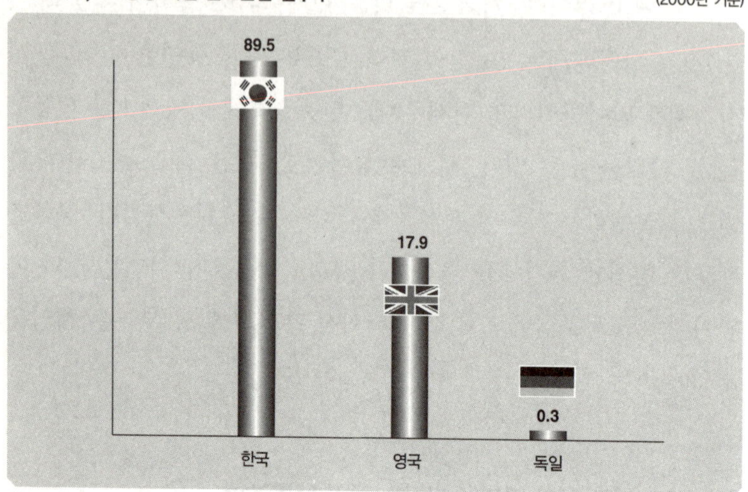

자료 : ILO, Yearbook of Labour Statistics 2002

해야 하는 불특정 다수 업체들의 근로손실을 책임졌다. 부품업체의 파업으로 완성품 제조업체의 공장이 멈춰서 근로자들이 일을 하지 못하면 정부가 근로손실분에 해당하는 돈을 대신 지급했다. 정부의 돈은 세금이므로 국민이 부담하는 것이나 마찬가지다. 파업 당사자를 제외한 사회적인 손실은 국민을 대표하는 정부가 떠맡은 것이다. 정부가 파업을 좋아할 리가 없다.

독일은 1986년에 이 제도를 바꿨다. 정부가 부담했던 2차 파업피해 업체들의 근로손실분을 산별노조가 부담하도록 법을 고쳤다. 부품업체 노조의 파업으로 완성업체 근로자들이 일을 하지 못하면 독일의 노조는 완성업체 노동자들에게도 근로손실분에 해당하는 만큼의 돈을 주도록 했다. 정부가 부담했던 파업의 사회손실분을 고스란이 노조에 떠안긴 것이다.

독일의 노동조합들은 파업을 하는 데 더 신중해졌다. 파업을 잘

못했다가 엄청난 빚더미에 올라앉을 수 있기 때문이다. 파업이 장기화되면 노조의 재정이 바닥나고 노조에서 일하는 직원들조차 월급을 받을 수 없게 된다.

독일의 노동조합은 파업에 나서려는 노동자들을 가능한 한 효과적으로 설득하고 대화로 풀어가도록 유도해야 하는 숙명을 안고 있다. 독일의 파업 빈도는 유럽 국가들 중에서 가장 적은 수준이다. 공장 노동자들이 어쩌다 관리자와 마찰을 빚어 충동적으로 파업을 벌이려 하면 노조가 직접 나서서 말린다. 노동자들이 그래도 파업을 강행하면 노조가 불법파업으로 규정하고 비난한다. 노조는 불법파업 근로자들에게 대체임금을 주지 않는다. 노조의 허가 없이 자발적으로 벌이는 파업으로 발생하는 2차 근로손실에 대해서도 노조는 책임을 지지 않는다. 파업참여 노동자들이 모든 손해를 떠안아야 한다. 독일에서 불법파업이 거의 없는 이유다.

독일의 산별노조가 노동자들을 제대로 통제하려면 회사의 경영내용을 잘 알아야 한다. 노조가 경영에 참여하는 것은 불만에 찬 노동자들을 설득하는 하나의 방편으로 활용돼왔다. 일부 기업에서는 경영에 참여한 노조 조합원이 비밀정보를 노출시키는 부작용이 발생하기도 했지만 독일 노조의 경영참여는 협조적인 노사관계를 기본적인 전제로 하는 것이었다. 강력한 산별노조의 경영참여에도 불구하고 독일의 노사관계가 유럽 최고 수준으로 안정돼 있는 이유다. 파업을 하면 모든 경제주체들이 손해를 보는 구조 아래서는 파업은 말 그대로 최후의 수단이고 최후의 선택일 뿐이다.

독일에서는 노사문제에 정부가 개입하지 않는다. 노사정(勞使政)위원회라는 것도 없다. 노사 간 합의에 맡겨둘 뿐이다. 그런데도 노사관계는 잘 돌아가고 있다. 옛 동독지역의 근로시간 단축문제로 금속노조인 IG메탈이 한 달 간 파업을 벌였고, 파업실패 이후 노사 간 신뢰관계가 손상을 입었지만 노사가 경제의 동반자라는 기본 인식에는 변함이 없다. 한 달 간의 노조 파업에도 불구하고 경제계가 동독지역 근로시간을 35시간으로 단축하려는 의사가 전혀 없는 것으로 확인되자 노조 지도부가 아무런 성과없이 일방적으로 파업을 철회한 것은 한국에서는 상상하기 힘든 일이다.

독일 정부는 노사 평화를 정착시키기 위해 하는 일이 별로 없다. 다만 파업으로 인한 손실을 누가 부담할 것이냐에 대한 규칙만 정했을 뿐이다. 그랬더니 모두가 파업을 피하는 쪽으로 움직여갔다.

슈뢰더 독일 총리는 1998년 총선거를 앞두고 "간접적으로 파업 피해를 당한 업체들의 근로손실분까지 노조에 부담시킨 것은 지나치게 가혹하다. 총리가 되면 노동법을 고치겠다"고 약속했다. 그러나 슈뢰더 총리는 임기 중에 노동법을 고치지 않았다. 2002년 독일 총선거에서 재선에 나선 슈뢰더 총리에게 IG메탈 기관지 기자가 인터뷰를 통해 항의성 질문을 했다. "기독교민주당의 콜 총리가 1986년 개악한 노동법을 고치겠다고 약속한 공약을 지키지 않는 이유가 뭐냐?"고 물었더니 슈뢰더 총리는 "노조가 바꿔놓은 법에 잘 적응하고 있기 때문에 노동법을 개정하지 않기로 했다"고 대답했다고 한다.

실제로 독일의 산별노조는 1986년 법 개정 이후 총파업을 하더라도 몇몇 회사를 선정한 뒤 공장별로 돌아가면서 파업을 하는 전술을 채택했다. 한꺼번에 모든 기업들이 파업을 벌이면 재정부담이 너무 크기 때문이다. 정부가 규칙을 만들어놓으면 시장 참가자들은 알아서 움직인다.

노동권 자체를 축소한 영국

대처의 영국은 어땠는가. 독일과는 전혀 다른 쪽으로 갔다. 법에서 보장한 노동권 자체를 줄였다. 채용조건으로 노조 가입을 의무화한 제도(closed shop)를 폐지했다. 정부가 노조의 조직형태에 개입한 셈이다. 합법적인 분규의 범위를 줄였고 동정파업이나 연대파업 등 2차 파업행위도 금지시켰다. 파업 찬반투표는 우편으로 하도록 했다. 노조의 투표절차마저 정부가 규제한 것은 영국의 파업 빈도가 우려할 만한 수준을 넘어섰다는 사실을 감안하더라도 정도가 심하다는 느낌마저 든다. 대처 정부는 또 노동자들에게 파업에 참여하도록 독려하는 피케팅도 제한했고 노조 간부의 면책특권도 줄였다.

대처는 이와 함께 노조가 무리한 요구를 하면 어떤 희생을 치르더라도 들어주지 않는 방법을 택했다. 절대로 굴복하지 않는다는 비타협으로 대응했고 노조 지도부에는 형사책임까지 물었다. 광산 노동자와는 1년이나 싸웠다. 민영화를 반대하는 노조의 반발은 들은 척도 하지 않았다. 무리한 요구는 통하지 않는다는 것을 경험으로 관철시켰다.

영국의 노동권은 1970년대에 비해 엄청나게 후퇴했다. 대처는 이 같은 방법으로 노동자 1,000명당 노동손실 일수를 1979년 1,274일에서 1988년 790일로 줄였다. 파업 빈도가 9년 만에 절반 가까이 줄어든 것이다. 독일이 파업으로 인한 손실을 분담하는 제도를 만든 반면, 영국은 파업권 자체를 제한하고 무리한 요구를 들어주지 않는 방식을 택했다. 영국의 노조도 파업에 신중해졌다.

노사합의만 강조해서는 안 된다

한국은 어떤가. 파업으로 인한 손실을 사회적으로 분담하는 체제가 갖춰져 있지 않다. 다른 회사의 파업으로 판로가 막히거나 부품조달이 끊겨 회사가 망해도 하소연할 곳조차 없다. "참 재수가 없군요, 안타깝습니다"는 것 이외에는 더 이상 할 말이 없다.

한국의 노동권이 잘 보장돼 있어 법에서 정한 절차대로 따라가기만 하면 합법적인 파업이 된다. 그러나 파업의 결과에 대해서는 누구도 책임지지 않는다. 정부는 노사합의만 강조하고 법을 지키는지 여부만 따질 뿐, 무리한 요구인지 아닌지에 대해서는 심각하게 생각하지 않는다.

노사갈등을 해결하기 위한 방안으로 노조의 경영참여를 제한적이나마 허용하겠다는 얘기까지 나오는 것을 보면 정부가 무엇을 하겠다는 것인지 알아내기가 어렵다. 노사가 경영의 장(場)에서 머리를 맞대면 노사문제를 좀더 쉽게 해결할 수 있을 것이라는 기대감이 있는 듯하다. 그러나 노사가 서로에게 적대적이고 싸움을 벌이고 있는 중이라면 싸움터가 하나 더 늘어나는 꼴이다. 지금까지는 공장이나 영업장에서 볼 수 있었던 파업을 이사회에서도 구경할 수 있는 날이 올지 모르겠다. 모든 것을 대화로 풀라는 선의(善意)는 좋지만 노조의 경영참여는 파업의 불에 오히려 기름을 끼얹는 꼴이 되기 십상이다. 노사가 적대적으로 갈등하는 현실을 외면한 채 외국의 제도들 중에서 좋아보이는 일부만 발췌해 도입한다면 노사관계는 더욱 기형이 될 수 있다.

'보고 싶은 것만을 보려는 성향'은 노조도 마찬가지다. 한국의

일부 노동운동가들은 독일의 산별노조를 한국에 도입하려 하고 있
다. 독일의 가장 강력한 산별노조인 IG메탈 본부에는 한국 노동운
동가들이 항상 몇 명씩 상주할 정도로 독일 모델을 배우려는 열기
가 대단하다. 그러나 이들은 독일의 산별노조가 강력한 것은 독일
에 기업단위의 노조가 없기 때문이라는 사실을 애써 외면하는 것
같다. 기업단위 노조가 독일에 없기 때문에 노조전임자 임금을 개
별 회사에서 지급하는 일도 없다. 한국의 산별노조 운동가들이 기
업단위의 노조를 해체하고 노조전임자 임금 지급도 없애자고 주장
하지 않는 것을 보면 한국의 노조 시스템을 독일식으로 바꾸겠다는
얘기는 아닌 것 같다. 기존의 기업단위 노조의 강점을 그대로 둔 채
산별노조의 강력함마저 갖추겠다는 시도로 보인다. 한국의 노조운
동가들도 독일 노사제도의 한 측면만을 바라보고 있다.

노조의 경영참여는 그 자체로 비판을 받을 이유가 없다. 실제로
일부 기업들은 노동자들의 적극적인 참여를 유도하기 위해 경영자
스스로 나서 노조와 주요 사안에 대해 논의하면서 문제를 풀어가고
있다. 공장 이전이나 인력 재배치 문제를 놓고 노사가 머리를 맞대
면 더 좋은 결론을 내릴 수도 있다. 문제는 금슬이 좋은 외국 노사
관계의 겉모습만 보고 온 정책당국자들이 깊은 생각을 하지 않은
채 새로운 제도를 도입하려는 시도다.

노무현 정부는 출범 후 6개월 간의 진통 끝에 2003년 9월 초 노
사관계 개혁 로드맵을 발표했다. 합법파업에만 가능했던 직장폐쇄
를 불법파업에도 허용하고 공익사업장에 대해서는 대체근로를 허
용하기로 했다. 도산절차를 밟고 있는 기업에 대해서는 고용 승계
의무를 면제하는 방안도 추진하기로 했다. 해고요건을 다소 완화하

는 등 기업의 대항권을 확대하겠다는 것이 정부의 설명이다. 병원·통신·전기 등 공익사업장에 대해서는 파업요건을 완화하고 직권중재제도를 폐지하는 등 일부 파업제한 규정들은 노동자에게 유리한 쪽으로 풀어주기로 했다.

이 같은 개혁안에 대해 경제계는 대체로 환영하고 노동계는 강력히 반대했다. 노동계보다는 경제계 쪽에 유리한 내용이 더 많다는 방증이다.

그러나 같은 해 12월에 노사관계제도 선진화 연구위원회에서 확정된 방안에 대해서는 경제계가 반발했다. 통상임금에 상여금과 각종 수당을 포함시킬 경우 기업의 부담이 너무 늘어난다는 이유에서였다.

적대적인 관계에 놓여 있는 양쪽을 모두 만족시킬 수 있는 묘안을 찾는다는 것은 거의 불가능한 일이다.

적대적 노사관계

노조가 파업을 피해야 할 이유가 없는데도 노조 지도부에 파업을 하지 말라고 얘기하는 것은 아무래도 설득력이 없다. 노사 어느 쪽에서든지 상대방을 힘으로 제압할 수 있다고 생각하는 쪽이 있다면 원만한 합의는 이뤄지기가 어렵다. 미국과 이라크 간 전쟁을 유럽이 아무리 중재하려 해도 압도적인 승리를 확신하는 미국이 전쟁의사를 굽히지 않으니 소용이 없었던 것과 마찬가지다. 서로가 적대적인 상황에서 합의가 이뤄지는 것은 서로의 힘이 비슷해 일방적으로 상대방을 제압하지 못하거나, 싸움을 하면 공멸하거나 엄청난 손실을 입는 상황에서나 가능한 것이다. 냉전 시대에서의 미·소 관계가 그랬다.

근본적인 치유책은 물론 서로를 인정하고 적대적인 관계 자체를 청산하는 일이다. 서로의 이해관계가 맞아떨어지면 당사자들은 합의를 도출하기 위해 적극적으로 나서게 된다.

한국의 노사관계가 적대적인 것은 이해관계가 상충되고 상대방을 제압하려는 의지가 여전하기 때문이다. 1980년대 중반까지는 정부의 공권력이 기업주 편이었고 노동운동은 탄압을 받았다. 폭력조직까지 동원된 구사대와 노조 가입자들의 재취업을 막는 블랙리스트 등이 횡행했을 만큼 노동여건은 열악했다. 그러나 1987년 민주화 항쟁 이후 노동자들의 힘이 급속히 커졌고 이후에는 노동조합이 기업주를 밀어붙였다. 1997년의 외환위기로 노조의 힘이 한풀 꺾이기도 했지만 이후의 노사관계, 특히 대기업의 노사관계는 기본적으로 노조가 싸움을 주도해 왔다.

노동자들이 조직적으로 단결하면 노동조합과 기업 중 누가 강자이고 약자일까. 일률적으로 말하기가 어렵다. 누가 더 치명타를 입힐 수 있는지, 누가 더 오래 버틸 체력과 의지가 있는지, 파업으로 누가 더 이익을 보고 손해를 보는지에 달려 있다.

2003년 여름의 현대자동차 파업에서는 회사측이 졌다. 노조는 상여금 이외에 8. 6%의 임금인상을 쟁취했다. 필자가 보기에는 노조가 10% 이상의 임금 인상도 관철시킬 능력을 갖고 있었다. 무노동 무임금의 적용을 엄격히 받더라도 노동조합은 최소한 6개월 정도는 버틸 힘이 있었을 것이다. 반면 국내에서 각종 자동차의 거의 전량을 생산하고 있는 회사는 2~3개월을 버티기가 어려운 구조였다. 현대자동차 국내 공장이 생산을 중단하면 재고가 곧 바닥나고 국내 자동차 영업소들뿐만 아니라 해외 딜러들도 팔 물건이 없어진다. 국내외 시장에는 현대자동차만 있는 것이 아니다. 고객들은 다른 회사로 옮겨갈 것이다. 파업이 장기화되면 영업망 자체가 파괴될 수밖에 없고 회사는 회복할 수 없는 타격을 입는다. 자신의 모든 것을 회사에 건 기업주는 회사가 망하도록 방치할 수가 없다. 합리적으로 판단하는 기업주는 노조의 요구에 응할 수밖에 없다.

노사 간 힘의 우위는 가변적

현대자동차가 만약 중국 공장의 생산시설을 충분히 늘리고 미국 앨라배마 공장을 준공하면 어떻게 될까. 재고가 충분히 비축돼 있고 해외에 충분한 생산 라인을 갖추고 있다면 노사 간 힘의 균형은 바뀐다. 현대자동차는 1조 4,000여억 원을 들여 앨라배마에 연간 30만 대의 자동차를 생산하는 공장을 짓고 있다. 중국에서는 2007년까지 베이징 제2공장을 완공해 연간 60만 대의 자동차를 만들 예정이다. 인도 공장도 증설하고 동유럽에서도 현지공장을 세울 방침이다. 해외 공장이 완공되고 경기침체가 겹쳐 판매량까지 줄어드는 사태가 발생한다면 전투의 시기는 무르익을 것이다. 국내 공장을 멈추더라도 이미 확보한 재고물량과 해외공장에서 생산되는 물량으로 국내외에 필요한 자동차를 얼마든지 공급할 수 있다면 기업주는 파업을 1년 이상 끌고갈지도 모른다. 이 때에는 노조가 열세로 몰릴 가능성이 매우 높다. 적대적 노사관계에서는 힘이 있는 쪽이 이기게 돼 있다.

현대차 노조는 "경기부진에도 노사 공동 결정없이 국내 생산 라인 축소와 폐쇄는 불가능하고 부득이한 경우 해외공장을 우선 폐쇄한다"는 조항을 2003년 체결한 단체협약에 넣었다. 협약은 어디까지나 협약일 뿐이다. 협약을 깼을 때의 신뢰손상과 경제적인 부담을 감당할 수 있다면 협약은 한순간에 휴지조각이 될 수 있다. 집을 사기로 계약을 체결했더라도 팔거나 사는 쪽에서 위약금을 물고서라도 계약을 해지하려 든다면 법으로 막을 방법이 없는 것이나 마찬가지다.

한국에 진출한 외국기업의 사례는 많은 생각거리를 제공해 준다. 세계 최대 식품회사인 네슬레는 2003년 8월 말 서울사무소를 직장 폐쇄하는 결정을 내렸다. 7월 7일부터 파업이 50일 넘게 계속되자 네슬레는 서울사무소의 문을 닫아버렸다. 2003년 8월 26일자 〈한국경제신문〉에 따르면, 이삼휘 한국네슬레 사장은 "스위스의 네슬레 본사는 한국 내 생산라인을 계속 유지하는 데 회의적인 생각을 갖고 있다. 한국법인은 공장을 폐쇄하고 중국·일본·태국 등 다른 지역의 공장에서 제품을 공급받아 판매만 하는 방안에 대해 검토하라는 지시를 (본사로부터) 받았다"고 밝혔다.

이 사장은 "스위스 본사는 한국네슬레 노조의 전투적인 성향과 완승을 거두려는 협상 태도, 경영권에 간섭하려는 요구 등을 전혀 이해하지 못하겠다는 반응을 보이고 있다. 한국에 생산 라인을 유지해야 한다고 본사를 설득하고 있으나 (노조의 무리한 요구 때문에) 명분을 내세우지 못하고 있다"고 말했다. 한국네슬레는 한국에서 제품을 생산 판매하는 경우와 아시아의 다른 나라에서 생산된 제품을 공급받아 판매하는 경우 중 어느 쪽이 원가경쟁력이 있는지 분석하

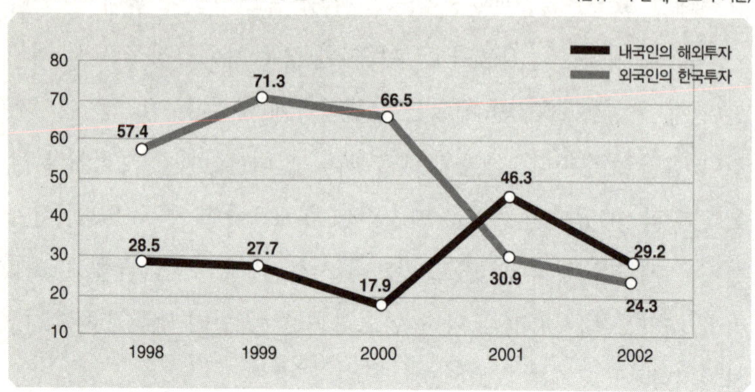

자료 : 재정경제부 · 산업자원부

고 있다. 외국기업에는 한국 내 생산공장 유지에 목을 멜 이유가 없다는 얘기다.

실제로 한국에 진출한 외국 기업들 중에는 노조의 파업에 직장폐쇄로 맞선 사례가 많다. 레고코리아 · 한국까르푸 · KGI증권 · 한국테트라팩 · 한국오웬스코닝 · KOC 등이 2003년 들어 노조의 파업에 직장폐쇄로 대응했다. 한국에 대부분의 생산기반을 갖고 있는 토종 한국 기업들과는 달리 이들 외국기업은 한국 공장의 문을 닫을 것인지 여부를 자유로이 선택할 수 있다. 노조의 힘이 강해지고 임금이 감당하기 어려울 정도로 올라가면 한국에서 철수하면 된다. 한국에서 떠난다고 해서 망하는 것도 아니다. 외국기업에서 일하는 노동자들은 이 같은 이유로 대기업 노동자들에 비해 상대적으로 약자다.

토종 국내 기업들도 가만히 있는 것은 아니다. 많은 기업들이 이미 해외에 상당한 규모의 공장을 가동하고 있다. LG전자는 2002년 말 기준으로 해외 인력이 3만 3,000명으로 국내의 2만 5,000명보다 많다. 삼성전자도 국내 인력(4만 8,000여 명)의 절반 수준인 2만 4,000명을 해외에서 고용하고 있다. 삼성SDI의 해외인력은 1만 5,700여 명으로 국내 인력(7,400여 명)의 두 배를 넘는다. 기업이 다국화되면 한 국가에만 있는 노동조합의 힘은 약해진다.

국내 제조업의 해외투자 건수는 1994년 430여 건에 불과했으나 1997년에는 1,000건을 넘어섰고 2002년에는 1,729건에 달했다. 외국인의 한국제조업 투자는 1999년 71억 3,000만 달러였으나 2002년에는 24억 3,000만 달러로 줄었다. 외환위기 이후 기업 구조조정 과정에서 외국인에 팔린 기업들이 많았던 것을 감안하더라도 최근의 외국인투자 감소추세는 심각한 수준이다. 2001년부터는 제조업 분야에서 국내로 유입된 외국자본보다는 해외로 빠져나간 국내 자본이 더 많아져 한국은 제조업자본 유출국으로 전락했다. 제조업 공동화가 갈수록 심각해지고 있다는 얘기다.

아마도 국내의 많은 기업들이 노조와의 전투를 준비하고 있는지도 모르겠다. 노조에 더 이상 밀리지 않으려면 파업이 벌어져도 버틸 힘이 있어야 한다는 것을 절감하는 기업주들도 많다. 파업으로 기세가 오른 노동자들을 피하기 위해 외국으로 떠나는 기업들이 늘어날수록 경제는 무너져간다.

기업들이 단지 노조를 피하기 위한 목적만으로 해외로 공장을 옮기는 것은 아니다. 해외시장을 개척하기 위해서는 다소 인건비가 비싸더라도 선진국에 진출하는 것이 유리할 수 있다. 후진국의 저임금을 노리고 공장을 옮긴 곳들도 많다. 외국의 투자유치 제도가 한국보다 훨씬 잘 돼 있어 공장을 이전하는 기업들도 있다. 중요한 것은 한국기업들의 과도한 해외 이전은 산업공동화를 초래하고 노동자뿐만 아니라 국민경제 전반에 불리하게 작용하고 있다는 사실이다. 노동조합의 강력한 투쟁이 기업을 해외로 내모는 또 하나의 강력한 압력이 되고 있다는 것도 사실이다. 국내 기업들의 해외 공장 이전은 노동조합에 부메랑으로 되돌아올 공산이 크다.

화물연대의 파업이 성공하더라도 운송노동자들에게 이로운 것만은 아니다. 임금이나 운송료가 올라가면 기업들은 다른 수송시설로 눈을 돌릴 공산이 크다. 화물차주와 운송노동자들의 일거리는 그만큼 줄어들게 된다. 물동량이 많은 제조업체(화주)들은 자체적으로 육송 물류회사를 만들려는 움직임까지 보이고 있다. 개인 화물차나 운송회사를 통한 육로 물류 비중이 떨어질 수밖에 없다. 좁아지는 시장을 놓고 경쟁이 치열해지면 화물운송료는 실질적으로 내려갈 가능성이 농후하다. 구간별 최저운임이 높아지더라도 운송노동자들은 일감을 찾기가 어려워 별도의 리베이트를 갖다줘야 하는 상황에 내몰릴지도 모른다.

과도한 임금상승은 장기적으로 모두에게 손해

기업이 창출한 부가가치가 임금으로 과도하게 배분되면 상대적으로 다른 쪽에 돌아갈 몫은 줄어든다. 주주 배당과 내부유보금이 감소하고 설비투자나 연구개발 등이 소홀해질 수 있다. 배당이나 내부유보금이 줄어들면 주가가 떨어져 신규 자금조달이 어려워지고 설비투자와 연구개발이 감소하면 회사가 경쟁력을 잃는다.

자동차는 한국의 수출을 주도하는 주력 상품들 중 하나다. 현대자동차는 기아차를 인수한 이후 국내 시장을 과점했고 2002년에는 특별소비세 인하로 내수시장 특수(特需)까지 누렸다. 해외시장도 호황이었다. 이처럼 좋은 조건이 앞으로도 계속될 것이라고 보기는 어렵다. 불황을 극복할 수 있는 자금과 기술력을 호황기에 준비하지 않으면 앞으로 상당한 어려움을 겪을 수도 있다.

자동차 시장은 경쟁이 갈수록 치열해지고 있다. 중국을 포함한 아시아 시장을 차지하기 위해 세계 유수의 자동차 생산업체들이 각축을 벌이고 있다. 독일의 폴크스바겐은 중국 창춘(長春)공장을 증설해 중국 내 생산능력을 160만 대로 늘렸다. 일본의 혼다(本田)자동차는 중국 광저우(廣州)에 연간 12만 대의 자동차를 생산할 수 있는 공장을 짓고 있으며 독일의 BMW도 베이징 인근에 공장 증설을 준비 중이다. 중국의 자동차 생산량은 2002년 325만 대로 한국(315만 대)을 처음으로 앞질렀다.

미국 컨설팅 업체인 A.T. 커니(A.T. Kearney)는 2006년 중국의 자동차 생산량이 450만 대로 중국 내 수요 350만 대를 훨씬 앞지를 것으로 예상했다. 중국에 진출한 외국자동차 회사들은 대부분 중국 내수시장을 겨냥하고 있으나 공급능력이 수요를 초과하면 아시아 전체로 눈을 돌릴 것이다. 독일과 일본 등 일류 브랜드의 자동차를 생산하는 업체들이 중국에서 저임금을 활용해 만든 값싼 자동차를 한국에 판매할 날이 그리 멀지 않았다.

자동차뿐만이 아니다. 여러 산업에서 다국화된 외국 기업들과의 싸움이 치열해지고 있다. 그런데도 우리 사회는 노사 간에 적대감이 쌓여만 가고 있다. 사용자와 노동자가 서로를 적으로 보는 사람들이 늘어나고 있다. 노사가 협조적인 관계로 바뀔 수 있도록 정부는 근본적인 대책을 세워야 한다.

4 | 노동시장의 유연성과 고용

노동시장이 유연해지면 고용이 늘어날 것인가. 슈뢰더 독일 총리는 '개혁아젠다 2010'에서 고용보호법을 개혁할 필요성에 대해 다음과 같이 언급했다.

"(독일의) 불공정한 해고금지 규정들은 중소기업들이 일자리를 창출하는데 소극적이 되도록 하는 원인을 제공하고 있다. 해고금지 규정들을 완화하는 것이 시급하다. 2004년 1월부터 시행될 고용보호법 개혁안에서 (노동시장에) 더 많은 유연성을 부여해 새로 일자리를 만드는 것과 기존 노동자들의 일자리를 보호하는 것 사이의 균형점을 찾아야 한다."

(http://eng.bundesregierung.de/dokumente)

직원들을 쉽게 내보낼 수 있도록 관련 법률을 고치겠으니 사람을 많이 뽑아달라는 얘기다.

새로 시장에 뛰어드는 업체들은 불확실성이 높기 때문에 회사의 적정 인력을 미리 알기가 어렵다. 해고가 불가능하면 신규 업체들은 채용 단계에서부터 사람을 뽑는 데 신중해야 한다. 만약의 경우에 대비하기 위해 최소인력만 뽑으려 할 것이다. 이 같은 이유로 고용시장이 더욱 위축되고 기업은 충분한 인력을 뽑지 않아 원활히 커나가기가 어렵다. 이 같은 상황을 근본적으로 바꿔보겠다는 것이 개혁안의 골자 중 하나다.

슈뢰더 정부는 개혁안에서 종업원 수 5인 이하의 중소기업들이 고용보호법의 적용을 받지 않고 자유로이 해고할 수 있도록 허용하기로 했다. 신설업체는 사업개시 후 4년까지는 고용보호법을 적용하지 않기로 했다.

슈뢰더 총리가 고용보호법을 개정하기로 결정한 것은 독일의 노동시장이 지나치게 경직돼 있고 노동자들이 과도할 정도로 많은 보호를 받고 있다고 판단했기 때문이다. 독일 기업에서 일하는 직원들은 서열화돼 있고 한 회사에서 40년 이상 근무한 사람들도 수두룩하다. 독일의 기업문화는 여러 가지 면에서 일본이나 한국과 비슷하다.

문제는 독일의 정규직 노동자들에 대한 과도한 보호와 높은 임금이 노동시장을 왜곡한다는 점이다. 제임스 헤크만(Jaems Heckman) 미국 시카고대 교수는 "독일의 복지제도는 실업률을 높이고 노동시장의 유연성을 떨어뜨려 노동시장을 이중구조(two-tier system)로 바꿔놓았다. 미숙련 노동자와 교육을 제대로 받지 못한 노동자, 한계

노동자(marginal worker) 등 부분적으로만 보호를 받는 노동자들이 보호받는 집단(protected enclave)을 둘러싼 형태가 됐다"고 말했다. 정규직 근로자들이 법의 보호를 철저하게 받을수록 비정상적인 형태의 근로자들이 주변에 더 늘어난다는 얘기다.

계단식 상승구조의 독일 실업률

노동시장에 영향을 미치는 또 다른 변수는 사회복지제도다. 실업자에 대한 사회보장이 잘 갖춰질수록 노동시장에 참여해야 하는 동기가 약해진다.

독일의 실업률이 경기가 변동할 때마다 단계적으로 높아지는 계단형 구조를 보이고 있다는 사실은 매우 인상적이다. 라인 강의 기적으로 불리는 경기호황의 정점이었던 1965년에는 독일의 실업률이 0.6%로 사실상 완전고용 상태였다. 그러나 복지정책과 노동자 보호가 강화된 1970년대 이후에는 실업률 패턴이 완전히 달라졌다. 경기순환이 진행될수록 실업률이 한 계단씩 상승했다. 독일의 실업률은 1차 석유파동이 발생한 뒤인 1975년에 4.7%였다. 실업자는 1950년대 이후 처음으로 100만 명을 넘어섰다.

2차 석유파동 이후인 1985년에는 독일의 실업률이 9.2%로 급증했고 독일 통일 이후의 건설 붐이 끝난 1994년에는 10.3%로 높아졌다. 경기순환이 새로운 저점에 도달할 때마다 실업률이 한 단계씩 높아지는 우상향(右上向)의 순환변동곡선을 그려왔다.

독일에서도 처음부터 실업자가 되고 싶은 사람은 많지 않았을 것이다. 어느 나라 국민보다 실패를 두려워하는 사람들이 독일인이라

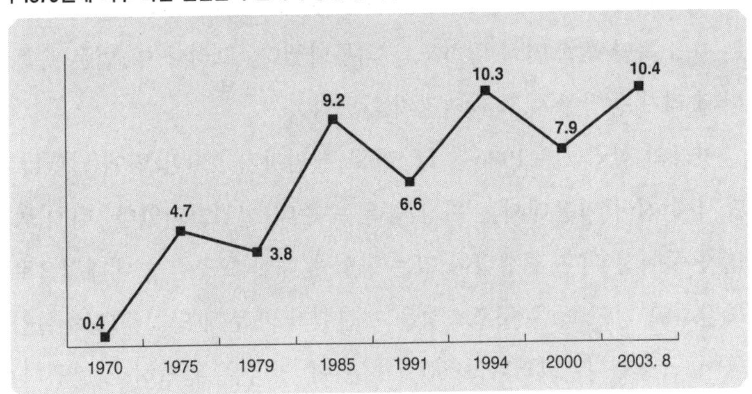

자료 : ILO, Yearbook of Labour Statistics, 2003년 8월 자료는 독일연방통계청

고 한다. 불황기에 어쩔 수 없이 실업자가 됐는데, 막상 실업자 생활을 해보니 그런대로 살 만하다는 것을 깨달았다. 실업자가 되는 것은 죽은 것이나 마찬가지라고 생각했었는데 그게 아니었다. 독일의 복지제도가 너무나 잘 갖춰져 있었기 때문이다. 실업자들의 구직 열기는 사그라들 수밖에 없다. 불황기마다 어쩔 수 없이 실업자가 된 사람들 중 상당수가 경기가 호전된 이후에도 노동시장에 복귀하지 않아 독일의 실업률은 단계적으로 높아지는 구조가 됐다.

실업문제로 골머리를 앓았던 콜 전 독일 총리가 오죽했으면 실업자가 일자리를 제안받으면 거부하지 못하도록 강제하는 법안까지 내놓았을까. 그는 1997년 고용촉진법을 개정하면서 실업자가 과거 직장의 임금수준에 미치지 못하는 새로운 일자리를 제안받더라도 이를 받아들여야 한다는 규정을 만들었다. 실직 후 처음 3개월 동안은 새 직장이 전 직장 임금의 80% 이상이면 무조건 취업하도록 정했다. 실직 후 3~6개월 사이에는 70% 이상의 임금이면 취업하도록 강제했다. 실업자 생활이 7개월을 넘어서면, 실업수당을 상회하는 순소득만 받으면 취업하도록 의무화했다. 그러나 이 법은 슈뢰더 총리가 등장한 이후 지켜지지 않았다.

영국의 실업률은 1986년 11.8%로 실업자가 330만 명에 달했다. 당시 선진국 가운데서는 가장 높은 수준의 실업률이었다. 대처 총리가 들어선 이후 경쟁력이 없는 산업에 대한 보조금을 대대적으로 삭감하고 강도 높은 구조조정을 추진했기 때문에 단기적으로 실업률이 급등했다. 그러나 1990년대 들어 영국은 완전히 달라졌다. 1993년 실업률은 10.3%, 실업자는 294만 명으로 여전히 높았지만 이후 2002년까지 10년 동안 영국의 실업률은 단 한 번의 예외도 없이 계속 낮아졌다. 영국 통계청은 2003년 8월 실업보험급여 신청자 수가 93만 8,000여 명으로 1975년 이후 28년 만에 가장 낮은 수준

| 1993년 이후 영국의 실업률 추이 |　　　　　　(단위 : %, 만 명)

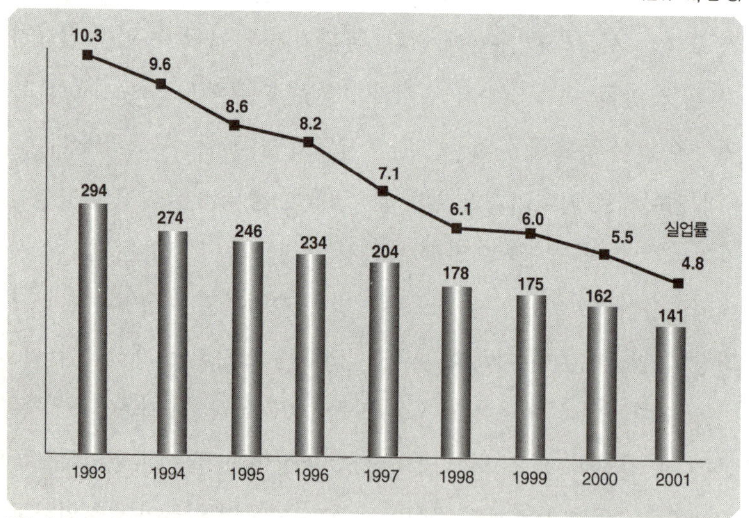

자료 : ILO, Yearbook of Labour Statistics

이라고 발표했다. 영국 통계청 기준으로 산출한 실업률은 2003년 3.1%로 낮아졌다. 영국에서는 실업자로 생활하기가 그만큼 어려워졌다는 반증으로 볼 수도 있다.

신규 고용에도 악영향

기존 노동자들에 대한 과도한 보호는 신규 고용을 위축시킨다. 한국에서 청년실업자가 급증한 이유 중 하나로 노동시장의 경직성이 꼽히는 이유다. 2003년 6월 기준으로 한국의 15~29세 청년 실업률은 7.4%로 전체 실업률 3.3%의 두 배를 넘었다. 청년층의 실업난은 그 자체로 사회적인 문제가 될 뿐만 아니라 회사 차원에서 보면 인력구조가 지나치게 고령화돼 경쟁력을 떨어뜨리는 요인이 된다.

다른 나라들과 비교해 봐도 한국의 청년 실업률은 매우 높은 편이다. OECD에 따르면 한국의 19~24세 청년의 실업률은 2001년 9.7%로 전체 실업률의 2.62배였다. 미국(2.21배)이나 영국(2.19배), 일본(1.9배), 독일(1.06배)보다 높았다. 국내 기업들이 경력직을 고용하거나 임시직을 채용하면서 청년 실업률 문제는 더욱 심각해졌다.

고도성장기에는 노동시장의 경직성이 크게 문제되지 않았다. 고도성장기의 경제 침체라는 것이 대부분 성장률 둔화를 의미할 뿐이기 때문이다. 성장기에는 연간 10%씩 GDP가 증가하고, 침체기에는 5%밖에 성장하지 못하는 그런 시기다. 기업들은 고속성장 단계에서 경기확장기를 맞으면 사람들을 대거 채용하고, 침체기에는 신규 채용 규모를 줄이면 된다. 한국에서도 고도성장이 지속된 1980

	한국	미국	일본	프랑스	독일	영국
전체실업(A)	3.7	4.8	5.0	8.8	7.9	4.8
청년실업(B)	9.7	10.6	9.7	18.7	8.4	10.5
차이(B/A)	2.62	2.21	1.94	2.13	1.06	2.19

*청년실업 15~24세 기준. 단 미국과 영국은 16~24세
자료 : OECD, Labor Force Statistics 1981~2001

년대까지 노동시장의 경직성 자체는 그리 문제가 되지 않았다.

그러나 저성장 단계로 돌입하면 상황이 바뀐다. 경기침체는 제로에 가깝거나 마이너스 성장률을 의미한다. 새로 뽑는 인원을 줄이는 것만으로는 부족해진다. 경기침체기에는 직원을 해고해서라도 비용을 줄여야 하는데 노동시장은 오히려 경직돼간다. 명예퇴직금 등 해고비용도 많이 들어간다. 설립된 지 오래 된 회사일수록 고임금을 받는 중장년층 노동자들이 많아 인력구조는 고비용 체제로 바뀐다. 예전에는 아무런 문제가 되지 않았던 것들이 이제 와서는 커다란 부담이 된다.

노동시장이 유연한 사회에서는 노동비용이 원재료와 같은 변동비 성격을 갖는다. 신성한 인간의 노동력을 원재료 수준으로 전락시키는 데에는 반감이 있을 수 있으나 어차피 돈을 주고받는 거래관계에서 기분 나쁘게 받아들일 이유는 없다. 경기변동에 따라 해고와 채용이 번갈아 나타나고 임금의 고저(高低)가 뚜렷해 사회가 불안하게 보이지만 장기적으로는 완전고용에 가까운 수준으로 채용을 늘릴 수 있다. 사회 전체적으로 노동시장이 유연한 사회에서는 고용과 기업활동이 상대적으로 왕성하기 때문에 산업생산도 많아진다. 노동분배율에 아무런 변화가 없더라도 부가가치가 늘어나므로 노동자들이 차지하는 몫도 커진다.

대처가 등장한 이후 영국의 노동조합은 힘이 약해졌는데도 노동자가 받는 임금은 꾸준히 올랐다. 경제성장이 실업률을 낮췄고 그 결과는 임금인상으로 이어졌다. 노동조합이 아니라 경제성장이 노동자 전체의 임금상승을 견인한 것이다.

영국의 노사 간 임금 협상이 국가 단위가 아니라 개별 회사단위로 바뀐 것도 임금이나 생산성 측면에서 좋은 변화였다. 헤크만 시카고 대학 교수는 "국가 단위나 산업별로 임금협상을 하면 노동자들은 회사의 생산성과 수익성을 올리기보다는 여러 산업에 공통된 단일협약으로부터 얼마나 많은 혜택을 볼 수 있을 것인가에 관심을 갖게 된다. 영국에서는 기업 여건에 맞게 노사협상을 진행하는 쪽으로 협상 관행이 바뀌면서 노동자들이 지대(地代)와 같은 불로소득을 추구(rent seeking)하지 않고 생산성을 올리는 데 열중하게 됐다"고 말했다. 그는 "독점화된 노동자들은 그 자체가 비효율을 낳기보다는 부(富)를 재분배하는 데 힘쓰게 되고 결국 생산성 향상을 외면하는 결함이 있다"고 지적했다. 산별노조인 광산노조가 무너지고 동정파업이나 연대파업이 금지된 이후 기업단위 노조로 바뀐 영국에서 생산성이 높아진 이유다.

발등의 불, 국민연금

한국에서는 국민연금이 1988년 도입됐다. 15년이 지난 2003년 5월 국민연금 적립액은 100조 원을 넘어섰다. 국민연금 수혜자는 2003년 4월 중 100만 명을 돌파했다. 60세 이상 노인 5명 중 한 명이 연금 수급자라는 것이 보건복지부의 설명이다. 국민연금이 도입된 지 15년 만의 경사다.

국민연금의 운용 실적은 그런대로 괜찮은 것 같다. 2003년 5월 기준 적립금 100조 원 중 3분의 1인 33조 원이 운용 수익금이었다. 자산의 6% 정도가 주식에 투자돼 있고 나머지는 국공채 등으로 운용되고 있다. 2002년까지 연평균 누적수익률이 9.05%로 자산운용 실적은 우수한 편이다.

문제는 국민연금의 미래다. 보건복지부는 현행 국민연금제도가 바뀌지 않을 경우 2047년경 국민연금이 소진될 것으로 보고 있다.

보험료는 적게 부담하고 연금지급액은 높게 책정돼 있는 구조적인 불균형 때문이다. 급속한 노령화 추세도 국민연금에 큰 부담이 되고 있다. 현행 국민연금 제도에서는 40년 가입 기준으로 은퇴 전 평균소득의 60%(소득대체율)를 연금으로 받을 수 있다. '단군 이래 최대 호황' 으로 평가되는 '저유가 · 저금리 · 저원화가치(엔화 대비)' 의 3저(低) 호황 시절에 선심성 정책으로 도입되다 보니 국민연금은 장밋빛 가득한 복지제도가 됐다. 지나칠 정도로 방만하게 만들어졌다. 당시 정치인들과 관료들의 선심성 복지행정이 벌써부터 후대의 부담으로 나타나고 있다.

보험료는 늘어나고 혜택은 줄어든다

노무현 정부는 소득대체율을 2004년부터 55%로 내리고 2008년에는 50%로 축소하는 방안을 제시했다. 연금수령액이 5년 뒤 20% 가까이 줄어든다는 얘기다. 국민이 매달 납부하는 연금보험료는 2002년 소득 대비 9%에서 2030년까지 15.9%로 단계적으로 올리기로 했다. 2010년에 보험료를 10.38%로 올린 뒤 매 5년마다 1.38%포인트씩 인상하는 방식이다.

이 안에 노사 모두가 반발하고 있다. 민주노총 등 노측은 연금지급의 기준이 되는 소득대체율이 낮아지고 국민이 부담해야 하는 보험료는 높아지는 것에 반대하고 있다. 국민연금 보험료의 절반을 부담해야 하는 사측은 납부해야 할 보험료율을 그대로 두되 소득대체율을 40%로 낮춰 문제를 해결해야 한다고 주장하고 있다.

양쪽의 주장에는 타당한 근거들이 있다. 부담은 늘리고 혜택은 줄이는 연금 개편에 찬성할 사람들은 별로 없다. 기업의 연금보험료 부담이 늘어나면 수익성이 그만큼 악화된다는 주장도 맞는 얘기다. 정부가 국민에게 약속한 것을 헌신짝처럼 버린다는 비판도 타당한 지적이다. 그러나 차근차근 뜯어보면 연금제도를 개혁해야 한다는 점에는 이론의 여지가 없어보인다. 이 문제 또한 누가 덜 손해보고 이익을 더 볼 것인가 하는 쪽으로 논란이 귀결된다.

연금은 기본적으로 부과식(pay-as-you-go system)과 적립식(pre-funding system)으로 나뉘어진다. 부과식이란 지금 세대의 연금 지급 부담을 다음 세대가 떠안고, 다음 세대는 그 다음 세대에 부담을 전가하는 방식이다. 유럽의 많은 국가들이 채택하고 있는 제도다. 반면 적립식은 자신이 저축한 돈을 퇴직한 뒤 또는 노인이 된 후 받는 일종의 강제저축이다. 자신이 벌어들이는 소득의 일정부분을 보험료로 내고 나중에 되돌려받는 방식이다. 미국의 IRA(Individual Retirement Account)가 대표적인 적립식 연금이다.

한국의 국민연금은 보험료가 소득의 일정비율로 정해지고 연금 지급액은 과거 평균소득을 기준으로 산정하는 방식이다. 부과식에서 주로 채택하는 제도다. 보험료를 많이 내는 사람들이 나중에 많은 돈을 돌려받지만 상대적인 개념으로는 저소득층이 더 많은 혜택을 본다. 연금에도 소득재분배의 성격이 있기 때문이다.

초기단계에 연금에 가입한 사람들이 많은 혜택을 보는 것은 부과식 연금의 특성상 어쩔 수 없는 일이다. 보험료를 낸 기간이 상대적으로 짧은 반면 연금 혜택을 받는 기간은 길기 때문이다. 이는 미국에서도 마찬가지였다. 미국의 연금제도가 부과식 연금으로 바뀐 첫 해인 1939년 사회보장연금(OASDI)에 가입한 아이다 풀러라는 미국 여성은 보험료로 24달러 85센트만 냈으나 99세까지 살아 2만 897 달러를 연금으로 받았다. 보험료로 낸 돈의 1,000배 가까이를 찾아 갔다. 이 돈은 이후 가입한 사람들이 부담했다.

연금은 세대 간 계약

부과식 연금은 기본적으로 세대 간 계약의 성격을 띠고 있다. 지금 세대는 다음 세대가 내는 보험료로 연금을 지급받고, 다음 세대는 그 다음 세대가 부담하는 적립금에서 지급받는 일종의 사회계약이 다. 지금 세대가 과거 세대보다 더 잘 살고 있는 것과 마찬가지로 다음 세대는 지금 세대보다 더 잘 살 것이라는 기본적인 전제가 깔 려 있다. 세대 간 부(富)의 불평등을 완화시킨다는 철학이 연금에 기 본적으로 담겨 있다.

문제는 우리 세대가 다음 세대를 책임질 아이들을 많이 낳지 않 는다는 사실이다. 한국의 출산은 1960년대 여성 한 명당 6명 꼴로 매우 높았다. 산업화가 시작된 1970년에도 4.53명이었다. 이후 출 산율이 급속히 떨어지더니 1984년에는 기존 인구를 대체하는 수준 인 여성 한 명당 2.1명으로 낮아졌다.

맞벌이 부부와 여가를 중시하는 신세대의 등장으로 출산율은 더 떨어졌다. 2001년에는 1.3명으로 일본(1.33명)보다도 낮아졌다. 2002년에는 여성 한 명당 출산율이 1.17명으로 세계에서 가장 낮다 는 체코(2001년 1.14명)에 이어 두번째로 낮은 수준이다. 사상 유례가 없는 속도로 출산율이 떨어지고 있다.

단순하게 생각하면 1960년대 부부 기준 기성세대는 6명의 후세

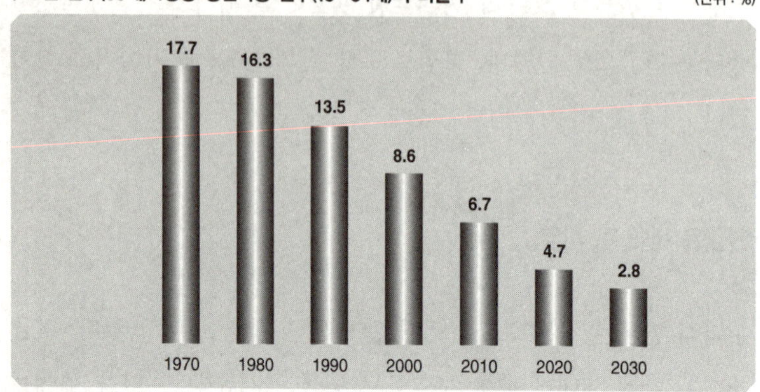

자료 : 통계청

대가 내는 돈으로 연금을 받으면 됐으나 2002년의 기성세대는 1.17명의 후세대로부터 부양을 받아야 하는 꼴이다. 다음 세대가 짊어지기에는 부담이 너무 크다. 추가로 보험료를 내지 않고 지금의 연금지급액을 그대로 유지한다면 다음 세대는 지금 세대를 부양하기 위해 소득의 대부분을 연금 보험료로 내야 할지도 모른다. 이것은 세대 간 계약이 아니라 착취다.

급감하는 출산율로 연금개혁은 불가피

한국개발연구원(KDI)은 가임여성 한 명당 출산율이 향후 30년 간 1.7~1.8명을 유지하더라도 65세 이상 노인비율이 2000년 7.13%에서 2030년 19.27%로 높아질 것이라고 예측했다. 낙관적인 출산율을 근거로 전망한 위의 수치에 따르더라도 부양해야 할 노인은 지금보다 2.7배나 많아진다. 출산율이 1.7% 미만으로 낮아지면 젊은 이들이 줄어드는 만큼 노인 비율은 더 높아지게 된다.

통계청은 65세 이상 고령인구 비율이 2000년 7.2%에서 2019년 14.4%로 높아져 고령사회로 진입하고, 2026년에는 20.0%에 달해 초(超)고령사회로 진입할 것으로 예상했다. 2003년에는 15~64세의 생산 가능인구 8.6명이 한 명의 노인을 부양하면 되지만 2030년에는 2.8명의 생산 가능인구가 한 명의 노인을 부양해야 하는 상황으로 바뀐다.

일할 사람이 줄어들면 경제성장률이 낮아지고 생계보조비와 의료비 지출은 늘어날 것이다. 수명이 길어지고 의료기술이 발달할수록 의료비 부담도 커진다. 급속한 고령화는 정부의 재정뿐만 아니라 경제를 파탄시킬 수 있는 폭탄이다.

연금이 이 지경에까지 이르게 된 데에는 정부의 잘못이 크다. 지나치게 낙관적으로 연금을 설계했다는 비판을 면키 어렵다. 국민에게 선택의 여지조차 주지 않는 강제보험을 만들어놓고 이제와서 연금지급액을 줄이겠다는 발상을 태연하게 받아들이기는 어렵다.

그러나 한편에서는 우리 모두가 좀더 솔직해질 필요가 있다. 자녀를 적게 낳는 것에 대해서는 우리 세대가 근본적인 책임을 져야 한다. 사교육비 등이 엄청나 자녀 한 명을 키우는 것도 벅차다는 얘기가 있으나, 어쨌든 그것은 우리의 문제다. 자녀들에게 과도한 부담을 지우는 것은 도덕적으로 문제가 있을 뿐만 아니라 실제로도 불가능하다. 처음 설계했을 때보다 연금지급액이 낮아지거나 납부 보험료를 높이는 방법 이외에는 대안이 없다. 정부가 연금 부족액을 재정으로 메워주는 것은 세금부담을 늘리는 문제이기 때문에 여기서는 논외로 하자.

납부 보험료를 더 낼 것이냐, 아니면 연금 수령액을 줄일 것이냐

하는 문제는 중요하게 다뤄야 한다. 필자의 생각으로는 납부 보험
료율을 올리는 것보다는 연금 수령액을 낮추는 쪽으로 바꾸는 것이
맞다고 본다. 노후를 대비하는 개인들의 저축을 국가가 강제로 가
입시키는 것 자체가 국민의 수준을 너무 낮게 보는 것이다. 예전에
는 부모가 자식들을 위해 모든 것을 희생했으나 지금은 그런 것도
아니다. 정부는 개인 스스로의 노후를 스스로가 설계할 수 있는 제
도를 만드는 것이 중요하다. 정부가 저축금액까지 제시하고 이를
강제하는 것은 자유민주사회에서 바람직한 정책이 아니다. 연금의
소득재분배 성격은 세금과 재정지출로 해결하면 된다.

6 | 조세 형평성과 사회효율

정부에 대한 견제는 기본적으로 세금 징수에 대한 견제로부터 시작돼야 한다.

이를 방치하면 정부의 재정은 계속 늘어나고 결국에는 감당할 수 없는 거대한 공룡이 될 수 있다. 세금은 일반인들이 접근하기에 복잡한 주제이긴 하지만 피해갈 수는 없다.

노무현 정부가 등장한 이후 논란이 계속되고 있는 세금은 법인세다. 김진표 부총리 겸 재정경제부 장관이 2003년 2월 말 "비과세와 세금감면을 축소하고 법인세율을 단계적으로 인하하겠다"고 밝히면서 법인세 인하 논란이 시작됐다.

한나라당이 정기국회에 법인세법 개정안을 제출하는 등 정치권에서도 공방이 진행됐다.

능력에 따른 세금부담 배분

법인세와 관련한 논쟁 중 눈길을 끄는 점은 조세 형평성 논란이다. 법인세율 인하가 기업, 특히 대기업에만 유리하다는 것이다. 분배적 정의를 중시하는 노무현 정부의 경제철학에도 맞지 않는다는 비판이 청와대 일부와 시민단체 등에서 제기됐다.

조세 형평성이란 세금의 부담이 국민에게 공평히 배분돼야 한다는 말이다. 모든 사람이 동일한 금액의 세금을 내는 것은 조세 형평성이 아니다. 능력이 남보다 뛰어나거나 소득이 많은 사람은 그 능력이나 소득에 비례해서 그렇지 못한 사람보다 세금을 더 내야 한다는 가치판단이 조세형평론에 들어 있다.

소득이 많은 사람들이 세금을 더 내야 한다는 사실에는 거의 모든 사람들이 동의한다. 그러나 이 명제에도 한계가 있다. 모든 면에서 능력이 동일하지만 A씨는 열심히 일해서 연간 1억 원 이상을 벌고, B씨는 놀기를 좋아해서 하루에 한두 시간 정도만 일하고 연간 1,000만 원을 번다고 생각해 보자. 두 사람은 세금을 낼 수 있는 동일한 능력을 갖고 있지만 실제로는 열심히 일한 사람만 많은 세금을 내고 있다. 이 상황은 공평한 것인가. 동일한 자산을 열심히 굴려 이익을 많이 낸 사람과 그렇지 못한 사람도 마찬가지다. 어느 쪽이 얼마만큼의 세금을 더 내는 것이 사회적으로 정의로운가.

이 문제에 대한 뾰족한 해결책은 없다. 수치로 나타나지 않는 능력차를 세금으로 반영시키기는 사실상 불가능하다.

능력이 출중하고 소득이 많다고 하더라도 세금을 과도하게 부과하면 사업의욕이나 근로의욕을 떨어뜨린다. 이 같은 사례들은 영국과 독일에서 충분히 나타났다.

　부유층이 주로 구입하는 사치품과 같은 특정 제품에 과도한 세금을 물리는 것도 자원배분을 왜곡한다. 조세 형평성이라는 개념은 쉽지만 이를 현실에 접목시키는 것은 어려운 숙제다.

법인세와 조세 형평성은 직접적인 관련이 없다

조세 형평성이 중요한 개념이라고 해서 아무 곳에나 적용할 수 있는 것은 아니다. 법인세는 조세 형평성과 직접적인 관련이 없다. 법인세는 기업의 소득에 부과되는 세금이다. 형식적으로 기업이 법인세를 낼 뿐 구체적으로 누가 세금을 부담하는지는 따져봐야 한다. 궁극적으로 세금은 사람이 내는 것이기 때문이다. 대기업에 부과하는 세금을 깎아주면 대주주가 더 많은 이익을 볼 것이라는 생각에서 조세 형평성을 말하는 사람들이 있지만 사실은 그렇지가 않다.

　이익을 많이 내고 있는 한 기업이 있다. 삼성전자·SK텔레콤·포스코 등 어느 기업이라도 상관없다. 법인 소득이 많기 때문에 27%의 최고 법인세율을 단일세율로 적용받는다고 생각해 보자. 실제로는 법인소득 1억 원까지 15%의 세율이 적용되고 1억 원 초과분에 대해서만 27%의 세율이 적용되지만 여기서는 계산을 단순화하기 위해 이 같은 차이는 무시하자. 기업들은 각종 세금공제를 받기 때문에 법인의 실제소득보다는 훨씬 적은 소득만이 과세 대상이고, 이 같은 이유로 이중과세 조정을 100% 받지 못하고 있다. 이 같은 요인들은 서로를 생쇄하는 효과가 있기 때문에 여기서는 모두 무시하고 단순화해서 따져보자.

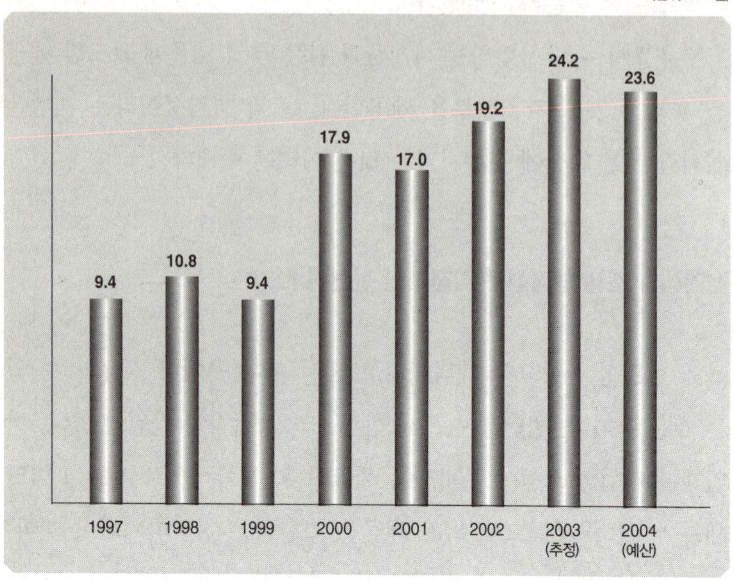

  법인세는 본질적으로 이중과세(二重課稅)의 문제점을 안고 있다. 한국에서는 이중과세를 해소하기 위해 대주주에게는 이중과세 조정제도를 적용하고 있다. 법인단계에서 납부한 세금만큼 개인종합과세를 할 때 세액을 공제해 주는 제도다.

  구체적으로 들어가보자. A기업은 지난 해 10억 원의 이익을 남겼다. A기업의 대주주 B씨는 10%의 지분을 갖고 있다. 그는 이 회사의 최고경영자로서 1억 원의 연봉을 별도로 받는다. 이 회사가 이익금 10억 원을 전액 배당하면 대주주 B씨에게 돌아갈 몫은 10%에 해당하는 1억 원이다. 10억 원의 법인 소득에 세율 27%를 적용해 산출한 세액 2억 7,000만 원의 10%인 2,700만 원은 B씨가 소유한 지분에서 부담하는 몫이다. 그가 법인세 납부 후 받을 수 있는 배당금은 세후 회사이익 7억 3,000만 원의 10%에 해당하는 7,300만 원이다.

대주주 B씨가 손에 쥔 돈은 연봉 1억 원과 배당금 7,300만 원을 합친 1억 7,300만 원이지만 세금납부 전 기준으로 보면 법인 단계에서 부담한 세금 2,700만 원을 합쳐야 하기 때문에 모두 2억 원이 된다. 소득세 최고세율인 36%가 적용되는 고소득자다.

B씨의 세전소득 2억 원을 대상으로 개인종합세를 산출해 보니 각종 공제를 제외하고 난 뒤 납부해야 하는 세금은 6,000만 원이라고 가정하자. B씨는 법인단계에서 2,700만 원을 이미 세금으로 납부했기 때문에 나머지 3,300만 원의 세금만 내면 된다. 그가 손에 쥔 돈 1억 7,300만 원에서 3,300만 원을 뺀 1억 4,000만 원이 그의 세후 소득이다. 이중과세 조정을 받기 때문에 개인 종합소득세를 부과하는 단계에서 기업 지분율에 해당하는 법인세 납부액만큼 세금에서 공제받는다.

법인세율이 27%에서 20%로 낮아지면 어떻게 될까. 대주주 B씨는 지분이익 1억 원의 20%에 해당하는 2,000만 원을 법인단계에서 세금으로 부담해야 한다. 법인세율이 바뀌기 전보다는 세금이 700만 원 줄었다. 그러나 개인별 종합과세 단계에서 공제받을 수 있는 금액도 덩달아 줄어든다. 법인세 단계에서 2,000만 원만 낸 것으로 간주되기 때문에 내야 할 세금 6,000만 원 중 나머지 4,000만 원을 개인소득 종합과세 때 내야 한다. 그가 부담해야 하는 총세금은 6,000만 원으로 세율인하 전과 비교해 아무런 차이가 없다. 앞에서 가정한 대로 조세감면이 전혀 없고 이중과세가 100% 조정된다면, 대주주 B씨에게 법인세율이란 전혀 중요하지 않다. 세금이 부과되는 단계만 다를 뿐이다.

법인세 인하는 소액주주에게 이롭다

반면 소액주주는 배당소득에 대한 원천분리과세가 적용되기 때문에 이중과세 조정 혜택을 전혀 받지 못한다. A회사의 지분 0.01%를 갖고 있는 소액주주 C씨의 법인세 납부 전 지분이익은 100만 원이다. 27%를 세금으로 법인단계에서 내고 나면 그에게 돌아오는 배당금은 73만 원이다. 그는 배당금의 15%인 10만 9,500원을 배당소득세로 내야 한다. 동일한 소득에서 세금을 두 번 내는 셈이다.

소액주주는 이중과세 조정을 받지 못하는 원천분리과세 대상이므로 이것으로 모든 세금계산이 끝난다. 법인세 납부 전 지분 소득 100만 원중 손에 쥐는 돈은 법인세와 배당소득세를 빼고 남은 62만 500원에 불과하다. 자신이 갖고 있는 회사 지분에 해당하는 법인소득 100만 원의 38% 가까이를 세금으로 내는 셈이다. 36%의 최고 세율을 적용받는 대주주에 비해 세금 부담이 오히려 더 많다.

법인세율이 낮아지면 소액주주는 이득을 본다. 27%의 세율이 20%로 인하되면 법인세 납부 뒤 소액주주 C씨에게 돌아오는 배당소득은 80만 원으로 늘어난다. 이 돈의 15%를 배당소득세로 분리과세하고 나면 68만 원을 손에 쥔다. 법인세율 인하 효과로 5만 9,500원의 혜택을 보는 셈이다.

반대로 법인세율이 높아지면 어떻게 될까. 대주주는 이중과세 조정으로 종합소득과세 단계에서 법인세액 증가분만큼 되돌려받기 때문에 세후 소득에 아무런 변함이 없다. 그러나 소액주주는 배당

소득세가 분리 과세되기 때문에 법인세율이 높아지는 만큼 세부담도 늘어난다.

결론적으로 법인세 인하는 대주주보다 소액주주에게 이롭다. 한국의 법인세율이 15%와 27%의 2단계 누진구조로 돼 있고 조세감면 조항들이 너무 복잡하기 때문에 대주주들이 이중과세 조정혜택을 완벽하게 받지 못하는 현실적인 한계가 있어, 법인세율 변화가 대주주의 세후 순이익에 영향을 어느 정도 주지만 법인세율 인하가 소액주주에게 더 많은 도움이 된다는 사실만큼은 분명하다.

내부유보 이득은 주주·노동자·소비자에게 분배된다

회사가 이익을 배당하지 않고 내부에 유보하면 어떻게 될까. 법인세가 인하되는 만큼 내부유보 이익은 늘어난다. 회사 내 유보이익은 배당이 되지 않으므로 종합소득과세 대상이 아니고 분리과세될 배당소득도 없다. 세부담 측면에서 보면 법인세율이 변동하더라도 대주주와 소액주주 간에 아무런 차이가 없다.

법인세 인하분만큼 늘어나는 유보이득이 누구에게 돌아가느냐 하는 문제는 사안별로 따져봐야 한다. 우선 유보이익이 늘어나는 만큼 회사의 가치가 올라가고 주가가 상승할 수 있다. 이 경우 혜택은 주주에게 돌아간다. 법인세 인하분만큼 세금납부 후 순이익이 늘어나면 임금을 올릴 수 있는 여력이 커지기 때문에 노동자들도 임금인상 혜택을 볼 수 있다. 세금인하분을 판매제품 가격을 내리는 재원으로 사용하는 것도 가능하다. 시장이 경쟁적일수록 기업들은 법인세 인하분만큼 판매가격을 내려 물건을 더 팔려고 할 것이다. 이 경우에는 소비자들에게 세금인하 혜택이 돌아간다. 반면 독점기업은 세금인하분을 가격인하로 쓰지 않고 주주들이 차지할 가능성이 높다. 법인세 인하로 발생하는 유보이익 증가분의 혜택이 누구에게 돌아갈 것인지는 이처럼 일률적으로 말하기가 어렵다.

상황이 이런데도 일부 정책당국자들이 "법인세를 인하하면 조세 형평성이 훼손된다"고 말하는 것은 문제가 있다. 법인세를 내리면 대주주에게 더 많은 이득이 돌아갈 것이라는 주장은 대주주와 소액주주에 대한 과세체계가 다르다는 기본적인 사실조차도 모르고 있다는 얘기다. 세법이 어떻게 돼 있고, 소득분배가 어떻게 돌아가는지를 전혀 알지 못한다는 고백으로 들린다. 기업에 혜택이 돌아가면 무조건 돈 많은 사람들에게 이로울 것으로 생각하는 단순함은 정책당국자나 정치인들에게 치명적인 결함이 될 수 있다.

조세감면 축소와 세율 인하는 바람직

기업에 대한 각종 세금감면과 비과세 혜택을 축소하는 대신 법인세율을 낮추는 정책은 바람직하다. 세제의 형평성 때문이 아니라 복잡한 세금제도를 간결하게 만드는 것이 중요하기 때문이다. 세금감면이나 비과세 혜택을 받기 위해서는 기업들이 여러 가지 증빙서류를 갖춰야 한다. 그만큼 추가비용이 발생한다. 세금감면에 대한 심사를 하는 과정에서 세무공무원의 부패가 발생할 가능성도 배제할 수 없다. 판정의 여지가 생기는 만큼 부정의 여지도 생긴다. 어차피 기업의 세금부담이 같다면 세금감면을 줄이는 대신 세율을 낮추는 것이 훨씬 낫다. 기업 입장에서도 세금을 얼마나 내야 하는지를 쉽

게 예측할 수 있어 기업하기가 쉬워진다. 외국기업 유치도 활발해
질 수 있다.

　물론 모든 조세감면을 없애는 데에는 문제가 있다. 설비투자를
유도하거나 중소기업·농어민 등 특정 분야에 대한 세제지원을 할
수 있는 여지가 사라지기 때문이다. 모든 조세감면을 없애는 것이
조세 형평성 측면에서 바람직한 것은 아니다. 중요한 것은 세제의
단순성이 형평성에 못지않은 소중한 조세의 개념이라는 사실이다.
세제를 최대한 간결하게 만들려는 노력은 앞으로도 계속돼야 한다.
정치적 구호로서의 효용 가치는 조세 형평성이 단순성보다 훨씬 높
겠지만 세상을 실제로 바꾸는 측면에서는 오히려 세제의 단순성이
더욱 강력한 도구가 될 수도 있다. 이런 점에서 보면 2005년부터 법
인세율을 2%포인트 낮추기로 한 것은 잘 한 결정이다.

국가 균형발전과 지방분권(分權)은 어떤 상관관계가 있을까. 얼핏 들으면 지방분권화가 진행될수록 국가가 균형 있게 발전할 것이라는 느낌이 든다. 중앙정부에 집중된 권력이 지방으로 분산될수록 지역의 경제가 좋아질 것이라는 막연한 기대감을 갖게 만든다.

그러나 국가 균형발전과 지방분권화는 아무런 관계가 없다. 경제력이 서울과 수도권 등 특정 지역에 집중된 상황에서 지방분권화가 이뤄지면 지역의 불균등을 오히려 고착시키고 불균등을 확대하는 부작용만 초래할 수 있다.

노무현 대통령은 지방화를 통해 전국이 개성 있게 골고루 잘 사는 사회를 건설하겠다는 포부를 여러 차례 밝혔다. 지방분권을 위해 정부는 245개의 공공기관을 지방으로 이전하고 지방의 연구개발(R&D)예산 배정비율도 높이겠다고 약속했다. 농어촌·산촌 등 낙후지역을 개발하기 위한 특별 대책도 2003년 말까지 마련하기로 하는 등 여러 대책을 내놓았다.

지방분권으로 지역 간 불균형 확대될 수도

수도권의 비대화를 막고 지방을 균형 있게 발전시켜야 한다는 취지에는 대부분 공감한다. 수도권은 국토면적의 11.8%에 불과한데도 인구는 2000년 기준으로 47.2%가 집중돼 있고 경제력은 절반이 넘는 52.6%가 몰려 있다. 100대 대기업들의 본사 중 91개가 수도권에 있을 만큼 부(富)의 지역편중이 심각한 상태다. 문제는 서울과 수도권에 있는 공공기관을 옮기는 데 필요한 권한을 누가 갖고 있느냐 하는 점이다. 중앙정부가 권한을 갖고 있다면 종합적인 국가발전 계획에 따라 공공기관들을 전국에 재배치할 수 있을 것이다. 그러나 지방정부에 권한이 주어진다면 자신들에게 불리한 결정을 내리려 하지 않을 것이다. 중앙정부가 국가 균형발전을 추구하려면 부(富)가 집중된 서울과 수도권의 반발을 억누를 수 있는 힘이 있어야 한다.

경기도 과천 경마장에 부과되는 레저세의 분배방식을 바꾸려는 시도조차 해당 지방자치단체와 주민들의 반발로 무산될 만큼 지방의 분권화는 이미 상당히 진척된 상태다. 이 같은 상황에서 중앙정부의 권한이 지방으로 더 넘어간다면 지방 간 불균형 해소는 아예 불가능해질 수 있다.

지방분권화는 지역 간 부(富)의 이동을 차단하고 각 지방의 부익

구 분		집중도
국토면적		11.8%
인구집중		47.2%(2002년)
주요 기관의 집중	정부 중앙부처	100%
	기타 공공기관	84%
	100대 대기업 본사	91%
	벤처기업	77%
	기업부설 연구소	72.1%
	10대 명문대	80%
경제력 집중	총량 경제력	52.6%
	금융거래 비중	70.4%
	조세수입 비중	70.9%

자료 : 국가균형발전위원회

부·빈익빈(富益富貧益貧) 현상을 부추길 수 있다. 지역 간 불균형을 오히려 확대하는 부작용을 초래할 개연성이 높다는 얘기다. 실제로 지방분권이 발달된 미국이나 독일에서는 각 주별로 부의 편차가 상당히 심하다. 미국은 뉴욕과 워싱턴 등이 있는 동부지역과 중·남부지역 간 소득 격차가 매우 크다. 독일에서는 뮌헨을 중심으로 한 바바리아 주가 부자동네로 소문나 있다. 진정한 지방분권이란 불균등한 지역 발전조차 수용하겠다는 자세가 전제돼야 하기 때문이다.

노무현 정부는 과표 현실화율이 36%에 불과한 재산세를 인상하고 전국에 여러 곳의 토지를 보유한 사람에게는 국세인 종합부동산세를 신설하겠다는 야심찬 계획을 내놓았다. 아파트 보유세를 산출할 때 면적이 아니라 시가를 기준으로 세율을 가감하겠다는 방안도 긍정적인 정책 방향이다.

현행 아파트 재산세는 많은 문제점들을 안고 있다. 재산세 부과기준이 시장에서 거래되는 아파트 가격과는 상관이 없는 구조이기 때문이다. 재산세율이 과세대상 금액에 따라 최저 0.3%에서 최고 7%까지 누진적으로 돼 있는데다 신축건물 기준가액 제도, 과세표준액 가산제도 등이 얽혀 있어 재산세를 산출하기가 어렵게 돼 있다. 시장가격을 기준으로 하면 쉽게 해결할 수 있는 일을 복잡하게 꼬아놓았다.

예컨대 2003년 서울 강남이나 송파, 서초구 등 일부 지역에서 재건축이 추진되고 있는 10평대 아파트의 가격은 4억 원을 넘었다. 그러나 이들 아파트의 재산세 과세표준액은 1,200만 원 미만이다. 시가 4억 원을 넘는 아파트가 재산세를 산출할 때에는 왜 1,200만 원에도 못 미치는 촌동네 싸구려 아파트로 전락하는지에 대해서는 설명이 복잡해진다. 지은 지 오래 된 건물이고 면적도 적기 때문이라는 점만 짚고 넘어가자. 이 아파트의 과세표준액은 최저세율인 0.3%가 적용되기 때문에 재산세는 3만 6,000원을 넘지 않는다. 반대로 최근에 지은 아파트는 시가가 1억~2억 원에 그치더라도 수십만 원의 재산세를 내야 한다. 이 같은 문제들을 해소하거나 완화하겠다는 것이 중앙정부의 의지다. 바람직한 정책으로 볼 수 있다.

그러나 다음 선거를 의식할 수밖에 없는 지방자치단체장들은 지역주민들의 반발을 무릅쓰면서까지 세금을 올릴 이유가 없다. 부동산 가격이 급등한 서울 강남지역 등은 재정자립도가 높기 때문에 재산세를 올려 지방세수를 늘리는 모험을 감행하지는 않을 것이다. 중앙정부는 부동산 보유세율을 높이지 않는 지방자치단체에는 예산, 지방교부금을 깎는 방식의 불이익을 주겠다는 방침까지 내놓았지만 지방자치단체들이 중앙정부의 말을 들을지는 좀더 두고봐야 할 것 같다.

지방분권화는 바람직한가

국세와 지방세를 개편해 지방자치와 분권에 적합한 구조로 세제를 바꾸겠다는 것도 설득력이 없어보인다. 국세 중에서 세원(稅源)이 고르고 수익자부담 원칙에 맞거나 가격기능 원리에 적합한 세목들을 지방세로 바꾸겠다는 것인데, 문제는 수도권과 지방 간 세원 격차가 작은 것은 거의 없다는 점이다. 부가가치세·소득세·법인세는 물론 상속세·증권거래세·교통세 등도 수도권에서 집중적으로 걷히고 있다. 정부는 부가가치세의 1~2%에 해당하는 세금을 2005년부터 지방소비세로 걷는 방안을 거론하고 있으나 지방재정의 근간을 바꾸기에는 턱없이 부족하다. 특정 지역에 편중됐거나 경기에 민감한 지방세를 국세로 바꾸겠다는 것도 공허하게 들린다. 지금의 지방분권 수준에서도 이해관계가 엇갈리는 민감한 사안들에 대해서는 중앙정부의 정책이 먹혀들지 않고 있다는 점을 유의할 필요가 있다.

지방분권화가 바람직한 방향인지에 대해서도 의문을 품어볼 만하다. 세계 역사는 여러 지역으로 분산됐던 지방의 정부들이 단일정부(중앙정부)로 통합하는 과정을 수없이 보여줬다. 과거의 소비에트연방공화국과 독일연방공화국 등은 여러 지역들이 하나로 통합되는 과정에서 군사·외교·경제정책의 권한이 중앙정부로 집중됐다. 미합중국(USA)도 영국 통치령과 프랑스 통치령 등이 통합되는 과정을 거치면서 생겨났다. 이들 연방국가에서 보여지는 높은 수준의 지방분권은 중앙정부가 권한을 나눠준 결과물이 아니라 지방 통합의 역사물이다. 구소련을 포함한 다민족 국가들은 민족 간 갈등으로 몇몇 지방이 독립국으로 발전했지만 강력한 중앙정부가 인위적으로 권한을 지방에 분산하는 것은 드문 일이다.

한국의 지방자치제도는 영남·호남·충청 등 지역에 기반을 둔 정치권이 중앙정부를 견제하려는 의도에서 시작됐다. 공무원들이 원천적으로 선거에 개입하지 못하도록 봉쇄하고 당의 지역기반을 다지기 위한 수단으로 이용돼온 것도 사실이다.

노무현 정부가 국토 균형발전을 주창한 이후 낙후된 지역주민들은 자치라는 정치적인 개념보다는 지방경제 발전이라는 실질에 더 많은 기대감을 걸고 있다. 이미 확보한 부와 기득권을 절대로 뺏기지 않고 혐오시설은 무조건 거부하는 지역 이기주의를 방치한 채 진행되는 국가균형발전과 지방분권화 논의는 아귀가 맞지 않는다. 중앙정부에서 좋은 아이디어를 내놓아도 지방정부가 반대하면 실현되기가 어렵다. 분권화로 지역 이기주의를 더욱 고착화할 수도 있다. 한국이 높은 수준의 지방분권을 해야 할 정도의 대국(大國)인지에 대해서도 따져봐야 한다.

남북문제와 건강한 사회

분단의 현실은 경제뿐만 아니라 사회 전반에 엄청난 질곡으로 작용해 왔다. 남북 대치로 인한 군사비 부담이 매우 크고 사회 내부에 갈등의 싹도 키워왔다. 북한을 어떻게 볼 것이냐 하는 문제는 아직까지도 우리에게 숙제로 남아 있다.

독일의 경험에 비춰보면 북한 경제의 대실패는 우리에게 엄청난 부담이 될 것이 확실하다. 통일 당시 동독은 1인당 국민소득이 서독 주민의 3분의 1 수준이었다. 통일 후 들여다본 동독의 경제는 썩어 있었고 통일 이전에도 서독으로부터 상당한 지원을 받았지만, 어쨌든 동독은 당시 사회주의권에서 2위의 경제력을 유지했다. 반면 북한의 경제력은 남쪽의 10분의 1에도 못 미칠 만큼 열악하다. 기본적인 의식주 문제조차 해결하지 못해 식량원조를 받고 있다.

인구 수로 봐도 한국의 통일은 독일보다 부담이 클 수밖에 없다.

동독의 인구는 서독 인구의 4분의 1에 불과했다. 반면 북한 인구는 남한의 절반을 넘는다. 서독에서 4명이 내는 세금과 사회보장 부담금으로 동독 주민 한 명을 지원했다면 우리는 두 명이 내는 세금과 사회보장 부담금으로 북한의 한 사람을 지원해야 한다. 서독 주민들은 통일 후 서독 내 총생산(GDP)의 4%를 매년 동독에 지원했으나 우리는 매년 GDP의 10% 이상을 북한에 쏟아 부어도 부족한 상황에 처할 가능성이 높다.

북한의 경제성장은 통일비용 부담 경감 차원에서 중요한 과제

통일 이후의 경제적 부담을 덜기 위해서는 북한의 경제가 성장하는 것이 바람직하다. 남북한의 불균형으로 인한 정세 불안을 없애기 위해서도 남북 간 경제력 격차는 좁혀지는 것이 좋다. 남한 기업들이 진출하려는 개성공단 사업은 장기적으로 통일비용을 줄인다는 측면에서 중요하다. 북한이 한때 추진했던 신의주 경제특구가 성공하는 것도 도움이 될 수 있다.

국내 기업 입장에서 보면 개성공단 사업은 북한의 저임금과 남한의 생산기술을 접목시킬 수 있는 좋은 기회다. 남한을 빠져나간 돈이 중국이나 다른 나라로 가지 않고 북한으로 간다면 나쁠 것은 없다. 언어와 문화가 통해 생산성 향상에도 긍정적인 효과를 낼 수 있다. 남북관계가 얼어붙어 개성공단에 투자한 돈이 날아가버릴 위험부담은 있지만 투자를 생각해 볼 만한 가치는 충분히 있어보인다.

문제는 북한의 핵위협을 포함한 전쟁발발 가능성이다. 북한에 대한 경제 지원이 군사력을 증강시키는 데 악용되지 않을까 하는 우려가 우리 사회에 적잖다. 금강산 관광사업이나 대북 경제지원이 정치권에서 논란이 되고 북한 퍼주기라는 냉소적인 단어가 일부 국민들에게 설득력 있게 전달되는 이유다.

북한에 대한 경제지원은 핵개발과는 별개의 문제다. 북한으로 흘러들어가는 돈이 핵개발 자금으로 쓰일 가능성이 있다는 이유만으로 경제 지원을 중단해야 한다는 주장은 지나치게 단순한 논리다. 경제협력을 중단한다고 해서 북한의 핵개발이나 핵위협이 중단된다고 단언할 수는 없다. 북한에 대한 경제 지원은 핵개발 자금을 보태주는 결과를 초래해 한반도 긴장을 고조시키는 요인이 될 수도 있지만 위기를 완화하는 역할을 할 가능성이 더 크다. 북한과의 경제협력 사업이 어느 정도 성과를 내느냐에 따라 한반도 긴장 완화는 물론 통일 이후의 부담도 줄일 수 있다.

북한이 경제적인 어려움에서 벗어날 수 있도록 도움을 주되, 전쟁 위협을 제거하는 노력이 함께 진행돼야 한다. 북한의 경제성장이 군사력 강화로 이어질 수 있다는 가능성 때문에 핵개발을 포기할 때까지 북한을 경제적으로 파탄시키고 국제적으로 고립시켜야 한다는 전략은 수긍하기가 어렵다. 물론 구체적인 사안들에 대해서는 정부가 그때그때 적절한 판단을 내려야 한다.

규제 완화와 건강한 사회

한때 한국의 수많은 경제관료들과 학자들은 고정환율제가 단기간에 폐지되고 자본시장이 급속하게 개방되면 한국이 외환투기꾼들의 전쟁터가 될 것이라고 우려했었다. 막대한 국부가 유출되고 환율이 춤을 출 것이라고 주장했다. 그러나 이들의 주장은 전혀 사실이 아니었다. 고정환율제와 자본통제는 한국의 외환시장과 자본시장을 지켜주는 데 힘이 되지 못했다. 오히려 투기꾼들이 공격하는 좋은 먹잇감이 됐다. 고정환율을 지키려고 달러를 쏟아 부은 결과 외환보유액만 고갈됐다.

1997년 말 외환위기로 급작스럽게 시행한 변동환율제와 자본시장 개방 이후 한국의 대외부문은 오히려 더 건강해졌다. 한국의 자본시장과 외환시장을 지킨 것은 고정환율제라는 규제가 아니라 외환보유액이었다. 많은 외환보유액을 쌓을 수 있을 정도로 튼튼해진 경제력이 뒷받침해 줬기 때문에 한국의 대외경제 부문이 안정됐다. 중요한 것은 법과 규제가 아니라 우리를 지탱하고 있는 현실이다. 이런저런 법이나 규제로 보다 나은 사회를 만들 수는 없다. 우리는 항상 근본을 봐야 한다.

헬스클럽 회원이 된다고 해서 자동적으로 건강해지는 것은 아니다. 마찬가지로 선의(善意)의 규제를 한다고 해서 사회가 선의대로 돌아가는 것도 아니다. 지방의 균형발전을 유도하기 위해 시행하고 있는 수도권 집중 억제 정책은 국내외 기업들을 해외로 내쫓는 원인으로 작용했고, 교육 기회의 평등을 추구하는 평준화 교육정책은 서울 강남 등 일부 지역의 투기열풍을 조장했다. 법률과 규제로써 우리 사회를 특정한 방향으로 인위적으로 끌고 가겠다는 발상은 각종 부작용만 양산한다. 기대했던 목표를 얻기란 거의 불가능하다.

노동시장의 유연화가 필요하듯이 개개인의 사상의 자유를 최대한 보장하고 선택권을 가능한 한 넓혀줘야 한다. 여행수지가 사상 최대의 적자를 냈다는 이유로 해외여행을 막아서도 안 된다. 국내

여행의 매력도를 높이고 영어교육 수준 향상 등 선택의 폭을 넓히는 쪽으로 정책이 가야 한다.

합법화 여부로 논란을 빚고 있는 한총련 문제도 이제는 풀어야 한다. 이적(利敵)단체로 규정해서 범법자들을 만들기보다는 공개된 사회로 이끄는 노력이 필요하다. 대학 입시제도나 교육과정 선택도 가능한 한 자율에 맡겨야 한다. 평준화에 대한 집착도 버릴 때가 됐다. 당장은 혼란스러울 수 있으나 시간이 어느 정도 흐르면 제자리를 찾아갈 것이기 때문이다.

지속 가능한 개발(sustainable development)이라는 말이 있다. 인구와 자원 환경 등을 주제로 미래사회를 연구하는 국제단체인 로마클럽이 1차 보고서로 낸 〈성장의 한계〉(1972년)에서 처음 사용한 용어다. 다음 세대의 발전 가능성을 훼손하지 않는 범위 내에서 개발을 해야 한다는 당위성을 강조한 것으로 인간의 무차별적인 개발의 위험을 경고하는 멋진 문구다.

독일과 영국의 경제발전과 사회복지제도를 어떤 시각에서 평가해야 하는지를 놓고 고민하던 차에 불쑥 이 단어가 떠올랐다. '지속 가능한 개발' 이라는 개념을 잣대로 독일에서 취재한 것들을 풀어갔다. 독일의 분배 제도는 유럽연합(EU)이라는 지역통합과 세계화 추세에서도 지속 가능한 것인가. 영국과 관련된 자료들을 읽으면서도, 한국 사회의 문제점들을 제기하면서도 이 문제를 똑같이 제기했다.

필자는 심정적으로만 본다면 성장론자라기보다는 분배론자에 가깝다. 성장은 시장에서 경제주체들이 끊임없이 추구하는 가치이므로 그냥 놔두는 것이 바람직한 사례가 많기 때문이다. 반면 빈부격차와 이로 인해 발생하는 각종 사회 문제들은 인위적인 정책들이 동원되지 않으면 해결되지 않는 경우가 많다. 장기적으로 분배 문제도 시장에 맡기는 것이 바람직할 때가 많지만 모든 것을 시간에 맡겨두는 것 또한 올바른 선택은 아니다. 경제기자로서 정책에 많은 관심을 갖고 있는 필자로서는 할 일이 없어보이는 '성장' 분야보다는 정책의 성공 가능성과 실패 가능성을 동시에 안고 있는 '분배' 쪽에 더 많은 매력을 느껴왔다.

한국인들은 어느 정도의 국민소득을 달성해야 행복할 수 있을까. 외환위기로 무너졌던 1인당 국민소득 1만 달러가 2002년에 다시 회복된 이후 사람들은 얼마나 행복해졌나. 1인당 2만 달러 소득 시대가 되면 거의 모든 사람들이 잘 살 수 있을까.

국민의 행복지수는 전체 소득의 높낮이와 직결되는 것은 결코 아니다. 분배가 골고루 이뤄지고 부동산 가격이나 생활물가가 폭등하지 않는다면 1인당 국민소득 1만 달러 시대에서도 거의 모든 사람들이 괜찮은 수준을 유지하면서 행복하게 살 수 있다. 2만 달러 소득으로 발길을 재촉하지 않더라도 행복하게 살아가는 데에는 별 문제가 없는 수준에 이르렀다는 게 필자의 개인적인 생각이다.

문제는 우리의 의지대로 한 곳에 멈춰서고 싶다고 해서 그 자리를 지킬 수 있는 것은 아니라는 사실이다. 평화롭게 나눠쓰면서 1만 달러 생활에 자족하고 싶어도 다른 사람들이 계속 앞서나간다면 우리는 뒤로 처질 수밖에 없는 게 엄연한 현실이다. 10년 뒤에도 국내 기업들이 현재의 256메가D램만을 생산하고, 지금 팔리는 쏘나타 승용차만 계속 만들어내고, 대형 유조선만 건조한다면 시장에서 도태될 수밖에 없다. 한반도 밖에 있는 수많은 기업들은 조금이라도 새롭고 편리한 물건들을 만들어내기 위해 몸부림치고 있는 상황에서 우리만 현상태를 유지할 수 있다는 것은 순진한 생각이다. 1만 달러 소득 수준을 지키기 위해서라도 2만 달러 소득을 향해 계속 페달을 밟아야 하는 게 자본주의 사회의 숙명이다.

만약 세계의 모든 국가들이 한 자리에 모여 '충분한 수준으로 발전했기 때문에 이제는 쉬면서 편안하게 살자'고 합의를 한다면 혹시 모르겠다. 실제로 일부 환경론자들과 시민운동가, 진보적 학자들은 무한경쟁과 자원낭비로 치닫는 세상의 위험성을 경고하며 성장의 속도를 늦추자고 제안하고 있다. 경제발전보다는 자연보호와 소외된 계층의 곤궁함을 달래주는 쪽으로 세계의 흐름이 바뀐다면 후손들을 위해서도 마다할 이유가 없다는 생각이 든다. 사실 손가락을 끼워넣어 돌린 다이얼이 제자리로 돌아올 때까지 기다린 뒤 다음 번호를 찍어 오른쪽 고리 끝까지 돌려야 했던 구형 전화기를 쓰는 것이 버튼식 전자전화기보다 불편했더라도 참지 못할 정도는 아니었다.

그러나 세상은 아쉽게도 그런 곳이 아니다. 끊임없이 페달을 밟지 않으면 금방 쓰러지는 자전거와 같은 사회다. 자본주의 사회의 냉혹함은 과거의 시장질서를 끊임없이 바꾸어놓을 뿐만 아니라 승자와 패자를 갈라놓는다. 기계 수명으로만 본다면 몇 년을 더 쓸 수 있는 전화기를 시장에서 몰아낼 수 있는 신제품을 생산해야만 전화기 생산업체들이 생존할 수 있는 그런 사회다.

대처 총리의 집권 이후 펼쳐진 새로운 영국 사회도 결코 유토피아가 아니었다. 끊임없는 경쟁과 해고 위협으로 상당수 노동자들이 지쳐 있었고 빈민층 문제도 해결되지 않았다. 신자유주의 개혁으로 영국의 실업률이 매년 떨어지고 국제경쟁력이 급속히 회복된 것은 분명했지만 복지사회에서 뚜렷이 찾아보기 어려웠던 새로운 문제들을 잉태했다.

제2차 세계대전 이후 등장한 유럽식 복지사회와 미국식 자본주의 사회만을 놓고 본다면 유럽식 모델이 훨씬 인간적이다. 인간적이라는 말의 의미는 자신의 욕구를 우선적으로 채우려는 동물적인 본능을 자제할 수 있는, 말 그대로 인간만이 보여줄 수 있는 이타적이고 사회공동체 지향적인 의식을 말한다. 그러나 지속 가능성이라는 측면에서 본다면 미국식 모델이 훨씬 경쟁력이 있다는 것은 역사에서 보여지고 있다. 남을 배려하는 사회일수록 타인의존적인 인간형을 많이 만들어내는, 결국에 가서는 이타적인 사람들조차 도저히 버틸 수 없는 지경에 이르고 마는 복지사회의 내재적 한계는 인간 본성의 문제와도 직결돼 있다. 타인을 배려하는 선의(善意)로 가득 찬 사회가 개인의 이기심을 최대한 존중하는 사회보다 생존경쟁력이 없다는 것은 역사의 역설이 아닐 수 없다.

사실 이 세상에서 이뤄진 성장은 언제나 불균등했다. 새로운 아이디어와 모험정신으로 도전하는 사람들이 있고, 이들 중에서 새로운 부를 형성하는 계층이 나온다. 때로는 착취를 통해 부를 축적하기도 하고 정경유착으로 거대자본을 형성하기도 했다. 유럽 중상주의 시대의 상인들과 시민사회에서 등장한 자본가들, 인터넷 시대의 벤처기업가들이 대표적인 사례들이다. 한국의 현대경제사만을 놓고 보더라도 1960년대 정부의 지원을 받아 급성장한 경공업, 1970년대와 1980년대의 중화학 기업들이 불균등한 한국의 성장을 주도해 왔다. 처음에는 이들이 상대적으로 많은 과실을 챙겼고, 이들의 움직임이 다른 곳으로 확산되고 노동운동이 커지면서 분배의 불균등이 어느 정도 해소되는 과정을 거쳐왔다.

분배라는 개념이 사회·경제 정책의 핵심 이슈가 된 것은 성장이 언제나 불균등하게 이뤄진다는 방증이다. 불균등한 발전을 인정하지 않는다면 성장이 이뤄질 수 없고 분배 또한 제대로 될 수가 없다는 것이 역사의 경험이다.

이 책은 성장과 분배, 그리고 복지사회를 주제로 다뤘다. 독일과 영국의 역사적인 경험과 현실, 그리고 한국에서 나타나고 있는 몇 가지 문제를 소재로 삼았다. 과도한 복지가 일을 할 의욕을 떨어뜨리고 장기적으로 분배의 잠재력마저 훼손하는 것은 분명해 보였다. 그러나 어느 정도의 복지 수준이 사람들의 일할 의욕을 끊임없이 자극하면서 동시에 빈곤층의 소외감을 덜어줄 수 있을지를 알아내는 것은 쉽지 않은 일이다. 당시 상황에서 가장 적합한 복지 모델을 만들어냈다고 하더라도 시간이 흐르면 적합성을 상실할 수밖에 없는 것이 인간 사회다. 끊임없는 작용과 반작용으로 사회 수준과 인간의 욕구는 변해 가는 것이기 때문에 가장 이상적인 모형을 만들어낸다는 것 자체가 의미없는 놀음일 수밖에 없다.

1970년대 초반 전태일 청계피복 노동자가 분신할 수밖에 없었던 시대적인 상황에 치를 떨며 밤잠을 자지 못했고, 학생운동으로 두 번이나 구속되고 한때 학교에서 제적까지 당했던 경험을 갖고 있는 필자로서는 유럽 복지사회의 무기력한 몰락에 아직도 서글픔을 느끼고 있다. 이상(理想)만을 먹고사는 것은 모든 사람들이 한때 누릴 수 있고 일부만의 사람들은 평생 즐길 수도 있지만, 사회 전체가 영구히 누릴 수 있는 가치는 아니다.

　사회는 가능한 한 개방적이어야 하고, 정형화된 틀을 만들기보다는 사람들이 자율적으로 움직이면서 만들어가는 사회를 지향해야 한다. 정부와 공공부문의 역할은 개인과 시장을 지배하는 것이 아니라 시장의 규칙을 정하고 기업이나 개인과 동등한 자격을 가진 경제주체로서 참여하는 것이다.

　한국 사회는 '성장이냐 분배냐'를 주제로 상당히 오랜 기간 동안 논쟁을 해왔다. 성장을 가로막거나 분배를 저해하는 법과 제도가 존재한다는 점에서 반드시 필요한 논쟁이다. 그러나 한쪽 방향으로 몰아가려는 의도를 가진 논쟁은 결코 성공할 수가 없고 생산적이지도 않다. 성장과 분배를 이분법적으로 구분하기보다는 성장의 걸림돌이 되는 것이 무엇인지, 빈곤과 분배 문제를 해결하는 데 가장 효율적인 방법이 무엇인지를 고민하는 데 이 책이 조그마한 단초가 됐으면 하는 게 필자의 바람이다.

**독일과 영국을 통해 진단한
노무현 경제 희망찾기**

지은이 / 현승윤
펴낸이 / 김경태
펴낸곳 / 한국경제신문 한경BP
등록 / 제 2-315(1967. 5. 15)
제1판 1쇄 인쇄 / 2004년 1월 30일
제1판 1쇄 발행 / 2004년 2월 5일
주소 / 서울특별시 중구 중림동 441
홈페이지 / http://bp.hankyung.com
e-메일 / bp@hankyung.com
기획출판팀 / 3604-553~6
영업마케팅팀 / 3604-561~2, 595
FAX / 3604-599

* 파본이나 잘못된 책은 바꿔 드립니다.
ISBN 89-475-2456-5

값 11,000원